刘文明 先生

中国共产党党员、新时代健康产业集团杰出五星级领导人、新时代商学院特聘高级讲师、首钢工学院经济管理系特聘教授、北京文明文化传播有限公司董事长、中国如意收藏家。山东德州人。

从事直销行业二十年，辛勤耕耘，不断超越，带领海内外销售团队创下年营业额几十亿的骄人成绩。在为无数生命带来健康、帮助无数个人和家庭改变命运的同时，通过系统运作，打造了一支训练有素的专业团队，使独立创建的"118国际系统"稳健成长，日趋成熟。

军人出身的他，戎马生涯二十载，培养了浓厚的爱国情怀。他以直销经营为支撑，收藏中国传统国礼——"如意"达5,000余件，是目前已知收藏数量最多、种类最齐全、材质最丰富的如意收藏家，填补了国内收藏界的空白，并立志在未来将所有收藏捐献给国家，为继承和弘扬中国传统文化作出积极贡献。

他创办北京文明文化传播有限公司，推广《弟子规》、开办"绿色健康财富论坛"，并著有《你可以做得更好》、《冠军企业优秀员工标准》两书；他关注公益事业，独资捐建希望小学，并多次带领团队为慈善事业捐款捐物……所作所为堪称行业楷模。

他是冷静的思索者，又是果敢的决策者；
他是敏锐的观察者，更是雷厉风行的行动者。

他有穿透时空的犀利目光，又有踏平坎坷的不屈力量；
他有悲天悯人的侠骨义肠，更有震撼心灵的激情与梦想。

儒雅淡定，是他的气质；
不怒自威，是他的气场；
低调做人，是他的气度；
高调做事，是他的气魄。
在隐忍与张扬、沉默与声张间，灵动着大成者的智慧与气量！

他用日积月累的件件珍藏，承继着一个民族古老文化的精髓；
他用身体力行的点点滴滴，践行着一个企业的核心价值。

当他迈着矫健的步伐走进人们的视线时，
隐约可见：在自立立他的道路上，他正用全部的生命力量，
修炼，修炼，
做时代儒商！

——作者

谨以此书献给那些为追求理想而在路上的人们，
他们的行动让世界充满希望。

谨以此书献给那些在直销领域规范前行的人们，
他们的坚持证明了真、善、美的力量。

谨以此书献给那些直销产品及事业的受益者们，
他们的改变引领了一个行业的方向。

谨以此书献给所有在工作上与自己互动过的人们，
他们的存在促使我成长。

对话 中国直销人物系列丛书

时代儒商

琳軻 著

《对话中国直销人物系列丛书》
——走进直销领军人物的内心世界，讲述聚光灯下的真实故事，领略大成者的魅力风采，感悟奋进路上的人生真谛。

一位凭借直销事业成为如意收藏第一人的收藏家
一位立足传统文化成为直销顶级经销商的领军人物

经济日报出版社

图书在版编目（CIP）数据

时代儒商 / 琳轲著. -- 北京：经济日报出版社，
2014.9
（对话中国直销人物系列丛书）
ISBN 978-7-80257-702-2

Ⅰ.①时… Ⅱ.①琳… Ⅲ.①刘文明－访问记 Ⅳ.
① K825.38

中国版本图书馆 CIP 数据核字 (2014) 第 210238 号

对话中国直销人物系列丛书——**时代儒商**

作　　者	琳　轲
责任编辑	陈　悦
编　　审	李宝生
装帧设计	张永庆
出版发行	经济日报出版社
地　　址	北京市西城区右安门内大街 65 号（邮政编码：100054）
电　　话	010-63567684（总编室）63588445（发行部）
网　　址	www.edpbook.com.cn
E-mail	edpbook@126.com
经　　销	全国新华书店
印　　刷	西安艺盟印务有限公司
开　　本	700×1000 毫米 1/16
印　　张	20
字　　数	250 千字
版　　次	2014 年 9 月第一版
印　　次	2014 年 9 月第一次印刷
书　　号	ISBN 978-7-80257-702-2
定　　价	39.00 元

版权所有　盗版必究　印装有误　负责调换

前　言

　　直销进入中国二十多年，和大多数国家一样，走过了相似的发展道路：疯狂介入——失控——强行停止——逐渐规范——有序发展。在这不平坦的历程中，误解考验着真知，猥琐威胁着正直，放弃拉拽着坚守。德行因责任而高尚，胸怀因委屈而博大。因为容易触及诸如价值取向、健康理念、生活意义等意识形态方面的东西，因而更具挑战性。

　　直销是一场没有硝烟的战争，敌我双方不是竞争对手，而是自己，即一个身心健康的、积极向上的、成功的自己和另一个相反的自己。在直销领域靠规范经营取得成功的人，几乎无一例外地都经历了不同程度的自我蜕变，个中滋味只有身处其中的人才能最切身地体会到。

　　二十多年来，有一批公司凭着自己的实力和智慧顽强地坚持了下来，他们发展壮大了；紧跟这些公司的经销商凭着他们的信心和毅力执著地跟了上去，他们成功了。成功的道路方向相同，而成功的个体风采各异，他们来自不同的背景，有着不一样的成长故事和个性特点，因而也有着不尽相同的心路历程和心灵感悟。

　　《对话中国直销人物系列丛书》旨在通过对中国直销领军人物的访谈，用他们生动的真人真事和内心告白，揭开直销的神秘面纱，揭示业内大成者的内心世界，形象地展示长期以来不被充分认知的一个群体，以消减长期的误解，彰显他们的可贵品质，传递正能量，让更多人了解他们，理解他们，为社会树立一群充满正能量的典范。

入选本系列丛书的直销精英需具备以下三个条件：

1. 被访者在自己所选择的公司里，业绩曾经达到最高奖励标准。
2. 他（她）的故事深深地打动了作者。
3. 除了在直销业取得巨大成功之外，还有超越行业之外的"附加值"。

这"附加值"也许是其他领域的成功，也许是某种精神价值，也许是公益事业，等等。总之，当论及其"附加值"时，即便没有在直销业取得成功，也可以在某方面堪称楷模或佼佼者。

十多年来，由于工作关系，有机会接触到全国各地乃至海外市场的直销精英，倾听他们的故事，了解他们的心路历程，耳闻目睹他们的感人事迹，见证他们的成长，分享他们的成功，钦佩他们的才学与德行。每当面对一个感动过我、激励过我的人时，都会情不自禁地想：应该给他（她）写一本书！将来一定要为他（她）写一本书！

随着时间的推移，让自己产生这种想法的人越来越多，"将来为他（她）写一本书"的愿望也越来越强烈，直到有一天，突然明白：感动自己的是一个群体，成就他们的是多年如一日的德行，比最高领奖台更恒久的是一种精神。太多的人还在奋斗，后来者需要榜样，需要精神力量，为什么不为这个群体写一套系列丛书？为什么不让更多的人早日了解他们？为什么一定要等到将来呢？——需求就是最好的理由，现在就是最好的时机，行动吧！

于是，一个落雨的午后，打开电脑，设文件箱，建文档，记下最初的构思，开始了这段与成功者对话的新旅程。

作 者

目 录

前　言 /001

第一部分　踏上征程 /001
　　一　踏上直销之路 /002
　　二　选择新时代 /014

第二部分　不归之路 /021
　　一　难忘的事 /022
　　二　难忘的人 /049
　　三　新时代公司 /054
　　四　118 国际系统 /078
　　五　关于演讲 /110
　　六　关于直销 /117
　　七　关于直销人 /136
　　八　如何看待直销这条路 /144

第三部分　灯火阑珊处 /147
　　一　关于信仰 /148
　　二　践行传统文化 /152

三　关于如意收藏 /182
　　四　军人情怀 /203
　　五　为人子　为人父　为人师 /216
　　六　财富观 /222
　　七　关于养生 /229

第四部分　时代在召唤 /245
　　一　国际市场 /246
　　二　直销发展趋势 /248
　　三　对公司未来的信心 /258
　　四　对团队和自己的预期 /266
　　五　展开心灵之旅 /275

附　　录　我心中的良师益友 /283

后　　记　/308

第一部分

踏上征程

一本书引发对未来的思考
一次选择改变命运的方向

　　成功不是偶然的,今天的成就始于当初的选择,而如何选择取决于一个人的价值取向、思维方式以及眼界,被访者刘文明先生踏上直销之路的过程充分证明了这一点。 早在20世纪90年代初期,人们尚处在摸着石头过河的探索中时,他善于学习,勤于思考,敏于观察,站在巨人的肩膀上眺望远方,因而目光长远,意识超前,能够在纷繁复杂的社会现象面前保持清醒的头脑,不轻易被周围环境所左右;置身于安稳的职业环境中,他居安思危,没有按部就班地因循守旧,而是把自己置身于时代环境中,从实际情况出发,以一个旁观者的视角,客观而冷静地认识自己,分析自己,做出人生的重要选择,使一切活动都变得有方向、有价值,人生因此而富有意义,生命因此而更具分量!

一、踏上直销之路

史 刘总您好！很高兴能有机会这么近距离地与您交流学习。您有着二十年的直销从业经历，并且取得了令人瞩目的成绩，堪称是业界精英。对于很多读者来说，在仰慕您辉煌成功的同时，更想了解英雄的来路，所以我们的访谈就从源头开始吧。许多朋友包括我本人都很好奇：军人出身的您是怎么走上营销这条路的？

刘 是啊，很多朋友也问过我同样的问题，他们当中有人感到好奇，有人不理解，甚至还有人不相信：一个堂堂的军人，怎么可以去干这个行当呢？回答这个问题要从上世纪90年代初期说起了。

1992年，我还在部队，干的是后勤工作，十几年的军旅生涯使我认识到：部队的组织结构类似于一个巨大的金字塔，越往上走，职位越高，处境越好；但越往上走，人数也越少，要求人的综合实力也越强。面对现实，军委主席只有一个，咱不可能"爬"到那么高的职位，是吧？那以后的路怎么走呢？应该往哪个方向发展？回老家？——不理想；转业待分配？——不理想。那到底将来要做什么？这是当时自认为还比较聪明的提前考虑的问题。

那时候，电脑还属于比较先进的高档设备，个人很少拥有电脑，只

第一部分 踏上征程

有部分单位才有。部队条件好,早早就有电脑了,有些战友在电脑上玩游戏,那些游戏我记得非常清楚,他们在上面挖金子啊什么的,在当时,那是很时髦的娱乐了。因为满脑子想着将来怎么办的问题,我就琢磨着问战友:咱们能不能搜一搜未来我们能干什么?他们回答说:你这是瞎想,咱们刚刚30来岁,你想这个干什么?部队很好啊!我说不是啊,部队非常好,我也很热爱部队生活,但部队不养老啊,铁打的营盘流水的兵,对咱们来说,离开部队不是早一天晚一天的事情吗?搜一搜,搜一搜,搜搜下一个世纪什么是最好的?——之所以提到下一个世纪,是因为当时整个社会经常谈论关于21世纪的话题。

很巧啊,当时在网上真的搜到一本内容相关的书,这本书是约翰·耐斯比特写的,名叫《大趋势》,有的也叫《大趋势改变我们的生活》,后来才知道,有几个不同的版本,也叫《大预言》,都是他写的,是当时的畅销书,这本书确确实实启发了我!

约翰·耐斯比特在这本书中预测,未来发展的几大趋势之一就是"从政府调控走向市场驱动",而在阐述这一趋势的时候,他就提到了"销售"的概念,那时叫"以销定产";还提到,未来企业的竞争就是人才的竞争……这些观点给了我很大的启发,也引发了对未来更深入的思考。结合自己周围的环境,联想到与营销有关的事,比如说小时候,买东西要到"供销社",后来买东西就到"百货商场",再后来百货商场又改成"专卖店"了。也就是说营销方式从百货商场变成专柜、专卖店了……这个变化过程就是营销的变革过程。当时我就想:自己在部队干了这么多年,没有什么真正的技术。我最拿手的技术是无线电,但是到了地方,这无线电就没有用武之地了,转业之后再去当官什么的,很难!那下一步究竟走什么样的路,去干什么好呢?为了寻找答案,当时想到的只有一个办法:继续看书!

从那时起,就开始到处去找书看,看什么书呢?——凡是与营销有关的书：营销理论类的、传记类的、故事类的、宣传类的，都看。目的就是希望能给自己将来转业后找个出路。通过大量营销书籍的阅读，最终确定了事业方向，明确了自己转业后的定位，那就是：搞销售，也就是现在从事的营销。

史 从您选择搞销售的这个过程中可以看出，您具有对未来的忧患意识和善于捕捉有价值的信息并借鉴他人智慧的能力，这些能力也是您能够成功的关键所在。而今天，依然有很多人处在人生的十字路口不知如何选择，您当年的做法也许能够给他们一些启发。那么，您当时长年待在部队，从没有做过销售，是什么样的力量给了您这份选择的勇气？

刘 概括地讲主要是两点：未来社会发展趋势和商界精英的成功故事！

刚才提到了，从大量的阅读中，尤其是受《大趋势》的启发，我强烈地意识到：在未来，随着市场经济的不断发展，营销将在经济社会起着举足轻重的作用，谁掌握了营销的规律，谁能够在营销领域取胜，谁就有可能成为当今社会的佼佼者，既然这样，那就做营销好了。

另一方面，通过阅读，我知道了钢铁大王，知道了卡耐基，知道了王永庆等等商界精英。他们是来自不同行业的顶级成功人士，很多人可能都听过他们的故事了，但在这里我还是愿意分享一下阅读他们的故事时带给我的内心震撼。

首先是美国钢铁大王卡耐基，他真是一个值得尊敬和学习的传奇人物。卡耐基出身于普通的纺织工人家庭，因生活太过艰难而随家人从苏格兰移民美国，13岁便在纺织厂当小帮工，16岁做电报传递员……后来创立了卡耐基钢铁公司，逐渐发展成为一个生产钢铁的大型联合企业，数十年保持世界最大钢铁企业的地位，几乎垄断了美国钢铁市场，成为当时美国经济界的三大巨头之一。卡耐基在商业方面取得的成绩令我敬佩，但最让我心生敬意的是，在事业的巅峰期，他放弃了所有，积极投身于慈善事业，几乎将全部财富捐献给了社会，捐资修建图书馆、音乐厅以及大学等。那个时候在咱们国家还没有"慈善事业"这一说，因此卡耐基的做法让人震惊。要知道，让一个人从贫穷到富有谁都愿意，而反过来，让一个人从超级富有到放弃所有那就太难做到了。当时我想，那么多的财富全部捐出去，这需要多大的胸怀啊！这让我看到了一个大成者在得到财富后的思想境界和生活追求。

接着就是看台湾塑胶大王王永庆的故事。他出生在一个普通的茶农家庭，因家境贫寒，小学毕业后便到茶园做杂工。后来从一个小米店的学徒干起，不久向父亲借来200块钱做启动资金，自己开店当老板，不仅挨家挨户上门推销自己的大米，而且还免费给居民掏陈米、洗米缸。台湾当时大米的加工技术比较落后，出售的大米掺杂着米糠、沙粒和小石头，这都是买卖双方见怪不怪的事情。而王永庆在每次卖米之前都把米中的杂物拣干净，买主得到了实惠，一来二往便成了回头客，使米店的生意越做越火，直至后来开办碾米厂，完成了个人资本的原始积累。看他的成功之路，觉得他能在几乎没有什么竞争优势的市场环境下，硬是凭着自己的勤奋和真诚，打下一片天地，着实让人敬佩。王永庆艰苦创业的精神也给了我莫大的启发和鼓舞！那个时候我联想到自己，和他当年相比，我的创业条件要好很多：首先我不用担心生计问题，其次不用向别人借钱创业，还有就是当时咱们国家的市场经济还处在刚起步阶段，没有那么强的竞争压力，王永庆在那样的条件下都能积极去做，我为什么就不能去尝试一下呢？

最后一个对我影响比较大的人是华人首富李嘉诚。李嘉诚当过茶楼小工、钟表店店员……为改变命运而走上了营销之路，并且不断超越自己：推销员、塑料花厂总经理、创办自己的塑胶厂、涉入地产业、公司上市、收购英资商行、拓展海外业务……他以自强不息的精神和坚韧不拔的毅力迈出成功的第一步，又凭借脚踏实地的作风和非凡的商业智慧取得巨大成功，最终改变了自己和家族的命运，可敬！可叹！

以上三人都是对我影响比较大的成功人士。从他们的故事中我发现了这几位大成者的一些共同特点：出身贫寒，起点很低，为人诚实，做事踏实，善于动脑子，勇于尝试，在关键时刻总能抓住机会先人一步，等等。那个时候，我隐隐约约地感到，要想做成一点事情，可能都需要具备像他们这样的一些品德或特点。当然，这么多年来，经常从各种媒体上继续了解到这几位商界精英在事业上不断创造奇迹，取得令世人瞩目的成绩。随着阅历的增加，从他们的事迹中感悟到的东西也更加丰富和深刻。当时通过阅读走进他们的世界，了解他们的创业故事，让我看到了自己的榜样，也唤起了自己内心深处想要建功立业的冲动。他们就像是一本本活的教科书，让我看到现实生活中成功的典范，心中充满了创业的激情和力量。

史 那么，从上世纪90年代初期到今天，二十多年过去了，从某种意义上来说，这几位精英人物已是一个时代的代表，回顾这段往事，您觉得从历史的眼光来看，他们的事迹对于您本人最大的意义是什么？

刘 问得好！最大的意义在于，让我看到了行业的顶尖人物、顶尖标准、顶尖目标，开阔了眼界，点燃了梦想，有了奋斗的楷模和方向。多年来深深体会到一点：一个人，无论你的起点多么低，处境多么难，都不要丧失抬头看的勇气。进一步讲就是：要想在哪一行取得成功，就要勇于向这个行业里最顶尖的成功人士看齐——了解他们的成功故事，学习他们的成功经验，尤其是要投入大量行动实践他们的成功之路，要比他们更敢想，比他们更好学，比他们更肯干，总之就是要比他们更努力。唯有这样，才有可能走出自己的成功之路。回顾这段历史，我常常想，如果当初没有阅读那么多的营销书籍，如果当初没有看这些大人物的传记，如果自己没有那样的榜样，很难想象今天会是什么结果。

史　谈到销售，另一个好奇的问题来了，在上个世纪90年代的时候，社会上很多人对销售工作以及销售人员有着很深的误解。比如，干销售是去求人的低下工作、做销售没保障、销售人员都只会卖嘴皮子、销售难做，等等。您作为一个军人，怎么就能够接受这种性质的工作呢？您在当时是怎么看待销售的？

刘　说实在的，在正式从事销售工作之前，自己一直生活在部队，跟社会没有太多接触，社会上的朋友也没有几个，每天干的工作是部队的，接触的人是部队的，想的事情是部队的，连做的梦都是跟部队有关的。对于销售理论，包括当时社会上人们对销售的认识，尤其是那些负面的认识，一点儿都不知道，所知道的就是在看了那些跟销售有关的传记和销售理论书籍之后了解的，而且全都是正面信息。记得在1992年底，集中时间和精力看了一系列关于销售方面的书籍。

最早看的是李嘉诚的传记，李嘉诚从卖塑料花起家，通过不懈的努力，逐步成为富甲一方的企业家，其奋斗经历给我留下了深刻的印象，坚定了我干销售的信心和热情。接着又阅读了很多关于销售方面的书，如《推销术》《推销一百》，等等。当时认为销售不需要什么特别的专业技术，只要会说、会讲、能吃苦就行了。对自己来说，三十来岁正是年富力强的时候，吃苦没有问题，与人沟通也没有什么障碍，可以做。这是在那个年代最早萌发的想法，这样想着，就去做了，从此干上了销售工作——就这么简单。

史 还是很好奇，正如之前提到的，您之所以选择做销售，是在阅读了卡耐基、王永庆、李嘉诚等人的传记，了解了他们的创业故事之后受到鼓舞才选择了做销售的。那么，在具体选择行业时，按照常理，似乎也应该像他们一样选择一个传统行业，开个店、办个厂什么的一点点干起，而您却选择了直销这种无店铺销售的行业，并且当时在中国还是一个备受争议的行业，您是怎么选择了做直销呢？

刘 当时对直销没有清晰的概念，还不知道什么叫做直销。

1993年初，如果没有记错的话，曾经有一个名叫斯汀摩的公司，主要是卖食用油的，他们的销售制度规定，销售人员自己首先买够一定数量的油，然后把这个消息告诉其他人，让其他人也来买油，如果有人买的话，就根据购买量的多少给销售人员本人发奖金。因为以前从来没有听说过这种销售方式，就感觉很新鲜很有意思，挺好。后来他们解释说销售人员得到的奖金就是公司给发的广告费。这是关于直销的最初认识，即：奖金相当于广告费。

后来，那是1993年的八九月份，有一天，一位战友的夫人来找我，说：

"今天晚上带你去听个课。"

"听什么课呢？"

"据说是从美国进口来的一个好药，你不是说你的胃不好吗？这个产品对胃好呢，去听听吧。"

"好吧，去听听。"——邀约成功！

我赶到西直门的一个地下室，屋子里很潮湿，很暗，但还有光，有凳子——那种简易的、不带靠背的小圆凳。人不多，大概十几个人吧，人没坐满，还有空位子，讲台上站着一位女士，正在讲解。我疑惑地看着这一切，心里直犯嘀咕：这是干嘛的？讲什么呢？下意识地找了个空

第一部分 踏上征程

位坐下来，不管怎么说已经来了，先听听吧，听一听再说。

就这样，一分怀疑、几分好奇地听了一阵子，嗯，听明白了一点点，讲的是中医理念，阴阳五行什么的。自己没有中医基础，以前也从来没有接触过这方面的知识，所以听不太懂，云里雾里的，只知道讲的是心、肝、脾、肺、肾——现在能脱口而出了，那时候听完后还要掰着指头回想一下才能说全呢！听完之后觉得有些道理，讲的就是金木水火土相生相克嘛，好像是如果你的胃坏了，不光是胃坏了，还有可能把别处也弄坏了，当时就是这么个总体印象，听完后就得出了这个结论。为什么会得出这个结论而且还记住了，就是因为当时自己的胃不好，在部队喝酒太多把胃搞坏了，另外还爱感冒，所以就记住了。

整个课程听完之后没有什么特别的好感，也没有什么特别的反感，感觉这个东西还可以用吧，为了身体健康，就买点儿来试试吧。于是准备掏钱购买，不料他们回答说：现在买这个产品，可以在一个月之后拿到。我一听立刻就火了！这不是骗人吗？你们要多少钱给你多少钱就是了，还一个月之后拿到，什么事儿啊？看我不乐意了，他们说：如果你很着急用的话，我们几个人就把自己的产品凑起来先给你吧，你先拿走一些用着。听到这个提议，我欣然接受了。多少钱呢？加起来一共1700多元，这个数字在当时也算是大数吧，我说，行！就买这么多。就这样，他们凑了几回才给够我买的产品。

事后我才了解到，那时候该公司还没有正式进入中国，产品是从香港走私过来的，所以比较慢。那时他们没有告诉我还可以销售这个产品，可以当生意做，只是告诉我有这个东西。后来呢，他们见我真的买了产品，就告诉我说，这个产品啊，可以越吃越便宜，吃了还能挣钱——原话就是这么说的。我不明白怎么越吃越便宜？怎么还能挣钱？

"你去告诉别人啊，告诉别人这个产品有多好，别人买了之后公司就奖励你广告费啊，等于你给公司做了广告。"

"是吗？为什么给我广告费？怎么个给法？"

紧接着，他们就给我讲了一下涉及广告的销售模式：在传统销售模式下，产品在工厂被生产出来后，首先要找到一个全国总代理，就是总批发，由全国总代理再去寻找省级批发商，再由省级批发商批发给市级批发商，然后再批发到市里或县里的零售店，最后由零售店到顾客手里。也就是说，这意味着产品从工厂出来流通到顾客那里，都要靠广告宣传，厂家需要投入大量的广告费。而他们采用的销售方式与传统的方式正好相反，那就是：一个人要想经营这种产品，首先需要做一个消费者，自己先体验产品，如果觉得好了，就把自己体验产品的效果和感受分享给亲朋好友，当亲朋好友听了我们的介绍购买产品时，我们相当于为厂家做了广告。就是说，厂家没有花广告费去打广告而卖出了产品，这在客观上就节省了广告费，于是把节省下来的广告费返还给分享的人，这样一来就能够激励更多的人去分享。长此以往，一个人分享的人越来越多，稳定的顾客越来越多，厂家给的广告费也就越来越多，这个分享者实际上就相当于传统销售行业的零售商。随着不停地分享，累计顾客人数逐渐增多，销售额随之攀升，他便逐渐地接近市级代理、省级代理、总代理（从顾客、销售额和收入三方面衡量）。因此说，先是越吃越便宜，然后免费吃，再往后还能挣到钱，甚至做出一番大事业来！

现在想来，当时他们实际上给我上了一堂直销盈利模式课，但那时听完之后根本就没有相信，认为是骗人的！为什么呢？因为我交钱买产品，你们连产品都没有，还告诉我说可以挣钱，这不是明摆着骗人吗？谁相信啊？骗人！第一反应就是骗人！她在课堂上讲的中医理念我是相信的，但挣钱这事不相信。

完整地听了一堂课，了解到总体情况：那个公司叫仙妮蕾德，生产中草药保健品等，现在刚刚到中国开发市场，说是一个发财致富的好机会。当时听到这些，我是半信半疑，根本就没相信产品有那么神，什么阴阳五行、《本草纲目》的讲那么多，并且怎么分配，还给那么多钱……当时对那个所谓的机会报以哈哈一笑，不屑一顾地离开会场回家了。

后来，到了1994年初，听说他们发展得红红火火，速度很快，会场从先前的地下室开到了劳动宫三大殿。我不太相信，心想这是真的吗？难道他们在地下室讲课时鼓吹的那些都是真的吗？怀着一分好奇，再次走进仙妮蕾德的课堂——劳动宫三大殿的课堂。

刚到现场就感到有变化了，为什么呢？前一年在地下室听课时什么手续都不用办，进去听就是了，而现在，听课的人要自己出钱买票，所有人员必须凭票入场，售票处熙熙攘攘，一片拥挤，人们兴奋地打电话、交谈、买票、入场……像小时候过节看大戏一样，跟前一年地下室那番冷清的会场形成鲜明对比。很久没有看到这番景象了，隐隐约约意识到：人们似乎在期盼着什么，寻找着什么，又好像找到了什么，那是什么呢？现在回过头来想想，其实那时候很多人包括我本人开始意识到：要改变了，不能像以前那样工作和生活了。这个公司提供的产品和行销制度对自己也许真是一个机会。既然这样，那就行动吧。于是，在第二次听完课后，就毫不犹豫地加入到这个群体，正式走上了直销创业的道路。

按照游戏规则，自己先买了一套产品试用，并且陆续带人去听课。印象很深哪，花了1700元买了一套产品，找了几个人跟我做同样的事。忙忙碌碌很快到了第二个月，收到一张2100元的港币支票！支票，而且是港币，当时又想了：骗人的吧，上当了吧，给你一张空头支票，就是嘛，这不可能，哪有他们说的好事。把支票拿到中国银行让人家看，银行工作人员说，不能肯定这事是真是假，即便是真的，也要一个半月后才能到账。一听这话就更加怀疑了，一个半月！这不是骗人还是干什么——根本不相信！

可没想到，一个半月之后，真的拿到了2100元的港币现金！嗯，这是真的，没骗人啊！当时的汇率是港币高于人民币，一块一毛七还是一块二，具体数字记不清了，只记得这一次确认了：的的确确是真的，他们没骗人。

史 那个时候对多数大陆人来说香港是非常遥远而神秘的，您当时的心情可想而知了。

刘 是的，在这种情况下，还能够挣到港币，那种感觉非常兴奋，尤其是通过这张可以兑现的港币支票，顿觉眼前一亮，强烈地认识到：这事可以放手去干，这是一条出路！心想，如果这个能挣钱的话，一直干下去，那不就能改变自己的生活状况了吗？那个时候在部队，住房是单位分的，不用个人购买，每月的工资维持正常的生活开支，过着和多数人一样的生活，日子也能过得去。但一想到自己在家里是长子，以后还要养孩子，将来孝敬老人、供孩子上学等等一系列现实问题，还是觉得不轻松。所以遇到这样一个机会，可以利用业余时间，在挣"死工资"的同时，通过自己的努力，还能挣到更多的钱，挣多少全凭个人的努力，用成绩说话，当然喜出望外。也就是在这个时候，有了对于直销的更多认识：直销对每个人都是公平的、人人机会均等、多劳多得、不劳不得、奖金上不封顶、能够有效激发人的潜能，等等。

刚开始干的时候，自己花钱是很谨慎的，出去跑业务时，10块钱的"面的"都不敢打，在当时那叫奢侈。天暖和的时候，就靠骑自行车或者挤公共汽车去听课、送货、沟通客户；冬天冷的时候，就穿着军大衣，到处去挤地铁，来回地跑。多数情况下，会议都安排在晚上，为了不耽误带人听课，一般都不吃晚饭，一下班就拿个馒头就着咸菜随便吃几口垫一下，散会后回家再吃饭。看起来很苦，但乐在其中。想想那个时候真的很快乐，带人去听课，邀约啊，说啊，找这个人，找那个人，

第一部分　踏上征程

乐此不疲。也不会做，就凭着那么一股子热情和感觉，瞎做，也不知在做什么，总之就是不停地跟人讲，不停地找人听课，不停地送货，然后不停地有业绩，不停地有收入，还觉得很有成就感。那个时候哪里知道什么叫直销、传销的，根本没有这些概念！

经过一年的努力，月收入就达到几千港币了。几千港币，比工资高了，真正开始动心了，不想在部队待了，思想开始活跃了，想走。但当时单位不让走，领导说：你还年轻，应该留在部队再干几年。我说是啊，现在年轻，等我老了的时候，不想走你也得让我走。但无论怎么说，部队还是一直不让走。怎么办呢？无奈，只好和从前一样，一边在部队上班，一边在业余时间继续干。说真的，当时没有觉得这事困难，相反，觉得很简单，很有劲儿，也很快乐。没过多久，在仙妮蕾德的月收入就上万了。在那个时候月收入上万，还得了啊！真不得了了！疯了，哪里还有心思在部队上班，到了2005这一年，自己开了工作室，雇个人给看着，然后就毫不犹豫地在全国各地跑了，成了一个全职的直销人员。

回首这段往事，当自己在思索、寻找一个出路的时候，恰巧碰上了直销，也许是因为好奇，也许是自己的需求得到了满足，当然也因为直销本身的吸引力，就这样稀里糊涂地走上了这条路，从此再没改过行，自己当时也没有想到会走进这样一个行业而且会走到现在。

进入这个行业，从1994年到如今，算起来已有二十个年头了，可以说在直销界自己真的算是元老了。当斯汀摩公司出现的时候，社会上没有几个人相信这些，自己也不信自然没有参与；到仙妮蕾德公司出现的时候，相信了，参与了，一发不可收，淘到了个人创业的第一桶金，彻底改变了自己和家庭的生活状况。

二、选择新时代

史 纵观您走上直销之路的过程，看似偶然实则必然。从宏观环境来看，上个世纪90年代初期，中国改革开放进一步深入，各种外来的商业模式和生活方式进一步影响着中国人，而您身处政治经济文化中心的北京，自然不可避免地会受到环境的影响。从您个人角度讲，您具有居安思危的忧患意识和用未来决策今天的思维方式，加上对家庭的责任心，这几点决定了您当时的选择，甚至可以换一个角度来看，即便没有直销这种商业模式，以您当时的心态和眼光，同样会找到其他的机会实现自己的愿望，这也应验了人们常说的那句话：机会永远是留给有准备的人。从您走上直销这条道路的选择来看，似乎可以留给今天的创业者很多思考和启发：如何面向未来？如何选择……

接下来是另一个好奇的问题，当时在仙妮蕾德公司做得很不错，为什么放弃了，又是怎么选择了新时代公司的？

刘 最早听说新时代是在1996年。当时仙妮蕾德团队的一个朋友告诉我有一个叫做新时代的公司，是做松花粉的，不错，建议我去了解一下。你知道，仙妮蕾德是自己最初的选择，而且一口气做到月收入上万，并为此离开了部队生活，自然对她充满感激和信任，也有一定的忠

第一部分　踏上征程

诚度。因此一听说别的公司，还是一个中国的公司，根本就不予理睬，可以说是不屑一顾！为什么呢，那个时候普遍认为外国公司比中国的好啊，再说我看过的销售理论书以及商界人物传记，绝大多数都不是中国的，所以一听说是中国的公司根本就没有接受，认为仙妮蕾德是冠盖全伦啊——她的名字就叫冠盖全伦。后来他们就跟我讲：凭你的能力，如果到了新时代，直接就是将了，没问题！——新时代制度规定，经销商分校级、尉级、将级。但是我一直听不进去，不同意换公司。

　　有一天，我在仙妮蕾德团队的一个合作伙伴张辉老大姐约我去给他们讲课，我以为是去讲仙妮蕾德的课，就答应了，跟着她去了。事后才知道，当时她已经开始做新时代了，因多次跟我说起多次遭到拒绝，这次她干脆换了一种方式，让我先了解。到了以后才知道，她约我去就是想跟我介绍新时代的情况，希望我重新考虑转过来做新时代。无论她怎么说新时代好，就是谈不通，我很倔强，就是不同意。心想，好吧，你们做你们的，我做我的，仙妮蕾德我比你们做的早，我是先来的，要走，我也是最晚的，你们全走完了我才能走！因为很多人经过自己的推荐已经开始使用产品了，还有很多人因为我的介绍加入仙妮蕾德了，他们还指望跟着我一起挣钱呢！我不能把大家扔到那里自己走了，做人不能这样不负责任！

　　早在1996年底，国家就批准传销了，叫多层次传销，全国一共有41家公司获得国家许可从事直销经营活动，其中就有新时代，属于单层直销。当时我就想，是多层的多好，单层的有什么意思呢？根本没有接受。当时，加入新时代公司不用身份证号，啥也不用，只要填写好姓名，购买450元的产品，输进电脑里就算是经销商了。也许是伙伴们看出了我并不是完全拒绝新时代，而更多的是考虑自己不能先走，也许是因为他们坚信新时代的吸引力，加上手续简单，他们就自作主张，在我毫不知道的情况下，为我办理了加入手续，接着把我仙妮蕾德团队的其他人放在我的名下，然后告诉我说：你已经在新时代有号了。

就这样，算是非常被动地加入了新时代。得知这个消息后，我一边继续服务老客户，一边开始整理在那边的善后工作，但迟迟没有做新时代。现在想来，还是要感谢张辉老师，是她的自作主张，在客观上提前规避了一次风险，并促使我走上新时代的直销之路，才有了今天的成绩。

史 由此看来，您那个时候其实是有些动心了？

刘 动心了。因为到了1997年年底的时候，国家已经开始整顿这个行业了，政府一开始整顿，我就知道了国家的政策导向。这时，人生的选择再次摆在面前。那时自己的关系还在部队，还是一个军人，而时间到了1997年，差不多该转业了，以前曾经思考过的问题再次被提到日程上来：就要转业了，转业之后去哪里呢？当时通过朋友了解到自己转业后有两个去向：一个是到中央纪律检查委员会搞房改，第二个就是到国家工商局搞房改。分析当时的形势，房改已经接近尾声，去那里不会有什么作为，所以就放弃了，想来想去还是干直销吧。

就在这时候，很多做过仙妮蕾德的朋友开始来劝我干新时代，并时不时地传递一些信息：谁谁谁在那边（新时代）干了，谁谁谁已经开始了，等等。于是，在1997年底，我正式开始认真地了解松花粉了，但那时没有心情，根本就看不进去，加上那个时候新时代公司的各项硬件设施、服务、管理水平等等都处在起步阶段，两者反差太大，就更难以静下心来了解了。就在1998年初，新时代公司开始改制，当时我觉得这是一个好机会，因为公司是国家的，这很好，特别是1998年初我看到了一些外国直销企业做了很多伤害中国经销商的事情，比如甲公司产品的问题，乙公司资料的问题，丙公司制度的问题，等等，这些现象引起了我的深思。

第一部分　踏上征程

也就是从这个时候开始,逐渐明白了从事直销必须学会选择!选择公司、选择产品、选择制度。不管怎么说,这个企业(现为新时代健康产业集团)有军工背景,自己在部队多年,知道部队的单位是很正规的,至少不会干伤害经销商的事情,选择这个公司应该没有问题。所以从这时开始,先在思想上不排斥了,从理论上接受了,但还是很被动,没有主动去做这件事。

在1998年八九月份,正值新时代公司转型之后半年,为响应公司号召,在北京市老干部活动中心正式开办了自己的国珍专营店,开始被动地投入了新时代。

史　在没有做新时代的这段时间,您在干嘛?

刘　观察,一直在观察。观察这群人,观察这个行业,是的,尤其是观察这个行业。国家在1998年4月21日正式取缔传销之后,就开始观察这个行业,未来这个行业会如何发展?在中国会如何?国家为什么批准之后又收回了……这中间肯定是有很多原因的。观察的结果就是:境外的公司不能做了。为什么呢?当时很多外资公司出现了问题,完全暴露了资本家一味追求利益的本性。国家对这个行业从严管理,那么选择公司的时候应该选一个合法的、国内的公司,能靠得住的企业。在当时看到的现实是:外资企业不是跑了就是倒了——当时看到的就是这样,由此判断民营的、个体的可能也不会长久。

观察的过程就是选择的过程。该选择一个什么性质、什么背景的公司,那时还不能用现在这么清晰的概念或语言表达,我就采用排他法,国外的不选,因为之前我做的就是国外的。4·21之后看到了外资企业对中国经销商的伤害,太令人痛心了!坚决不选!港澳台的公司,也不行,多数是来骗钱的——当时观察得出的就是这样的结论。那个体的小公司呢？靠不住，在国家规范中这些小公司既无资本又无经验，会昙花一现，不能选！

你看，这么多年过去了，回过头来看，事实证明当时用排他法排除的三种情况是正确的。那个时候没有什么理论指导，国家政策就是不让做了，没有人能给你什么可行的建议，就是给了咱也未必就知道那是可行的——没有判断标准和依据啊！就是简单的排他法：国外的公司不能做，港澳台的公司不能做，私人的小公司不能做，因为这三种公司都看到了不能做的事实，都有不能做的理由，这些是清晰的。

观察行业的同时，重新思考自己未来的定位。因为一直在观察，没有亲自去做。

在这个过程中还应再次提起要感谢的一个人，就是前面说到的张辉。她是我做仙妮蕾德时团队的"第四代"，是她在加入新时代后给我办了加入手续，并且把我放在了她的名下。她特别能付出，说实在的，在新时代当时的市场情况下，她是做了一些传承的工作的。当时她带领张国美老师、王爱琴老师、仉昊老师、许亦清老师等率先走进了新时代。之后，到了1998年的下半年，仙妮蕾德其他的一批优秀经销商逐渐走进了新时代，也就是到了这个时候，我开始融入新时代团队，开始做了。1998年9月份，正赶上公司的改革，我开始参与了。当时主要有张辉、张国美、董晓慧、赵秀玲、王爱芹、洪爱萍、邢安萍老师，也就是我们几个人在运作。

在做仙妮蕾德的时候我们经销商不需要开店，现在公司转制号召大家开店，这就意味着，我要开始另一种形式的直销业务了，那就是公司所倡导的"国珍专营"经营方式，这种方式让我觉得比单纯的到处去卖产品更踏实一些，合作伙伴也将多一个活动场所，很好啊。于是决定响应公司的号召，准备开一个国珍专营店了！要开店首先就要选择店址，到哪里开呢？经过实地考察，最后确定店址选在"北京市老干部活动中心",先在那里租了个柜台,后来又在楼上租了房子,做培训教室,我也成为新时代开店较早的店长之一。

史 那请问自从加入新时代之后,在创业之初,您是怎么投入工作的?

刘 开店是借的钱,也许正因为如此压力,动力一下起来了。天天起早贪黑,太阳没有出来的时候人就先出门了,太阳下山了人还没回家,基本上都是天黑以后才回家的;吃饭从来没有准点,什么时候有时间什么时候吃,有时候忙得根本就没时间吃,只好晚上回家以后吃一顿饭。天天送货、邀约、跟进服务,不停地重复做这些事。没有娱乐活动,没时间看电视,也想不起来干其他的,每天满脑子的业务、业务。

那时候各方面的培训会议都比较少,公司每周在东四十条举办一场会。我每周邀约人去,交通工具是自己的车,开着自己的车拉人去开会,听完课后大部分情况是把人送回去。拉货,拉人,这种状态基本干了两年,啥也不想,每天就是这样,天天拿着通讯录看电话,打电话,啥也不多想,每天不干别的就干这些。

那时候,直销是新鲜而陌生的,有关行业经营方面的理论知识知道得极少,也没有什么可以复制使用的教科书,大家都在摸索。我也没有什么高招,就是不停地邀约、邀约、再邀约,讲解、讲解、再讲解,跟进、跟进、再跟进,送货、送货、不停地送货。邀约、讲解、跟进、送货(那个时候我还没有办转业手续,就天天拉着松花粉到处去送货),然后去听课,就这么循环地做,不停地做。

记得当时公司采用的晋级制度是十级经理制,9个6万以上部门算是达标。从1999年开始我就拼命做了,3个月做到当时的最高级,最高奖金拿到27000元/月(那个时候这个收入对我的吸引力并不大,因为在仙妮蕾德自己拿过大钱），从那时开始，业绩不断增加，人员不断增加，奖金也随之不断增加。

有意思的是，伴随着我做直销，孩子一天天长大，也开始参与直销，儿子七八岁的时候就开始帮着给附近的邻居送货，在我忙不过来的时候还真能帮上忙呢！

史 聆听您结缘直销这段往事，从军人到经销商，从戎马生涯到商海弄潮，是一次反差极大的转型，颇具戏剧性，既偶然也必然。回首这段往事，如果要概括地总结一下那时的心路历程，您会怎么说？

刘 坦率地说，就是：怀疑——拒绝——关注——深入了解——投入地做，从此一发不可收。现在，无论听到谁对直销带有偏见的评论，心里都不会起任何波澜，偏见源于不全面的了解，正常，太正常了。

第二部分

不归之路

一条道路走向人生的辉煌
一段历程铸就生命的格局

"直销是条不归路"。对于有责任心的人来说，意味着自己成功后要帮助更多人成功，不可以轻易放弃；对于想追求经济效益的人而言，意味着丰厚而稳定的不在职收入，不舍得轻易放弃；对于想追求不同生活方式的人而言，意味着工作、学习、娱乐融为一体的一种活法，不乐意轻易放弃；对于想实现自我价值的人而言，意味着成就、力量和尊严，不愿意轻易放弃。而刘文明先生属于有责任心的人！多年来，他励精图治，成绩斐然。他的每一分收获都是辛勤耕耘的结果，每一次成长都是自我超越的突破。在这条不平凡的道路上，他亲历了什么事件？走过了怎样的心路历程？有着怎样的思考和感悟？本部分访谈将聚焦刘文明先生直销生涯本身，多方面、多角度地回顾他的奋斗历程。

一、难忘的事

史　刘总，请问在您开发市场的过程中有哪些难忘的事？

刘　从业这么多年，经历过很多事情，难忘的事情太多了，要说最难忘啊，也有很多，有这样一些事情讲给你听听啊。

平生第一挤

记得那是1994年春节前，我的一个合作伙伴在外埠开发了市场，有很多人感兴趣，但他们刚开始做，不熟悉产品，也不会跟人讲，于是就邀我过去讲课。在这种时候面对这样的邀请当然是义不容辞了，也很高兴啊，那是新市场。可时间正赶上春运高峰期，很多外出务工的人开始回家过春节。当时赶车的人很多，车票紧张，哪里有卧铺啊，谁给你卖卧铺啊！再说有钱也舍不得花，只能买站票，挤火车。

那天晚上，我穿着冬天的厚棉衣，拎着一大包给人家带的货来到火车站。候车室里到处都是人，坐着的、站着的、排队的、没排队的都有，我随着人流进站上车。刚过了检票口，人们就疯也似的往里跑，生怕火车要开走了。看到这种情形，我也不管三七二十一，跟着跑吧，很快就跑到了车厢门口。这一看才明白，怪不得都跑呢，各个车厢门口都

第二部分 不归之路

挤满了人，列车员一验完票，就赶紧往里走，根本不用自己费劲儿，后面上来的人自然就推着你往里走了，但推着推着就推不动了，为什么？没地方了，全站满了人，这下好了，动不了了。随身拎着的大包一头在我手上，另一头在旁边那人的背后，被挤着横在我们两个人之间竟然没有觉得哪里不正常。我想把包挪一下，让它垂直下来，不行，拉不动，没有空隙能把它放下来。你能想象出来，从另一个角度看还以为是旁边的人随身背的包呢！我想找个地方稍微宽松一点儿能站直了把包放下，环顾四周，前后左右水泄不通，抬起脚尖望向前去，都是别人的后脑勺，人头攒动，身体贴着身体，找不好一个角度，都会觉得胳膊腿挤得疼，再也动不了了。挤到了什么程度？毫不夸张地说，即使两条腿提起来，光靠周围挤压的力量你就能待一会儿，没人会感觉你靠着他们了。就这样，只好保持着一个姿势待在那里，站一阵，靠一阵。

　　大冷的冬天，那么多人的热力把整个车厢弄得热烘烘的，挤在人群里不觉得冷，只觉得闷。车厢里茶水味、方便面味、饭味、菜味、水果味、烟味、脚丫子味、汗味、腋臭味，甚至还有厕所味……什么都有！刚开始的时候很不适应，十几分钟后就什么也闻不到了。人们吆喝着找人的，送站挥手告别的，离别流眼泪的，还在往里挤着找地方的，嘻嘻哈哈说笑的，夹杂着小孩子的哭喊声、嬉闹声、聊天声、火车汽笛鸣叫声……在一片熙熙攘攘的喧闹中，车开了。哐当当，哐当当……就这样一点点通往目的地。

　　整整一夜，在火车上一直站着！别说睡觉了，连厕所都去不成，挪不动步子，挤不过去，再说厕所里都被旅客站满了！就这样，只能忍着，一点点地熬到天亮。终于到了！那个苦啊，现在想来只有在那个时候能吃得了，因为那个时候年轻啊，还有一些体力，身体还能支撑一夜，如果是现在，可真是吃不了那个苦了，就算能吃了，可能身体也不允许了。从来没有经历过的拥挤，从来没有经历过的辛苦，终生难忘。

睡 地 板

那是刚开始干直销的时候，外埠一位旅游局局长听我讲课后，觉得讲的实在，就想邀我去当地给他们的职工讲课，答应了，去吧。

北方的冬天，冬天就是冬天，很冷（在那个时候还没有气候变暖这一说呢）。在永定门火车站买了票，夜里12点发车，大概早上六七点钟到达。白天上了一天的班，晚饭后还带人去听了课，结束后没时间睡觉，怎么办呢，等吧。晚上11点来钟，公交车已经收车了，打出租车吧，太远嫌贵，不舍得。怎么办呢？干脆骑着自行车往火车站赶。

冬天的北京城，夜色深沉，四周基本是漆黑的，只有路灯发出微弱的光亮可以看到街道边的人行道，不像现在到处透亮得像个不夜城。一路上基本没有什么行人，偶尔能看到有车从身边驶过，给静悄悄的黑夜增添一些生气。穿着军大衣，骑在自行车上，行李很简单：一个随身的挎包，里面装着牙膏、牙刷、毛巾、书啊、本啊、笔之类的随身用品，还是感到有些笨重。一口气骑到火车站，已经是浑身热汗了，把自行车寄存在一个地方，检票，上车。

你不知道，那是过路车，半夜12点，车上人多，座位满满的，中途上车的人只好站着了。刚进车厢时，因为冷气和热汗带来的精神还能支撑一会儿，大概一个小时后，人就不行了，困得睁不开眼睛，双腿发软，浑身无力。想找个合适的地方靠着休息一下，看看四周，根本没有——合适的地方都有人站着了。那一刻就觉得能有一张睡觉的床就是世界上最幸福的事情。真是累了，什么都不想，只想睡觉，可在哪里睡呢，座位是没有的，卧铺更不可能，实在支持不住了，干脆，直接躺在车厢的地板上，睡了！——什么穿军装啊、面子啊、形象啊，都不顾忌了；平时讲究卫生，这时候什么地下臭脚丫子、拖鞋啊、垃圾啊……实在困得受不了了，根本不管这些了，只有一个想法：困！躺下睡吧！你想想，白天跑了一整天，到半夜两三点，真的受不了了，铁打的机器也该停停了。那一觉睡得香啊，感觉刚躺下，车就到站了，要不是有人下车行李碰到脚上把我弄醒，说不定还睡过站了呢。

这是最典型的一次，至今记忆犹新，现在想起来就像刚刚发生过一样。有生以来，从没有这么苦过，在部队上都没有。部队训练时也有苦的时候，但那是科学的、有组织的训练，不像这样，而且这个苦是自找的，愿意吃这个苦，苦并快乐着！人就是这样，自愿干的事，苦就不觉得苦了，所以有人说啊，成功，就是有着幸福理由的痛苦，有点儿道理。

一天讲九场课

记得有一天在市场上，当地合作伙伴大力宣传，说从北京来了个老师，讲中医，讲健康，好好听听，不能错过。

他们宣传工作做得好，当地人热情也高涨，一下火车就被带到课堂上，一拨接一拨地来人，我就一场接一场地讲。来人多的时候统一讲课，来人少的时候就做咨询，一天下来算了一下，除了咨询，共讲了九场课！上课地点在一个大教室里，每场课大约百十来人，从早上9点开始一直到晚上天黑，一拨接一拨，有的人听完一场课后不走，接着听下一场，共九场。最后嗓子讲哑了，人虚脱了，累得趴下了，后来站都站不起来了。

那时候年轻啊，累成这样，当时完全是身不由己啊！在讲到第五六场的时候就感觉累了，不想说话，不想喝水，不想吃饭，只想一个人待在一个地方，静静地躺一会儿，闭目养神。可一看来那么多人，每个人都是第一次来听课，有的觉得好奇，有的希望听听对身体有帮助的资讯，有的直接就说盼望着听课已经很久了，这次终于来了，带着老人孩子都来了，还有的人从更远的郊区赶来，甚至没顾上吃饭，没顾上睡觉，只为按时赶到来听一场课。望着一双双渴望的眼睛，还有主办方又喜悦又担心的表情，真是于心不忍啊。一咬牙，一横心，忍着，打起精神继续讲，没有退路！就这样一直讲到最后一拨客人离开教室才停下来，不，是趴下来。

那时经常讲的内容就是中医养生方面的，什么阴阳五行啊、金木水火土之类的，讲的相当熟练，口齿流利，概念清晰，讲的有滋有味的，听的人也觉得很有意思——因为他们从来没有听过，感到很新鲜，很有道理。除了这些，还讲消化系统，什么横结肠、竖结肠的，挺专业的术语，别人听起来简直就是一个大夫在讲课。其实自己一个当兵的出身，哪里是什么大夫啊，祖上没有这个遗传，做梦也没梦过当医生。可这些专业知识怎么来的呢？背下来的，硬是强记下来的，一点点的背诵，边背边理解，不懂的就找书看，自己钻研，向别人请教，听别人讲课。因为仙妮蕾德的产品文化是中医理念，完全的中医理念，所涉及的都和中医有关，这迫使自己去学习中医知识。

就这样，一场接一场地讲，从几个人讲到几百人、几千人，从十几分钟讲到几十分钟，讲到一整天，稀里糊涂地讲到了公司的高聘位，也从此奠定了自己的中医理论基础，强化了自我保健意识，直到今天还很受用，真是一朝用功终生受益！

这是让我终生难忘的一件事：一天九场，讲到虚脱！真是太难忘了，刻骨铭心！

冷彻心骨

还有一次，到内蒙古的一个小城市帮助开发市场。出发时，北京的气温也就是零下几度的样子，没下雪，地面结点儿冰，正常的冬天，穿普通棉衣棉鞋。第一次去那个地方，也不知道那边的气温和北京有多大差别，心想都是北方离得也不远，没想到天气这件事，也就没有额外带什么衣服。

到站下车后才知道，那里是零下二十多度！要知道，北京最冷的时候也就是零下十三四度，而且并不常出现这样的天气，哪里见过零下二十几度啊。记得有一天晚上是零下二十一度，我沟通完客户出来，要到公交车站乘车回酒店。一开门，只感到一股强冷的气流直冲全身，身不由己地打了个哆嗦，浑身的毛孔像是被千万把细小的冰针扎进去一样，直冷到血液里，脚步不由自主地加快了。走到车站，车还没有来，只能在那里等，半天也没有看到车的影子，出租车也不见一个，在那个小地方的那个时间，几乎没有出租车。站在公交车站站牌下，寒风伴随着"呜呜呜呜……"的响声一阵阵袭来，刮得人头皮发麻。四周没有可挡风的建筑物，只能站在寒风中任风刮割，那一刻算是真正体验到了什么叫做"寒风刺骨"！

仅仅几分钟时间，先是耳朵鼻头发冷，接着手脚开始发冷，然后浑身感到冷。没有衣服穿，也不像今天这么聪明赶快买衣服去（实际上那么晚了哪里有衣服可买啊，没有）。实在冷得没有办法，就在原地冻着，打转、等车、等人。当终于等到车来的时候，感觉自己快要冻僵了，上车后很长时间手脚才缓过来。

事后发现，那么冷的天，穿那么少的衣服，冻成那样子竟然没有感冒，还是年轻啊，心里热呢，当然服用的保健品也起了很大作用。这是有生以来最冷的记忆了。

战友打架——"等着瞧！"

下了决心做直销后，就像很多新手一样，立刻进入兴奋期，认为这是件好事才会做的，所以就不管三七二十一，见人就跟人讲公司多好多好，产品多好多好，尤其是见到自己熟悉的人，简直抑制不住内心的兴奋，恨不得马上就让对方加入，马上就去开市场，对方要是不认可，那个气愤啊，别提了！当时我就是这样的。

有一天，见到要好的几位战友，就兴奋地跟他们讲啊讲，战友听完之后说：你这么聪明个小子怎么卖上药了？我不假思索地脱口而出：这个产品多么多么神奇、多么多么好……你看看，管不住自己的嘴又开始讲了，非讲不可，也不讲究方式方法，更不想什么场合，至于战友心里是怎么想的，一概不管，只顾着自己高兴。

讲啊讲，战友说：你这是传销，是骗人的。我说这不是传销！有人接着说：你这是卖假药的，是骗人的！听到这话，我立刻火了，心想：妈的（当时很生气，愤怒了，哪管什么礼貌，心里就想这么骂他），我考察这么长时间，亲自试用并证明了这是好东西，念及你们是咱的战友，好心好意给你们介绍，希望你们能健康、能致富，你们不领情就算了，还说我是卖假药的，还说我是在骗人，我刘文明堂堂正正做人，什么时候卖过假药？什么时候骗过人？这么不知好歹的家伙！不干就算了，还这么侮辱人，老子今天要好好教训你们一顿！于是就跟人家打起来了。

那时很霸道，哪里允许别人说我不对呢，再加上刚刚三十来岁，血气方刚的，性子烈，忍不了这口气。不曾想到，在后来的直销生涯中，这样的事遇到的太多了，正常！反而在一次次遭遇这样的诬陷后心态逐渐平和起来，不再动怒，不再受伤。当时的心态和举动都很典型啊，现在好多新手入门也是这样，每当看到他们就像看到当年的自己，觉得很亲切，很可笑，也很理解。这就是成长吧。

打完之后，还没解气，就拍着桌子，狠狠地对他抛下三个字：走着瞧！言下之意就是：你们走着瞧，看我到底是干什么的，看我到底能干出什么样来。

第二部分 不归之路

到了今天，这么多年过去了，跟我吵架的这几位战友还是一贫如洗，还是挤公共汽车坐地铁，身体状况也一般般。而自己呢，1995年就开上了自己的"捷达"车（那个时候一辆捷达17万多，全部手续办完之后大概是二十几万，墨绿色的捷达，车号是京C-N0773，记得非常清楚）。车只是一个表象和副产品，重要的是，这么多年过去了，自己整个人生发生了翻天覆地的变化：身体状况比以前更好，也比很多同龄人好；从事保健品营销，不知帮助过多少人摆脱了贫穷，获得了健康。在这个自立立他的过程中，收获了很多，体会了很多，生命也因此有了不一样的品质。

每当回首往事的时候就想起作家柳青说过的那段话："人生的路虽然漫长，但紧要处往往只有几步，尤其是当人年轻的时候。"因为年轻敢去想，因为年轻敢去做，想到了，做到了，就不同了。青春无悔，人生无悔！

亲见"松林竹海"

身为北方人，从小到大见过松树，吃过松子，但从未听说过松树开花。实际上在接触国珍松花粉之前，并不知道松树会开花。给市场宣讲了很长时间的松花粉后，我本人并不知道松树是怎么开花的，开花后又是什么样子的，为了弥补这方面的不足，我们就组织起来带着大家去浙江千岛湖游览观光。

记得时间是1999年，我们第一次去国珍松花粉的采摘基地——千岛湖。带着三十多位合作伙伴，专程去看松树开花，顺便参观大竹海。因为是第一次去，所有的人都兴奋不已，一路上欢声笑语，我一路上想象着松树开花的样子，也想象着竹海是什么样子，按照自己想象中的样子期待着早点儿接近松林和竹海。

从杭州出发，经过两个多小时的车程，终于到了梦寐以求的目的地。不知该怎么形容当时的心情，到了千岛湖，简直惊呆了！为什么呢？原来以为松树开花嘛，就是在松树上有一些黄颜色的花朵，稀稀落落地点缀在树上，到现场才发现，根本不是那回事。

千岛湖周围环绕着一个个的小山包，缓缓的一个山头一个山头往上伸长。整个千岛湖周围漫山遍野层层叠叠地长满了松树，高耸挺拔，郁郁葱葱，生机盎然，充满生命的力量和希望。放眼望去，树天相连，疏落有致，像是天人不经意间勾画的一抹深绿。绿树丛中，全都开满了松花，金黄色的，浅黄色的，深黄色的，一簇一簇的挂满枝头。盛开的松花在阳光下闪着金光，温暖，美丽，吸引人。

湖面上覆盖着淡淡的一层黄色，据说那是因为松花粉开花时，花粉随风吹送飘落在湖面形成的，远远望去像是一片黄绿色的织锦缎漂浮在湖面。湖水像是真丝缎般地点缀在黄绿中，时而环绕，时而穿越，给茫茫的松林平添几分柔美。蓝天，白云，绿树，黄花，倒映其上，就像一幅美丽的山水画，一时间分不清是在画里，在水里，还是在现实中。原来松树开花是那么绚丽！花开时节的松林是那么美丽！飘满松花粉的湖面也那么漂亮！难怪自古以来人们喜欢歌颂松树的精神，松树的风格，松树的文化。我们中国不愧是松树资源的大国，"世界珍奇，中国独有"，丝毫不夸张。

千岛湖参观结束后，我们来到位于浙江安吉县的"大竹海"。早就见过竹子，但没有见过大竹海。一望无际的大竹海，依山傍水，清雅秀丽，满目苍翠，目力所及除了竹子就是天了，可以用"竹天一色"来形容。你听说过海天一色，但从没听说过"竹天一色"吧？这是我的发明，当时面对浩大的竹林时立刻想到这四个字，就是这种印象！春风吹过，竹影轻摇，整个竹林有节奏地缓缓摇曳，像是大海的波浪，绿波荡漾，竹涛声声，伴着清新的春的气息沁人心脾。人间四月天，茫茫大竹海，春意浓，朝阳暖，真让人心旷神怡，流连忘返，恨不能融化在这幽幽的绿色世界中。那一刻，置身其中，联想到千岛湖的松林，爱国之情油然而生。为自己生在中国感到骄傲，为中国有这么好的资源感到自豪，更为自己能够有机会销售这么好看又好吃的产品而庆幸，松林竹海锦绣山河，保健珍品造福他人，感谢新时代！感谢国珍产品！感谢祖国！从那以后，几乎每年都会组织团队成员到千岛湖和安吉旅游，他们跟我第一次去的感受差不多，印象非常深刻，惊喜，震撼，兴奋，惬意，终生难忘！

第一次处理客户投诉

有一次，一个上了年纪的客户听了公司特聘教授的健康讲座后，满心欢喜地买了松花粉回家去吃，没想到她女儿看到我们产品外包装上写着含有蔗糖，非常生气，认为她母亲上当受骗了，便拿着产品到店里来要讨个说法。只见她满脸怒气地冲进来，大发雷霆，说我们骗人，欺负老年人，明明是糖尿病人，怎么还把含蔗糖的产品推荐给她妈妈，等等。她撒泼似的连闹带骂，没有停顿，不容别人插话，那阵势像是要把房顶掀开似的，声音很大，引得周围不少人来围观，谁也劝不下来。从来没有遇到过这种事情，更没有见到过情绪这么激动的顾客，一时间大家都懵了，很害怕，不知如何是好。说实在的，我一个当兵的出身，面对那些同性的战友，要打要骂，要文要武咱还真没怕过，大不了干一仗呗。可面对这么一个女人家，一哭二闹三上吊的，不能骂，更不能打，怎么办呢？只能硬着头皮耐着性子做思想工作。

刚开始的时候她拒绝听，仍然不停地大喊大叫，但看我既没有发脾气，也没有接她的话，先是给她搬了个椅子，然后又给她倒了杯水，接下来就听她说。慢慢地，她说累了，就渐渐平静了下来，开始认真地听我讲了。我用自己所掌握的相关知识跟她对话，从保健品改善身体的原理，到产品本身的特点、制作工艺，再到她母亲的身体状况，甚至同类产品的对比和公司的情况等，多角度地介绍为什么她母亲应该用这个产品，以打消她的顾虑和误解。通过我的解释，她不但没有退产品，还又买了一些给自己用的，心悦诚服地离开了店，到此，这场轩然大波才算平息。

这件事是我走上营销道路之后第一次遇到的客户投诉，至今记忆犹新。其实对于做销售工作的人来说，遇到这样的客户和这样的情况基本上是难免的，它也是客户售后服务中容易碰到的情况。但是如何应对客户的抱怨、不满、误解甚至是无知，是做业务人的必修课。这件事情让我成功地处理了情绪过激顾客的投诉，积累了客户服务的经验，深刻体会到面对突发事件，首先要保持冷静，从容面对，多站在对方角度考虑问题，才有可能扭转事态恶化，同时也证明了专业知识水平的重要性。当时我强烈地意识到：一个人要想在一个行业里发展，必须有过硬的专业知识和技能，必须使自己成为一个真正的内行，否则很难走下去。

观看卫星发射

2005年的一天，我荣幸地接到公司通知：去西昌卫星发射城观看卫星发射！

听到这个消息后简直欣喜若狂，万分激动！要知道，作为一个军人，在部队20年，从没有机会参观西昌卫星发射基地，更别说观看卫星发射了。而在新时代短短的几年，稍微有一些成绩后就受到这样的嘉奖——我把这个活动看作是一种嘉奖，一种荣耀，兴奋、激动、自豪和感激难以言表。我兴奋地行动着，为即将到来的西昌之行做好各种准备，从没有哪一次出门像这一次这么期盼，这么庄严，甚至有点儿神圣感。

第二部分　不归之路

-

带领我们一起前往的是滕燕华副总经理，她是新时代健康产业集团公司早期创业者之一，我很荣幸能和她一起前往。

在去往西昌的路上，我一遍遍地回忆着自己在部队所接受的国防教育，搜索着关于航空航天知识的记忆，出发前还翻阅了一些相关资料，对中国航空航天事业的发展有了一些初步的了解。

到了西昌，简单游览观光后，便乘车从住地前往目的地。一个多小时后到达了发射基地。当时大约是晚上12点钟左右，现场天气有点儿阴，看不太清楚。经过一阵仿佛很漫长的等待，终于传来消息：马上就要发射了！

所有的人都屏住呼吸，不敢出声。那一刻，时间好像凝固了，空气好像也不流动了，我甚至能明显地感受到自己的心在嘣嘣嘣地跳动，既紧张又激动，目不转睛地盯住前方，生怕错过哪怕一个微小的细节。接着传来总指挥那洪亮的声音：五——！四——！三——！二——！一——！

"发射！"

"嘣——！"随着一声巨响，一个巨大的火箭腾空而起，熊熊燃烧的火柱直冲向天空，一个庞然大物在火球的推动下就上天了！

那一刻，真有那种"历史在发生，我在现场"的感觉。亲眼目睹、亲身经历这个庄严的时刻，见证了这一神圣的事件，民族魂，民族魄，在瞬间就体验到了，祖国的强大也感受到了，尤其深刻感受到作为一个中国人的骄傲：为祖国骄傲！为航天人骄傲！更为自己是新时代人而骄傲！激动的心情难以用语言描述。

这件事给我的印象也非常深刻，深刻在哪里呢？作为一个新时代人，能有机会参加国家重大的国防工业方面的活动，感到骄傲自豪，尤其是一份责任和使命——为祖国航天事业做贡献的责任和使命！仿佛在部队里接受的教育还在延续。

这件事也是多年来我给团队讲得最多的一件事，它让我真切地感受到祖国的强大与发展。每当回忆起来当时的情景便升腾起强烈的民族自豪感，更加爱国了！

第一次随公司出国游

2005年11月，当北方天气开始渐渐转冷的时候，新时代公司组织部分高级经销商经过深圳，转道香港，去了菲律宾，然后到达主要目的地台湾，那是进入新时代以后第一次出国旅游，留下了很多难忘的回忆。

当时台湾地区的旅游业还没有对大陆开放，处于全封闭状态，更没有正式开放自由行，去台湾必须从别的地方转道而行，第一站就是菲律宾，看菲律宾的风土人情，并且借机到了祖国的宝岛台湾，在还没有开放的情况下看到了祖国的宝岛不是一个小岛，而是一个蕴藏着丰富宝藏的大岛。我们一行在那里的购物使得导游感到非常惊讶，从这里可以看出大家的收入和经济实力，是那个台湾导游自从事导游工作以来从未见过的超豪华的购物团，创下了台湾旅游业团队购物的记录。

到菲律宾也是一样的。华人导游接待，印象很深的是当时在菲律宾过海关安检的时候，检查很严：裤带解掉、拎着裤子（裤腰大的人很狼狈）、脱鞋子、光脚。到菲律宾之后去了很多地方，广场、商业圈、娱乐圈，给我印象最深的是，应该是我们的粉底很好卖，因为菲律宾的人比较黑，擦的白粉底，脖子像黑车轴似的，抹得厚厚的一层，有的都掉渣子。另外，总统弃医从政，为了祖国和人民，最后牺牲。当时，第一次去热带国家，对菲律宾的印象总体感觉比较好，因为从中国的冬天到国外的热带，花花绿绿，一片热带风光，在海边，看到晚霞，那种感觉非常好。在美国的殖民地，看到了美国的烈士墓碑、舰队和码头。

到台湾的感觉更好。原来以为台湾不过是个小岛，到了以后才知道，台湾真是个宝岛，风景宜人，文化深厚，是祖国传统文化保存比较好的地方。特别是环境，非常优美，不论是台中、台南、台北，自然风光都非常美。我们先后到了花莲、日月潭、阿里山……在台北，最大的感受是当局派了一个特务在我们车上，我们下车之后把我们的包全都翻了！那时候两岸关系还没有现在这么好呢，当时听说，到我们为止，一共去了三十来万人。在台北看了101摩天大厦，感觉特别好，第一次见到这么高的大厦，那么高的大楼，瞬间上去瞬间下来，非常惊讶！看了一个叫五月天的乐队演出，看到了蒋介石的花园和行宫。之后，我们到了花莲，参观花莲的玉石加工厂，淘了很多价值不菲的宝贝。我办公室摆放的貔貅紫冷玉石七彩聚宝盆，就是在那里买到的。这些宝石不能不让人赞叹大自然的神奇造化，也让我时常回忆起那次难得的台湾之行。

之后又去参观了一个玉石沟，矿藏非常好。印象特别深的是一个花园式的工厂，当大巴车载着我们从工厂经过时，导游告诉我们这是一个水泥厂，我们根本不相信，这哪里有水泥厂的痕迹，简直就是一个大花园，特别美，根本没有我们想象中的污染和脏、乱、差，但的确是水泥厂。

在台北的时候，还去了直销协会，和当地直销杂志社联合举办了一个活动，我还接受了他们的采访。

还有传说中的日月潭，看了台湾的原始森林，非常美丽。

到了阿里山，大家都被一首歌曲吸引，希望能找到阿里山的姑娘，一睹她们的风采，说不定还能带回来一个呢，哈哈！可现实生活中根本没有什么阿里山的姑娘，连小伙都没有，据说都进城了，只剩下60岁以上的老太太了。看来，现如今，"阿里山的姑娘"要改成"阿里山的外婆"了！（笑）

今天来讲，有机会我还要再去台湾，因为那里的中国元素很多，中国的文化气息很浓，很纯粹，这一点在当年参观台湾时感受颇深。台湾地区的故宫和内地北京的故宫一样，是中华民族的国宝，里面收藏着很多国家级的珍宝，比如国家级的"玉白菜"就被收藏在那里，那是当年被国民党抢走的。印象最深的是在台湾故宫博物院门前立着的圣人孔子的塑像，也就是说，台湾人一直拜着我们共同的圣人——孔子。因为在我的学生时代，一直是伴随着"克己复礼、批林批孔"运动，没想到在我们这样的泱泱大国，自己几乎走遍了东南西北，第一次看到那么高大的圣人孔子塑像，竟然是在台湾！

在台湾，还看到了现行使用的方块字——我们祖先留下的繁体字，是中华民族的智慧结晶，颇有那种历史的厚重感和文化感；看到了台湾居民的礼让、素养；看到了用水洗擦过的马路一尘不染；那么多摩托车，没有乱抢乱撞的，还有卖槟榔的小姑娘……从这些方面看到了先进的文化，这一切都使我受到很大触动。

当时同去的有公司领导和专家，共计20多人，整个行程历时一周。作为一个新时代人，这次出国游主要有两方面的意义：一是公司兑现了出国旅游的承诺，让我们享受到了出国游的待遇，感受到公司一言九鼎的承诺；二是通过旅游观光，领略了异国他乡和宝岛台湾的风情，开阔了视野，增长了见识。当然，这一行的美景也让人流连忘返，是很难忘的一次旅行。

购买雍和宫写字间

最初的专营店，是早期创业时起步的地方，规模很小，而且是租赁来的。到了2003年，随着客户的不断增多，营业额逐渐增大，需要提供的服务也相应增多，小小的店面已经不能满足经营的需要了，开始感到有必要扩大店面；另一方面，跟随新时代这几年一路走来，通过观察、实践，特别是付出，得到了回报，因此，看好了新时代，看好了这个行业，认定未来还会有大的发展。从长计议，萌生了购买办公室的想法。紧接着就去寻找合适的铺面，看了很多楼盘、店面，最终将目标锁定在位于北京东城区二环边上的雍和大厦，为什么呢？

首先，雍和大厦位于北京东城区，多年来我们活动的主要地点都集中在东城区，熟悉这里的环境，习惯于这边欣欣向荣的积极氛围，对这个区域有着特别深厚的感情，不愿意离开。从经营的角度讲，雍和大厦位于北京二环边上，地铁和公交线路相辅相成，四通八达，交通极其便利，顾客很容易找到，是一个适合开店的好地方。再说，雍和大厦又是属于中关村科技园的五星级写字楼，管理规范，形象与配套设施俱佳，我选择的B座与二环公路有一楼之隔，正好避开街上的喧闹，是一个闹中取静的地方，很适合办公。

其次，从大的环境来看，雍和大厦接近北京这个国际化大都市的中心地段，它西邻著名藏传佛教寺院——雍和宫，北望地坛公园，这两个地方都历史悠久，游客众多，自然环境与人文环境比较理想，是汇聚人气、旺财旺人的风水宝地。而我们从事的是给别人送健康、送机会、送财富的事业，从某种意义上来说和诸佛菩萨普度众生的大愿是一致的，能为众人谋福利的人是有福之人。那么，福人居福地做福事，福地出福气成福事，何乐而不为？也就是说，如果能在这样的地方拥有一个自己的办公室将是多么吉祥的事情啊！于是，在资金不是很充裕的情况下，毅然购买了雍和大厦B座的602、603两套房间做办公室。

说实在的，在北京雍和宫这样的地段能买上自己的写字间，数额庞大，在当时可以说是一个天文数字，对当兵这么多年的自己来说，是从来没敢想过的，当时真是百感交集，自豪而兴奋。这要感谢公司有这么好的平台，感谢团队里有这么好的合作伙伴，如果没有公司和团队，只是我一个人孤军奋战，那是不可能实现的。正因为想到这些，更加激励自己继续前行，争取帮助更多的人和我一样也能在不久的将来心想事成！精心装修后，把专营店从原来的旧址搬到了雍和大厦，正式开始了新的征程。新店的落成，意味着真真正正地给团队建立了一个新家，一个好家。舒适的环境、优越的条件和升级后的整体形象，都为团队的发展起到了强有力的促进作用。在专营店服务方面，提高了品质，提升了形象，客户越来越多，大客户比例越来越大。销售额稳步提升，连续好几年排在公司前列。

总之，购买雍和宫写字间，是自己事业发展史上里程碑式的难忘事件：它标志着自己的创业从起步阶段进入拥有固定资产的初步发展阶段，标志着经营从简单的进货、卖货、售后服务到进入组织运作的升级，使客户和合作伙伴从此有了更好的平台、依托和归宿感！圆了一个很多人在北京的购房梦吧，同时也圆了自己多年以来的购房梦，自尊心得到了极大的满足，可喜，可贺！

史 在购买写字楼之前，公司奖励了您一台轿车。第一次拥有了属于自己的车，而且是通过自己艰苦奋斗挣得的，并且是一辆价值一二十万的车，就是在今天也是让人羡慕的，当时是一种什么样的心情？

刘 非常激动！关于车啊，还是有一些情结的。小时候看到别人开车觉得了不起——会开车，有技能；长大后看到别人开车觉得羡慕——当官的，有地位的，有钱的；到部队后看到别人开车肃然起敬——大领导，大人物。因此，也曾想过自己什么时候能有一辆轿车——是什么呢？成就感吧。多少年来，拥有个人的私家车一直是很多人的梦想，对于男人来说，房子、车子、票子、儿子、位子是成功的重要标志。

现在，自己有车了！是公司给奖励的车！是干得好才有的大奖品，光荣地得大奖了！很自豪啊。这辆车，它证明了自己的选择是正确的，给那些武断地认为直销是骗人的是卖假药的说法一个有力的回答；证明了自己的努力没有白费，只要不断地学习、行动、付出，就会有回报；证明了自己是成功的，没有辜负那些支持和帮助过自己的人。当时那个激动啊，没法用语言形容。要知道，二十年前的中国，有私家车的人太少了，车的品种数量都还不多呢，买个车不容易，不像现在，买车可以到处去挑选，还可以讲价。所以，特别特别兴奋！跟别人说起来的时候很自豪：我有车！在最初的一批经销商中，我是第一个拥有车的，很自豪，很开心。

没有想到的是，得了这辆车后，业绩快速增长，很多以前拒绝自己的人都纷纷回来主动要求与我学习、合作，那些不相信梦想可以成真的人看到了梦想真的实现了，人真的可以梦想成真！很多曾经不相信公司、不相信产品的人看到了这是可信的，也让那些不相信这份事业的人看到了：这个事情可以做，大有前途！同时也让那些不相信自己能够改变命运的人燃起了新的希望！这就是榜样的力量。今天，拥有私家车的人越来越多了，尤其在大城市，轿车大有成为必备的生活资料的趋势。然而，以公司奖励的方式获得轿车仍然是一件令人尊敬的事情，得到奖励的轿车，是一种证明，一种价值的体现。它意味着：公司有信誉，这个事情值得干，这个事情有前景，我有机会，我能够拥有，你也有机会，你也能够拥有，等等。

通过这件事也让我悟出一个道理：别人不相信你不重要，重要的是，你能否坚持到底，做出让人相信的结果，只要有了这个结果，自然会有人信服；特别是强烈地意识到：在口碑相传的行业里，实实在在地做到，比说什么都重要！说得好的前提一定要先做得好。

激动过后紧接着就是内心的不平静，非常不平静，甚至是不安！为什么呢？回想起这么多年，从找到第一个合作伙伴，卖出第一款产品开始，不知跟多少人发生过业务互动。这期间，他们的认可给了我信心，他们的加入壮大了我的团队，他们的知识丰富了我的知识，他们的力量增强了我的力量，甚至是帮助他们解决问题的同时，也丰富了自己的经验，磨砺了自己的意志，开阔了自己的视野，可以毫不夸张地说，没有他们就没有这辆车。公司奖励轿车，是根据激励制度兑现了它的承诺，从现象上看，是我本人获得了这项奖励，而在本质上，是整个团队获得的奖励，我本人是托了团队的福，拿到了这份实惠，获得了这份荣誉。从那一刻起，对公司的信任之心，对团队的感恩之情油然而生，更是倍感责任重大。当第一次坐在新车的驾座上，脚踏油门启动车轮的时候，我就暗暗地对自己说：你拥有的是团队的荣誉，握着的是团队的命运，肩负的是团队的责任，自己有了轿车，还要让更多的人拥有轿车。从今往后，要努力地帮助更多的人和你一样，因为，没有他们，就没有你的今天！直到现在，每当得知团队里有人荣获了轿车的时候，都发自内心的欣慰，也激励自己更加努力。

说到这里，想起一件和车有关的趣事，给你讲讲啊。得车的时候还不会开车呢。在部队的时候，看到战友们会开车，很羡慕，觉得车是男人的另一张名片，自己应该会开车，经常蠢蠢欲动，想开人家的车，战友们不让开，说，你不是专职司机（我是搞通讯的），你是坐车的不是开车的。于是就一直没有机会学习。现在自己有车了，要开了，从来没学过，怎么办呢？先找朋友买了个驾照，还没有身份证，就请弟弟帮忙，半自学地练起来。

记得当时是在丰台体育场的路上，车也少，弟弟先教我怎么挂挡，怎么起步，然后就说，你试试吧。好！试试吧。我这人胆子大，听了一遍就开始操作，就这么练了一天，上路了。第一天开出去，刚走了没多久，就碰到一个坡，怎么启动都起不来——停在坡上开不起来。很多人骂我：你会开车吗？我在心里讲：还真是不会呢，但我会"会"的。就这样，一天驾校也没上过，一个正式教练也没请过，靠着胆子大，敢上路，稀里糊涂的也会开了。这些都是做直销给逼的，其实啊，人的潜力就这么大，什么是"会"，什么是"不会"，做了就会，不做就不会。

史 当初您挣得了自己的私人轿车，而今又在首都北京的黄金地段拥有了属于自己的两间写字间，这两件事情都是带有里程碑式意义的，都曾经给您带来了惊喜。对比这两次的置业，您觉得心情有什么相同的地方和不同的地方？

刘 对比这两次事件，都是自我奋斗个人资产增加的一种实物证明，也是自己能力的升华。相同的就是感觉自己有点成就感，付出得到了回报；不同的是，这后一种远远大于前面那一种，因为从价值上来讲，前面那个只有20万，而后面这个是它的10倍以上。另外讲，挣得到轿车仅仅是为了交通方便，而买房则是实实在在地给团队建立了一个家。为团队服务，让团队改善服务环境，提高团队的整体业绩，那是有生以来所做的一件从资金数额上最大的决定。至于高兴，那就不用讲了，肯定的了。

商学院学习

新时代公司在2006年成立了商学院。商学院的成立，是其成长中的一大进步，既是公司的进步，也是个人的进步。我有幸作为第一批学员之一（取得这个学习资格本身就是证明和荣幸）参加了商学院的学习，听到了很多专家级讲师的授课，有法律方面的、直销方面的、礼仪方面的，学习结束后还代表第一批学员上台领了毕业证，直到今天我还收藏着当时在商学院的毕业证。这次学习，丰富了专业知识，提高了专业理论水平，及时补充了业务所需。而对于我这个多年渴望上大学的人来说更是意义非凡，自参加工作以后，几乎没有机会再走进大学校园里读书，而现在通过商学院实现了。

和很多同龄人一样，从小接受的教育就是要好好学习天天向上，长大了之后考大学、上大学，做有知识、有文化、有道德的人，做对社会有意义的事。父辈们当然是望子成龙心切，希望自己的孩子能够建功立业、衣锦还乡、光宗耀祖……而实际上，我也一直都把这些教诲记在心里，落实到行动上，学习很刻苦，从小学到高中一直是班长。1979年大学没有考上，便抱着一线希望到部队考大学，在部队一直不断地学习，坚持自学提升自己，通过自修，上过三次大专，获得了大学毕业的文凭。

所有这些学习根本不够，既不能满足工作需要，也不能满足素质提升的需要。而进入商学院，有机会系统地学习经营管理、营销、保健、法律法规等知识，是对自己系统学习的完整补充。特别是这次参加了首届北京大学"新时代卓越研修班"的学习，在北京大学参加EMBA的学习，听取国家一流的教授专家讲课，开阔了视野，开拓了思路，特别是对自己过去一知半解的东西，比如国际贸易方面、宏观经济趋势方面、艺术品的鉴赏方面、国学、博弈学，等等，都使得我从整体上有所提高，感悟很深。

关于在北大学习，说句实在的，虽然北京大学不是世界排名第一第二的大学，但是在中国，北京大学也是一所知名的大学，对于任何一个渴望知识追求进步的人来说，都愿意到北京大学来上学或深造，这是很多人的向往、渴望甚至梦想，而我呢，没有通过高考，而是通过在新时代事业上的打拼取得的成绩，获得了到北京大学学习的资格，使我圆了自己上名牌大学的梦想，也实现了父母对自己上知名大学的愿望。是新时代又一次给了我上学的机会！是自己多年的努力得以实现这样的愿望！为此感觉非常幸福，非常幸运，也感激父母对自己的教诲，感谢自己当初有这样的想法。

史 我们都记得，在中国直销发展历史上，1998年是不同寻常的一年。在这一年的4月21日那天，政府在人民日报登出文章，正式宣布取缔传销这种经营方式。随着这一声令下，中国整个直销业为之震惊，一时间，无论公司还是经销商个人都不知所措，当人们最终确认这个行业在中国真的被取缔后，直销公司都用自己的方式应对了这次政策的变化。请介绍一下当时新时代公司在那一年是怎么做的？您本人在那个时期经历了怎样的心路历程？

刘 那真是难忘的一年，现在回想起来，那些重要事件还历历在目，像是刚刚发生过一样。

要回答这个问题，有必要回顾一下当时的市场情况。

你大概也知道，在政府正式宣布取缔传销之前，大概一年左右的时间吧（各地情况不一样），市场已经很混乱了。当时采用直销这一方式运营的公司和产品很多，除了政府正式批准的41家外，还有大量没有获批的公司。在这些公司中，有合法经营并一直在争取获批的正规公司，还有刚刚起步各方面都不是很完善的小公司，此外更有怀着投机心理的非法公司和团伙。这些不规范的公司，利用普通大众不了解直销知识的弱点，迎合人们想致富尤其是一夜暴富的心理，采用各种奖励制度，疯狂操作，以至出现很多恶性事件。

原本只是经营领域的非法运营，但因为这个行业的门槛低、倍增速度快，加上经营者心理不成熟，使经营环境受到严重破坏，导致诈骗、打砸抢、人身攻击等刑事犯罪的出现，使一些普通百姓因经济损失而引发精神伤害，带来了不良的社会影响（直到今天还有人抱着当年的印象看待直销）。面对这种混乱局面，政府便采取了强有力的措施：取缔！

我们先看看从网上找到的当年的一则消息：

中国政府取缔传销

1998年4月21日

1998年4月21日，中国宣布不再允许任何形式的传销经营活动，已批准登记的最迟应于10月31日前办理变更或注销手续。至此，从1990年中美合资雅芳有限公司将传销引入开始，传销的路在中国走了9年之后走到了尽头。

作为一种营销方式，传销起源于40年代的美国，风行于日本、中国台湾等地。到去年，全球有130多个国家和地区开展传销，从业人员2 600万，销售额超过750亿美元。

由于减少了流通环节，简单便捷，汇款有保证，而且为中低收入阶层提供了风险较低的就业机会，传销在市场经济发达的国家已是一种较为成熟的营销方式。

从本质上说，传销是一种以需求为导向的营销模式。在国外，传销是一种比较常见的销售方式。它并非空手套白狼的伎俩，也决非水变油的骗局，因此也不会比别的销售方式带来更多的发财机会。然而，传销到了中国，却被渲染为"20世纪最后一次暴富的机会"。忽视销售产品品质和市场实际需求，热衷于猎取人头和发展下线，于是传销成了"老鼠会""神秘链"的同义词。传销商们的经营理念是这样的："我骗你，是因为我爱你。""财富不是朋友，朋友却可以变财富。"

……

中国是个人情居上的社会，在一些传销商类似邪教的蛊惑和鼓吹之下，人情就成了发财优势。"一个小镇上的妇女，把自己刚生下的婴儿卖掉，拿到9 000元钱加入传销；一批批下岗工人，把家中仅有的积蓄拿出去买几千元一台（事实上只值四五百元）的传销产品；一些农民卖掉耕地，不事农活，拿着一筐筐鸡蛋和棉被到遥远的外地参加创业说明会。"

第二部分　不归之路

然而，中国人通过做传销发财了吗？没有。除了一些心黑手辣的不法传销商通过办班、赚人头费等龌龊的手段掠取了暴利之外，绝大多数的传销商成了他们致富的垫脚石。传销被禁让那些在传销中吃了大亏的人们和更多被骚扰得烦不胜烦的消费者齐说：应该。

（人民网资料）

这篇报道反映了当时的情况，势态之严重可见一斑。那时候，我们在市场上首先感受到的就是混乱，市场上卖什么的都有，没过几天就听说哪家哪家公司开业了，再过几天又听说哪家公司散伙了，某某老板跑了，谁谁谁受骗了，等等；接着感到团队人员不稳定，他们经常被邀约到别家公司的会场去听事业说明会，不停地有人加入，不停地有人离开，有些浮躁。

面对这种局面，起初我是抱着平常心对待的：那是别人的事，我坚持自己的选择，整天专注于邀约、听课、送货、参加会议，顾不上也没兴趣去了解别的。直到确切得知政府宣布取缔传销，尤其是看到禁令颁布后各家公司在收尾时表现出的做派，再也平和不下来了，于是有了一系列的思考、观察、再选择……

在那一年，新时代公司做了一件非常英明的、具有里程碑意义的事，那就是，及时召开了千岛湖会议，正式宣布营销模式转型，从传销转型为"新时代专营"（即现在的"国珍专营"）经营模式。

新时代采用的是立体开发线路，既保留了团队的优势，又保留了专营的结构，奖金制度和经营模式都是非常先进的。这个思路非常正确，非常好，是当时推出的一种最好的模式。千岛湖会议先公布了这一重大举措，接着于1998年5月26号开始实施"国珍专营"（当时叫新时代专营）模式，改制正式开始：从原来的传销改为"新时代专营（国珍专营)"。正值大家普遍感到市场混乱，人们不知何去何从的时候，这一举措无疑给市场带来新的方向，让人们看到了新的希望，振奋人心，很睿智。最值得称道的是，这次会议召开是在国家正式宣布取缔传销之前的一个月。新时代公司在最关键的时间、关键的地点，做了最正确的事！这一举措，使得所有经销商受到了很好的保护，避免了一次重创，稳住了大部分消费者。这一举措也深深触动了我，认识到新时代公司在这严峻的生死关头，能走在各个公司的前面，可谓高瞻远瞩，英明之极。从此对新时代公司心生敬意，开始认真考虑是否投入做？是否开专营店？

史 当人民日报发布关于国家取缔传销的消息后，您当时心里是怎么想的？

刘 在这个行业很多年了，很关注这个行业，非常关注这个消息。起初不大相信，不大相信怎么一夜之间就把一个行业给取缔了，而且采用的是这么强硬的做法！当确切得知全面禁止多层次传销的消息后真是心如乱麻，百感交集。为什么呢？一是不知道自己选择的行业会何去何从，前途未卜；另外为自己刚刚建立的新团队而担忧，吃不好饭，睡不着觉，非常焦虑。最关注的是这个行业下一步会怎样？国家下一步会怎么处置这个行业？也就是说关心政策的走向。公司的方向早已明确，走专营模式，然而这种方式是不是能被国家认可，是不是能够长久地走下去还是个未知数，这也是担心的问题之一。

除我本人以外，业内人士都比较关注这些问题，经常在一起相互交流，推测猜想各个公司的走向，也是对各自选择的一次验证。焦虑、担心的心态，欲罢不能、欲进还退的状态，很折磨人。

老实说，直到2006年，国家正式颁布《直销管理条例》和《禁止传销条例》，确认政府已将这个行业纳入法制化轨道后，困扰自己多年的

第二部分 不归之路

焦虑和隐忧才彻底消除，终于踏实了！

史 当年的7·18周年庆典，是在传销被取缔后举办的三周年庆典，当时是一种什么样的感受？

刘 那次活动的范围很小，当时新时代公司还是租赁的厂房，北京市场去的人不多，只是后来有些图片报道。但最重要的是那次活动中，我们在报纸上看到了关于新时代公司的报道。记得很清楚：在1998年7月18日的《经济日报》上，整版刊登了关于新时代的报道，题目叫《岁寒知松萃，时代传花香》。这篇文章共分了六个部分，特别是最后一部分，明确了我们的经营模式，确定了未来发展方向，并阐述了未来发展的总体部署，具有很强的战略指导意义。报道中提到连锁加盟，以国防科工办为主建立了100多个国珍专营店。看了这个报道后，感觉新时代未来有出路，选择新时代是正确的。同时看到了新时代的未来，树立了对新时代未来的信心！要知道，《经济日报》是党的经济第一报，是党报啊！在国家党报上刊登文章本身就说明了问题。

这篇报道连同这次会议彻底打消了我的顾虑，心里踏实了。用一句话概括就是，看到了新时代的未来！但说实在的，对于整个直销行业还是心有疑虑，不知道未来国家会持什么态度，也不知道行业会往什么方向发展，只是坚信一点：公司是合法的，只要紧跟公司，个人和团队就安全，市场就可以继续发展。

史 1998年对业内人士来说意味着重大挫折，同时也意味着重大转折，而您本人在这一年有什么值得纪念的变化吗？

刘 有！也是里程碑式的事件：开店了，自己从经销商变成了店长。开专营店要求的是以店长领导直销员式的加盟体系，也就是说，以独立法人存在的专营店为基本经营实体，采用店长负责制，负责为所在区域的销售人员和顾客提供经营场所和相关服务。在这种模式下，过去你只是一个单纯的经销商，而现在又新增了一个店长的身份，从某种意义上讲自己成了一个独立法人，集公司经销商和店老板于一身的双重身份。这双重身份意味着双重责任、双重挑战、双重进步，当然也会有双重收入，很公平。而真正令我兴奋和感到踏实的是透过这种模式能够看到未来的希望。

同时我也强烈地意识到：开店了，对团队的服务要跟上，需要进一步提高自己的组织能力，还要加强同公司相关部门的合作与协调，熟悉国家相关政策法规。身份和角色的转换，在当时是很有压力和挑战性的。对于国家来说是改变了政策，给公司带来的影响是改变制度，对公司来讲是转制，对于我个人来讲是转换，实质的挑战就是对能力、综合素质的一次新的挑战，新的里程碑。过去可能不认为自己是经商的，现在就不同了，开店了，你就是一个真正的商人了。之前所谓的商人，其实就是一个直销员；现在成了一个负责为直销员和顾客提供系列服务的领导，负责专营店的店长，在客观上要求自己不但要精通直销业务还要懂得连锁经营。从形式上看，这个店长跟我们传统意义上的店长没有什么大的区别，但其内涵、工作方式、运营方式，完全不是一个概念，完全不在一个层面，差了几个量级了！

自己开店的心情用几个词概括一下就是：跟随（跟着公司走）、服务（多为客户服务，把事情做好）、自信（我能开好一个店）。开店对自己来说是一个全新的挑战，一个从部队下来的人，从来没有经过商，蠢蠢欲动，想尝试一下，更想考验一下自己，看看自己能行不，最重要的是面对现实，接受现实的挑战，这是形势所迫，是客观需求，没有别的选择。不开店的人没有这么多的负担，自己要开店，必然有负担有压力：店铺的费用、与外界的沟通、你的流水、进货、送货——当时没有那么多的资金来周转，只能采取多跑路小批量勤进货来解决。此外，还需要雇人来守店，还要组织培训，那个时候不是以公司为单位组织培训，而是以专营店为单位组织培训的，一个店每周要组织好几场课呢！当时感觉压力很大，但总的来说还是蠢蠢欲动，想挑战，觉得有意思，有干劲，不怕。

今天回过头来看这些，当年感到压力的事情早已变成日常事务，轻车熟路了，那时令自己兴奋的挑战现在连新招来的员工都可以很快上手。店长这个身份，更多的是一个称呼，而没有了当年那么多的压力，这就是成长啊。不知不觉，跟着公司一走就是十多年！

二、难忘的人

史 刘总，听您以上的叙述，1998年无论对于直销业、对公司还是对您本人来说，都是一个非常关键的年份。新时代公司创立于1995年，到了1998年还是处在创业初期。创业是艰难的，创业者的故事也是令人称道的，那么以这一年为界限，在1998年之前，您最难忘的人有哪些？

刘 说起最难忘的人真是太多了！那就重点谈几个接触比较多的人吧。

年轻的总经理——杨勔

敬业　年轻有为　承受压力　坦然面对

杨勔当时是新时代的总经理,很年轻,有能力。他是学经济的,平时戴个眼镜,说话文绉绉的,很有头脑。他信仰佛教,很虔诚,经常带着佛珠。总想把这件事情做好,对工作很负责,天天加班加点,很敬业。因为他是总经理,有很多工作上的事情要交流,交往相对多一点。

最令我难忘的是,这么年轻就当总经理,尤其是在1998、1999年期间担任总经理,掌控一个直销公司,压力应该是很大的,不简单!不容易!因为那个时候是特殊时期,政策的特殊时期,公司处在特殊时期,市场处在这样一个特殊时期。他在任的两年,恰恰是整个行业最灰色的两年,他坚守在这个重要岗位上,伴随新时代走过最艰难的两年,起到了承上启下、继往开来的作用,值得尊敬!应该记住!那时候没有机会就这个话题和他进行深度交流,通过自己在当时那种形势下的心理体验,间接地体验到他的压力。

尽管不知道他经历了怎样的心路历程,但能够想象得出,那么年轻的一个人,在那样的重压之下,每天还表现出从容和镇静,很不容易!我们只是面对自己的一个团队就感到心乱如麻,何况他面对这么多的团队,这么多方方面面的难题,更不容易,让人心生敬意,很难忘!直到现在还时常想起这个年轻的总经理。

第一任董事长——殷鹤声

魄力　演讲　尊敬　感恩

殷鹤声董事长给我留下的印象是有魄力,有眼光,做事果断,勇于创新,能够担当的一个男子汉,可以说,他为新时代的发展立下了汗马功劳。

　　作为一个董事长，在重要历史关头能够做出正确的决策，能引领这个公司走上正确的道路，使公司稳健地发展，这是他最可敬的地方。比如说千岛湖会议，新时代改制，等等。除此之外，还有一个地方让我非常佩服，那就是他的演讲能力：富有激情，富有内涵，富有感染力，极具震撼力量，因而极具个人魅力！每次听他的报告，都深受鼓舞，振奋人心。他不但说得好，做得更好。记得在1999年艰难时期，公司准备推出新产品"松花酒"，在选瓶子的时候，他找了几十个瓶子让大家来发表意见，为了将来松花酒能够更好地贴近市场，他亲自做了大量的工作，当时就预测新产品未来会有很好的销路，后来的事实证明了他的预测是完全准确的。

　　在和殷总打交道的过程中，发现他作为董事长，既高瞻远瞩又脚踏实地，既能把握大方向又能关注细节，既贴近市场又能平衡好各方利益，敏锐、真诚、宽宏大量，大格局，大胸怀，是当之无愧的董事长，值得尊敬！值得记住！同时始终对他怀有一份感恩之情，感谢他的英明领导，为我们搭建了一个这么好的创业平台，才有了我的今天。感谢殷总！

永远的笑声——王谦

笑声　笑容　贡献

　　提起王谦教授啊，也称得上是新时代的功臣之一了。她是北京林业大学的教授，退休后受聘于新时代公司，为市场一线进行健康科普教育。多年来为市场的发展立下了汗马功劳，可以说很多早期创业者都是听着她的课走过来的。

　　她留给我最难忘的记忆就是那爽朗的笑声，灿烂的笑容。不管什么时候，只要想起她这个人耳边就回响起她的笑声。她走到哪里就把欢笑带到哪里，常常是未见其人先闻其声——闻其声如见其人——见其人便见其笑脸。可能是因为常常欢笑的缘故，王谦教授的面容都带着笑意，人常说：一个女人四十岁以前的容颜是爹妈给的，四十岁以后就是自己给的了。你看王谦教授，几十年下来，给了自己一张充满阳光的笑脸。

在讲台上，她的笑声与笑容更具感染力，"含金量"很高，常听那些听过她讲课的人们说，一看到她的笑脸，一听到她的笑声，就知道"国珍"产品有多么好！为什么呢？一个七十多岁的人，常年飞来飞去，像年轻人一样活跃在市场一线，还保持着那么好的生命状态，如果没有很健康的身体和心理是达不到的，她本人就是最好的产品代言人，是产品的"产品"！

她的笑声是心态积极向上的体现，每次见到她都会被她的笑容打动，心情会格外轻松愉快，她那乐观、积极向上的精神永远是我学习的榜样。对王谦教授，同样是心怀感恩，感谢她多年来带给我们的知识和实际的指导！祝愿她健康长寿并永远快乐！

付万成老总

可亲可敬　幽默智慧　功不可没

凡是跟付总接触过的人都知道，他是一位平易近人、可亲可爱可敬的好领导。他之所以留给我深刻的印象，一是他对松花粉这个项目本身的投入，二是这个人非常好！他幽默，朴实，不利己，有智慧。虽然是高职位的大领导，但一直关心着每一个新时代的直销员，每次见面都问候我们的直销员。作为那么大的领导，能记得住大家的姓名，跟他在一起，轻松、温暖，切实有一种在大家长身边的感觉，大家对他都有着深厚的爱的感情。我认为（我也曾在其他场合说过），付总虽然没有直接做直销，但对市场的推动比亲自做直销贡献更大，公司的终身成就奖应该颁给这位老人才是，他是最值得拿到这个奖项的人！

新时代第一人——刘香春

刘大夫是中医教授，专业水平很高，她的论文在德国获过奖的。她是当年第一个开发市场的人，在创业初期凭借自己的专业优势，为市场发展奠定了良好的基础，为新时代做出了很大的贡献。是我们可敬的好老师、好领导。

新时代第一店长——赵秀玲

在1998年千岛湖会议后，赵秀玲便响应公司号召，根据公司给出的标准率先在北京开设了正规的国珍专营店，使新时代有了第一个转型后的规范专营店，为市场树立了一个榜样，她本人也成为北京乃至全国第一店的店长。她也是很能为团队付出的一位好大姐、好老师，也是我的前辈，我永远感谢她！

我的主管老师——张辉

传承　付出　桥梁　感恩

张辉老师是我永远要感谢并记住的一个人！当年就是经由她的介绍我才了解到新时代，为此我永远感谢她，感谢她把我介绍到新时代来，因为她的桥梁关系使我走进了新时代。当年她为新时代整个团队付出了很多，在那个年代、那个环境中做出了贡献。她传承团队的精神，传播新时代的文化，在新时代关键的时候做了一个传承者，这一点是不能忘记的。作为当年的创业前辈，如果没有他们的选择，没有他们的坚定，没有他们的坚持，就没有我的今天，为此我永远感谢并记住她——张辉老师！

此外，还有赵霖教授、鲍善芬教授、袁秀英教授、董永明经理、毕振学经理及刘志和经理，在创业之初，都在不同的方面给我留下了深刻的印象。

总之，现在想起他们来就像是过电影一样，非常清晰，和他们相关的事情像是刚刚发生一样。那个时候条件虽然艰苦，收入也不高，但是大家还是很团结很合作的，因而留在记忆中更多的是美好的回忆。

走到今天，以上提及的人中，有的还在新时代，有的已退休或调离，无论走到哪里，都不会忘记他们并永远感谢他们。

三、新时代公司

史 刘总，按照您的从业时间和成绩，堪称业界元老，尤其是与新时代合作的这些年，您不但取得了令人羡慕的成绩，更是见证了一个企业的发展壮大。接下来想要知道的是，您对于新时代公司的认识和感悟。

刘 提到新时代，所有要说的，归结起来就是三点：**感恩、尊敬、信心。**

感恩的是：平台与支持。公司为我个人和团队提供了一个非常优秀的创业平台，让那些不同起点、不同背景、不同梦想的人都有机会生存、发展，在这个生存发展的过程中，收获健康、收获财富、收获友谊、收获快乐……而在这些收获当中，最令人欣慰的是，身心得到了成长。

第二部分 不归之路

从踏入新时代的那一天起，就有幸遇到了一个了不起的产品——松花粉。松花粉是松树的精细胞，而松树又是长寿树种，花粉中天然携带了长寿树种的遗传基因，天然含有200多种营养成分，是目前我们已知的自然界中含有天然营养成分最多的物质。自古以来，松花粉就是药食同源的保健珍品，从汉代的《神农本草经》、唐代的《新修本草》、明代李时珍的《本草纲目》到清代的《本经逢原》，历代医药典籍对松花粉（古称"松黄"）的医疗及保健作用都多有记载。在中国人的传统观念中，松树是人类的好朋友好老师，它不畏严寒酷暑，生命力旺盛，适应环境的能力非常强；它能带给人精神上的鼓励、物质上的奉献和环境上的改善，象征着中国人不屈的民族精神，也寄寓着有志之士的精神追求。古往今来，不少文人墨客和普通百姓都纷纷用各种艺术形式表达对松树的崇敬与赞美；在国外，不少专家也给予了肯定。为了更好地销售产品，必须学习产品知识，在学习过程中，首先就了解到传统的养生知识，自然而然地接触到传统文化，对药食同源理论有了深入的了解和体验，这是最基础的学习。它带来的直接结果就是强化了自我保健的意识和信心，促成了改善健康的行为，收获了日渐强健的体魄，在身体健康方面得到极大的改善。

另一方面，由于直销这种经营方式的独特性，使我们在不同时间扮演着不同的角色。比如，就个人使用产品而言，我们是一个消费者；从销售产品方面看，我们又是一个销售员；针对团队合作者而言，我们是一个管理者、领导者，而对于那些刚刚入门的新手而言，我们又是一个老师、一个教练；在专营店的范围内，是一个老板，而从与公司的关系上讲，是战略合作伙伴；从国家的法律上讲，又是一个经销商。有意思的是，这些角色不是孤立存在和出现的，每一个角色都会直接或间接地影响着别的角色，一个人往往同时扮演着多重角色，而这多重角色不断转换的背后，要求的是与之匹配的能够支撑这种转换的个人内在力量，它包括诸如知识、修养、能力、智慧和境界的不断提升。所有成功的人，都是在不同时间、不同地点成功地扮演了这些角色之后的结果。这个标志性的结果来临之前，就是在经历一个成长的历程。这个历程如同我们的人生，是由一系列的阶段组成的，没有彩排的机会。每一个阶段都在为下一个阶段做准备，置身于上一阶段，不知道下一个阶段的滋味，没有经历这个阶段就不明白这个阶段的奥妙。这历程，凝聚了太多人的努力，凭借了太多的外界条件，其中，公司在不同时期给予的引领和支持是诸多外因中最关键并具有决定性作用的。因为，一个脆弱的平台承载不起伟大的梦想！

提到对公司的**尊敬**，话就长了，这种尊敬不是我们简单地了解了公司的背景，用了公司的产品，看到公司发展壮大到现在这种规模就尊敬了，没有这么简单，这只是令人尊敬的极小的一部分。从17年前初识新时代起步到现在，自己作为一个创业者，伴随着公司走过这么多年，同呼吸共命运，亲眼见证亲身体验了公司在不同时期取得的成绩，这些成绩令人骄傲，但成绩的背后蕴含着太多不为人知的故事。尊敬公司，更多的是因为公司面临一个又一个难关、面对一次又一次挑战时所表现出的正气，大气。在几个重要的历史关头所做出的正确决策。

史 您能举一些具体的事例来说明吗？

刘 可以！举几个留下印象很深的例子吧。
第一件事，就是公司于1998年召开的千岛湖会议及转变经营模式的决定。

当时，公司在开拓市场方面刚刚有一些起色，直销在中国还是新生事物，很多人对这个行业还很陌生，政府还没有针对这个行业进行专门的规范，整个行业处在纯市场化的、自发的萌芽发展阶段。也正是因为这样一个特殊的阶段，滋生了一些不法的个人和公司，在快速致富的急切心理驱动下，夸大宣传，欺诈经销商，为追求暴利或骗取钱财，不惜采取一些非法的方式从事经营活动，给消费者和经营者带来很大损失和伤害，在商家与消费者和经销商之间产生了激烈的矛盾，出现了一些诸如打、砸、抢、跳楼等事件，使得原本只是经济的纠纷，上升为刑事案件。媒体对这个行业及不断发生的案件不时有曝光报道。因为受到各种因素的影响，致使从事直销这个行业的人们的思想也变得复杂混乱，一时间辨不清了方向。在这种情况下，公司冷静面对，客观地分析了当时的形势，及时召开了千岛湖会议。

在这次会议上，公司领导真诚客观地向大家通报了当时的市场环境、国家政策、新时代发展的实际情况，英明地提出了转制走"国珍专营"经营模式的发展思路。

那个时候，公司的总部设在北京——东四十条93号二楼一个很简陋的办公室里。公司的生产厂在烟台，北京的经销商直接从公司进货，其他地区的经销商就靠公司发货邮寄的方式经营，还没有经销商开店这一方式。千岛湖会议提出走"国珍专营"的经营模式，具体落实到经销商这里主要是允许经销商个人投资开店，向国家工商部门申请办理合法营业执照，公司授权经营，专营店自负盈亏，公司根据业绩额给予相应的补益金，并在宣传、培训等方面给以支持。每个专营店要有自己的店面、店员，有基本的办公设备：电话、电脑、传真机之类；能够完成日常经营的基本职能：卖货、退换货、售前售后服务，等等。

这一举措公布后，在经销商当中出现三种态度：赞成、反对、中立。赞成的人相信公司的分析判断，觉得这样一来能够更好地服务客户，经销商有更多的主动权，发展空间也大一些；反对的人认为，直销最大的特点就是无店铺销售，就是让经销商从繁杂的经营事务中脱身出来，只干好销售和团队建设就行了，采用专营店这种方式无异于回到了老路子上去，把直销最大的魅力都转没了；中立的人呢，觉得两种意见都有道理，自己一时还没有明确的认识，所以持保守态度。其实，这三种态度都是能理解的，毕竟在那样的历史时期，大家都没有经历过，对国外在这方面走过的历程也不是很了解，不知道未来会怎样。当时，我认真听取了公司的报告，经过慎重考虑，率先在北京老干部中心开起了自己的国珍专营店，从那个时候到现在，一直没有停过。

后来的事实证明：公司的举措完全正确！自己的选择完全正确！跟着公司走，就等于跟着国家的政策走，对了！

千岛湖会议之后不久，面对直销市场混乱的局面，国家当机立断，取缔了直销这个行业。一夜之间，很多公司消失了。一时间，整个行业陷入低迷的深谷，有人伤心，有人后悔，有人迷茫，有人庆幸。而新时代公司呢，因为在国家正式宣布取缔之前就早已转为了国珍专营方式，原先的经销商，一部分人开起了国珍专营店，一部分人放弃了，少数一部分人坚持了下来，原有的顾客开始到专营店里买产品，不用像以前那样从经销商手里买产品，他们反而觉得更放心了。公司从那个时候开始，也从过去直接面对经销商而转向主要面对专营店管理市场，就这样，在1998年行业发生重大的政策性改变之时，不仅没有发生恶性事件，没有流失多少客户，更没有因为公司解散或倒闭而受到什么严重伤害，也没有特别的利益损失，相对顺利地渡过了难关。现在想来庆幸不已。试想想，如果那个时候没有千岛湖会议，如果那个时候没有国珍专营，如果那个时候公司解散了，甚至如果那个时候自己没有抓住机会先行开店，哪里还有今天啊。

这件事发生在公司成立后的第三年，发生在国家正式取缔传销前的一个月，十几年过去了，我们今天回顾这段往事，以历史的眼光来看待这件事，真是令人赞叹。一个企业发展壮大，是和国家政策、市场形势、周围环境、自身条件密切相关的,能够基业长青的企业都是在不同内外部环境下,顺应了各方的形势走过来的。新时代在1998年这段时期所做的决定,恰恰就是这样。公司审时度势,在市场发生巨大变化的时候,置身于缺乏理性的环境中,冷静分析,精准判断,做出了顺应历史发展规律的决定,提前转型,即从"传销"这种经营方式转型为"国珍专营"经营模式,并做了一系列后续工作,保存了实力,使公司在紧要关头免于灭顶之灾,为后来的发展奠定了基础。这就是在正确的时间,正确的地点,做了正确的事,也正是这一点,令人尊敬!

第二件事,就是健康课堂的开设。

健康课堂是由医生或相关领域的专业人士所组成的队伍在全国进行巡回演讲。这些专业人士具有丰富的理论知识和临床经验,是各自领域的专家,在长期的宣讲活动中,专家们传播健康的理念和知识,传递产品信息,旨在改变人们的健康观念,强化保健意识,用科普讲解的方式帮助人们改善健康状况,提高生命质量。专家们也在这个过程中见证了公司的发展,并因为他们对市场的贡献而广受欢迎。

2005年,新时代公司的健康课堂光荣地走进了人民大会堂。在那次会议上,特邀卫生部首席健康教育专家赵霖教授做了题为《中国人该怎么吃》的专题演讲。来自全国各地近万人聆听了那场演讲,多少人有生以来第一次走进人民大会堂,激动万分。这次会议,是新时代发展史上一次里程碑式的会议,从一个方面证明了健康课堂得到了政府的认可,赢得了各界的尊敬。在过去的十几年中,公司在各地举办了无数场的健康讲座,引导人们树立正确的健康观念,按照科学的方式生活,为普及健康知识、传播健康理念做出了一个企业的贡献,令人尊敬。

记得松花粉产品刚刚上市的时候,很多人不知道松树可以开花,当我们向别人提起松花粉的时候,甚至有人会问:松花粉是什么?和松花蛋有什么联系？真是让人哭笑不得！就是在这种市场认知一片空白的情况下，我们开始宣传松花粉，宣传健康的四大基石，介绍咱们老祖宗留下的阴阳五行学说、不治已病治未病的观念，等等。咱们都不是学医的，自然要向专家学习啊。前面提过，刚开始接触新时代的时候，自己就是听着健康课一路走过来的，那时候，每天带人去听健康课，听着听着，自己就听进去了，不知不觉中，丰富了健康知识，增强了健康意识，自己的生活方式、保健方法都渐渐发生了改变。

　　长期在这种环境下工作，不知不觉中就改变了很多。尤其是当老战友们聚会的时候就看出不同了，我的很多朋友，几年不见，突然哪一天碰到的时候，哎哟，整个一个老头走过来了，年龄不大，却过早地体现出了老态，为什么呢？没有保健意识，生活方式不合理，也缺乏运动，以至于未老先衰，过去年轻的时候在一起看不出什么差别，这几年、几十年下来差别就大了。

　　你知道吗？这几年经常听到身边认识的人相继去世的消息，每当传来这种消息时，心情都异常沉重！这沉重不单单是因为亲友离开了自己，而是还有更深一层的遗憾：太多的人是可以不那么早就走的，人们往往不是死于疾病而是死于无知——对自己身体运行规律的无知，对保健常识的无知，特别是观念的固化，让人痛心！痛心之余更庆幸自己走进了保健领域，庆幸自己在年轻的时候就早早接受了健康理念的教育，更庆幸自己能够有福气用上这么好的产品，这些幸运和公司紧密相连，和从健康课堂学到的东西分不开。健康对我个人来说最大的意义就在于：通过学习，增长了很多健康知识，改变了以往的健康观念，从而改变了生活方式，受益一生。

　　健康课堂的主要意义在于：帮助人们改变健康观念，唤醒人们的保健意识，让人们在没有病的时候就提前预防疾病，当有了病的时候控制疾病，达到强健体魄、防病控病、延缓衰老的目的。而1998年后，健康课堂在留住老客户、发展市场、稳定市场方面做出了不可磨灭的贡献。因为国家取缔这个行业，原先那种以发财致富为导向的纯直销式的培训方式显然不行了。而要使我们以往的消费者能够继续使用产品，新的消费者也开始使用松花粉，就需要有更多的机会和途径让他们了解产品。在这种情况下，举办健康讲座，通过讲座宣传产品就显得尤为必要。公司在此时又一次采用了正确的方法：壮大专家队伍，聘用专职专家，扩大健康课堂范围；让健康课堂从北京开始，逐步扩展到全国，让健康的声音此起彼伏，传播健康的队伍逐渐壮大。这一举措，为市场带来了生机，更为那些渴望健康的人们带去了希望，很多人因为走进了健康课堂而重获健康。

健康课堂是新时代公司在教育培训方面的一大特色，它是历史的产物。从公司角度来看，它是企业在寻求最佳经营方式的过程中摸索出的一种宣传教育方式，与国珍专营经营模式相辅相成；从发展的角度看，它是在人们追求健康的生活方式、提高生命质量的时代背景下应运而生的，是市场需求下的产物；从创新角度看，是公司的一大创新，也从另一个侧面证明了公司的英明。令人尊敬！

第三件事，是2006年国家颁布《直销管理条例》前后的举措。

从走进新时代至今，公司留给我本人最深刻的印象之一就是，无论在任何市场环境下，都始终跟国家的大政方针保持一致，绝不干国家政策法规不允许的事。在这方面，除了1998年政策变化那次跟国家保持了高度一致外，再就是2006年了。那一年，国家正式颁布了《直销管理条例》和《禁止传销条例》，这两个条例的颁布，说明国家已经允许合法的直销公司从事经营活动了，标志着直销从此被纳入法制化建设的轨道，是中国直销发展历史上一次里程碑式的事件，让从业人员看到了光明的未来。

《直销管理条例》中，对直销企业的营销方案做了具体规定。新时代公司根据这些规定，毫不犹豫地调整了自己的制度，完全依照条例的规定自觉并彻底地落实下来。你知道，对于直销公司来讲，每一次制度的调整都意味着一次风险和巨大的工作量，但公司没有顾忌这些，而是坚定地落实，细致地解释，让我们明白为什么要这样做，告诫大家要遵守国家法规，眼光放长远，别太在意眼前的得失。

那一年的8月，公司传来捷报，顺利通过国家的严格审核，获批《直销经营许可证》，这是当时唯一一家获得此证书的国有企业。公司拿牌后，没有举办规模较大的庆祝活动，没有马上大鸣大放地宣传，也没有马上推出什么促销政策去追求经济效益，而是非常低调地严格按照条例规定，率先在北京市场实行直销员资格考试培训活动，然后一步步在全国展开，让经销商首先取得合法的身份。我和其他同仁都成为第一批拿到直销员资格证书的人。从这件事可以看出，公司的稳健和淡定，知道在这个时候什么事是最重要的，又一次在正确的时间做了正确的事！记得拿到直销员资格证书的时候，心里那个踏实啊，没法形容，多少年了，终于等到了这一天，终于可以堂堂正正地说：我是做直销的。感谢公司啊！这一切同样令人尊敬。

第四件事，就是2009年，公司首次提出"用文化力引领未来"。

新时代公司获批《直销经营许可证》，完成了自己在那个历史时期的任务之后，将目光进一步投向了未来。2009年，正值新时代健康产业集团成立十四周年庆典之际，公司在《光明日报》整版刊登了《用文化力引领未来》的文章，以一种全新的视角、全新的理念向社会发出重强音：文化力。这篇报道也引发了我个人的一些思考和感悟。

过去我们经常给公司提意见：同行们都发车发房的，咱们公司怎么从来不搞这样的活动呢，咱们用什么来激励市场，用什么让大家看到未来呢。可每一次,公司只是耐心听取这些意见或建议,从没有过改变。后来逐渐领悟到:公司是要从另一个角度引领大家走向未来,那就是文化的力量,精神的力量,在追求物质的同时,不忽略精神层面的提升。

我们平时看书听课,常常接触到诸如学习力、想象力、领导力等等有关"力"的问题,却很少听到"文化力"这个概念。当第一次在报纸上看到这个提法时,立刻被吸引了,感觉新鲜、好奇、兴奋,马上想看下文;紧接着觉得自己在传统文化方面欠缺的很多,需要补课;最后的决定是:紧跟公司,积极行动!大概就是从那时开始的吧,我除了为自己从事收藏"如意"进行的学习外,又增加了更多的学习内容,以求跟上公司的步伐。

我们都知道,世界上几大文明古国走到今天都逐渐衰落了,唯有中华文明延续了下来。这是因为中国的文字保留了下来,历代的精神财富保留了下来。而作为当今社会的我们,在追求科技进步、物质富足的同时,更应该继承和发扬中华民族传统文化的精髓,让它们成为一种新的精神力量注入现代人的工作与生活中。当这种精神与现代科学知识结合起来的时候,必将产生新的智慧和力量。那么未来,是不是要靠这种力量激励我们继续前行呢?

从企业经营的角度看,一个公司的经营理念是很重要的,而理念又是其文化的具体体现。企业小的时候,首先要解决的是生存问题,即经济效益;度过生存线之后是发展问题,这个时候需要更多的人才、资金和速度;过了发展期就到了成熟期,需要规模和综合实力的提升;再往后,创新精神、境界、理念就显得更为重要了。公司走过了十几年的历程,经历了无数次来自市场、管理、环境、政策的挑战,一次次地经受了考验。当走到一个新的发展阶段时,需要有新的推动力量,而这力量不再是简单的我们通常所说的力量,而是那种更有内涵、更加坚韧、更加完美的力量,它必须有一定的厚度,能够承载起长远发展的需要,也许这种力量就是文化力吧。

同时，文化力的提出，让我们区别于同行，给广大经销商一个新的方向，让我们能够在关注业绩增长、市场拓展的同时，也关注我们自己在精神层面的成长。在一个物欲横流的社会中，回归心灵，增强精神的力量弥足珍贵，只是物质富足还不能成为真正富有的人，只有当精神和物质同时富有的时候，才能说真正得到了富有。你看，中国的文字"富贵"，什么是富贵啊？物质是富，精神是贵。富裕因物质，高贵因精神。今天的社会不乏富人，缺的是贵人，更少的是富贵之人。

文化力的提出，也使公司超越于现有的层面，树立了更高的追求目标。可敬的是，这一目标不仅仅停留在口号和概念上，而是踏踏实实地落实到了具体的行动中，从接下来公司所进行的一系列与文化建设有关的活动就可以证明这一点。比如，公司在很早的时候就举办了松竹文化节。中国人将松树、竹子和梅花称为"岁寒三友"，它们象征着中国人的民族精神，寄托着中国人的精神追求。松竹文化节的举办，切切实实地让参与者感受到中国文化的可贵，松竹精神的可敬；既弘扬了中国的民族文化，也增强了大家对新时代的热爱、对产品的热爱。到今天，每年都有不同市场举办松竹文化节，通过举办节日活动，让这种精神传承下来。

除了文化节，公司还举办了围绕孝道文化进行的一系列活动，例如，《弟子规》研讨会，黄帝陵祭祖活动，等等。在公司的带动下，全国市场在不同时期举办不同的相关活动，通过活动，吸引了很多有识之士，改变了外界对我们的看法。

特别值得一提的是，在这一系列的文化活动中，以弘扬中国传统文化和航天精神为主题的爱国主义教育活动。和平时代的人，对于国家的概念也许不像战争年代那样强烈，在今天，也许不同行业的人对国家的概念和感情是不同的。我来自部队，早年就从部队接受了系统的爱国主义教育，对国家的忠诚和热爱深入骨髓而变成一种信念和价值观。平时只要涉及国家与国家之间的活动或者竞争，都打心眼里希望中国好、中国强，就像希望自家好自家强一样，这是真的，也是一种情结。新时代公司作为唯一一家国有的直销企业，充分利用了直销会议营销的特点，大力进行爱国主义教育。几年来，举办了上百场报告会，平均每场人数都在千人以上，通过国学专家和航天专家的报告，使大家有机会系统了解中国文化，系统了解航天这一高远而神秘的领域，极大地增强了我们的民族自豪感。

从一个企业公民的角度讲，新时代公司承担了自己对社会的责任，尽到了一个企业公民应尽的义务，从这些实际行动中也反映出：公司是一个负责任的公司，一个正规的公司，一个有着民族忧患意识和民族使命感的公司。它将自己的荣辱与国家的荣辱联系在一起，将自己的使命与国家的使命联系在一起，将自己的关注点与国家的关注点联系在一起，难怪市场上有很多人说，新时代是"共和国的长子"！是啊，长子意味着什么，意味着孝敬、责任和义务。新时代正是在时时履行着对国家的孝敬、责任和义务，值得尊敬！我常常为能够与新时代公司合作感到骄傲，因而底气十足！

第五件事，2012年在718店长会上公布的一系列利好消息。

2012年7月18日，是新时代公司成立十七周年纪念日。这一天，我们在山东烟台国际博览中心参加了公司举办的店长会和体质养生发布会。在这次会议上，公司发布了一系列利好消息，比如说：信息化平台升级、新的系列促销政策、体质养生和新产品上市等。这次会议，是多年来一次性公布利好消息最多的一次，也是最务实、最能长效激励的会议。它让市场看到了公司发展的未来前景，看到了希望，尤其是在全球经济普遍低迷、各行业经济走势普遍下降的情况下，又一次体会到了直销的魅力。

作为跟随公司走过多年的人来说，透过这次会议，更看到了公司的自我突破能力，也就是说，看到了公司的成长和进步。这是让我最尊敬的地方。

平时我们常说，选择一个公司有几个重要标准，比如公司的背景与实力、产品、制度，等等，这些都是物质的东西，而真正在这背后起作用的却是人。人的因素是最核心的因素。所以要研究一个企业就去研究这个企业的人，主要是管理团队的人，领导者是什么样的，企业就是什么样的。企业是进步还是退步，从表面现象上看是规模扩大了还是缩小了，队伍壮大了还是萎缩了，产品卖得好了还是积压了，利润增多了还是减少了；从本质上看，是企业的高管团队进步了还是退步了。一个公司是这样的，一个国家往往也是这样的，关键点变了，其他的跟着也就变了，这就是所谓的博弈，所谓的蝴蝶效应吧。

所以说，公司的成长实际上是高管团队的成长，领导人的成长，而每一次成长的背后都意味着关键人物的自我超越；只有突破原有的思维模式，突破原有的格局，突破原有的行为方式，企业才有可能实现真正的突破。这次店长会的主题是"突破、创新、再攀高峰"，那公司突破和创新表现在哪里呢？主要在以下几点：

首先是在信息化平台升级方面。多年以来，我们一直沿用着最初的信息管理方式：专营店里，一台电脑，里面是固定的信息录入格式，有人卖产品就录入信息，到了报业绩的时间，把信息输入进去，完成后在指定的时间发给总部，由总部统一计算，再将计算结果反馈给专营店。如此循环往复，月复一月，年复一年。与此同时，外面的世界在发生着改变，IT业迅猛发展，新的通讯设备，新的信息传递方式，新的信息化服务方式不断涌现，让人眼花缭乱，常有赶不上趟的焦虑。就像玩电脑，怎么努力也觉得赶不上年轻人，你今天还沉浸在学会一种新技术的小快乐中，明天就发现还有更先进的在等着你。

那么，如何让我们这些生活在现代的直销人，尤其是那些不会或者不常使用电脑的人，能够利用现代化的快捷工具为开拓业务所用，不再因电脑盲所困扰。虽然过去我们也经常建议一些同仁，学学电脑，学习学习使用微博、微信这些快捷的沟通工具，但很多人都觉得那是年轻人干的事，那是有文化的人干的事，我不行，我年龄大了，学不会。你看，先在心态上就放弃了。其实啊，很简单，小孩子都会这个。公司看到了这个现状，既看到了信息化程度的不断深化，也看到了我们队伍的实际情况，所以与中国联通达成战略合作关系，专门为新时代量身定做了一套信息化服务平台。

在这个平台上，我们只需要把一个事先研究好的软件下载到手机里，便可以24小时随时随地办理所有以前在办公室、在专营店才能做的事。这样一来，信息的传递速度就快多了。一条消息发布，只需在手机上点击一下，几秒钟就在全国传播出去了，不会用电脑不要紧，只要会用手机就行了，问题一下就解决了。这一信息化平台的升级服务，反映出公司在几个方面的突破：1. 切实站在市场的角度看问题，想市场所想，急市场所急，做公司所做；2. 深入了解并深刻理解当今的信息化发展现状及本质，寻找共同点，创造性地将高端技术融合在自己的业务中，做公司该做的事，出手漂亮；3. 关注行业外高端资源，寻找战略制高点，借力使力，为我所用，创造性地解决自己的难题，实现了发展道路上的又一次突破。

信息化平台升级将带给我们的改变和价值自不必说了，可敬的是这种解决方式，充满了智慧。

其次是促销政策的发布。提起促销政策，我们并不陌生，以前也在不同时期推出过，这次的促销，相对过去来讲，有几点不同的地方：主要是在时间的安排上、各项活动的延续性方面、各项规定的配套性方面，甚至区域市场的呼应方面、人员梯队的配置方面都有了长足的进步，是一个完整的跨时间、阶段、地区、内容的综合政策，体现出了极强的系统性。从这些促销政策中可以看出，公司在专业化运作方面有了很大的提升，在原有基础上实现了突破，令人尊敬。

再者就是关于体质养生工作进展信息的发布。说到体质养生啊，想多说一些。从体质养生本身的提法上来讲，其实中医里早就有了，多年来也有不少专家学者孜孜不倦地继续着这一课题的研究，甚至在国外，像韩国，也有体质养生的理论（他们把人的体质分成了四种）。但这些大都停留在理论研究的范畴，或者在很小的范围里使用，并没有变成一种很普及的理论和工具。说实在的，做保健品这么多年，我们深刻体会到长期服用保健品的好处，用和不用就是不一样，用的时间长和用的时间短不一样，用的量多与用的量少也不一样，怀着信任的心态去用和怀着怀疑的心态去用也会不一样。也常常遇到这样的情况，两个年龄相近、身体状况相近、用同样保健品的人，出现的反应和效果并不相同甚至完全相反的都有，为什么会出现这种情况呢？得到的答案就是：个体差异。

那么个体差异究竟又是什么呢？一直以来没有一个定论。问医生，医生也没有一个标准的答案，有了答案拿到市场上一对照，也不完全是那样，这个问题困扰了我们很长时间。直到接触了体质养生，哎哟，这才明白：人分九种体质，这体质，是先天的遗传和后天的环境、习惯而形成的既稳定又可变的综合身体特征。不同的体质表现出不同的身体特点，需要的保健方法和吃的保健品也不尽相同。比如阳虚体质的人夏天穿秋衣还觉得冷，而湿热体质的人脸上总是长痘长疮的，这两个人吃同一种保健品，自然会有不同的反应。

这些不同，从体质差异的角度去理解就非常简单了，对于这么简单的道理，过去之所以解释不了，就是因为没有这个理论。中医注重不治已病治未病，而体质养生能够很好地帮助我们治未病，是很好的防病依据。王琦教授的九种体质学说及研究得到了政府的认可，并上升为国家标准，这给我们保健品行业带来了福音。

在这个时候，新时代公司又一次抓住了机会，投入大量时间、精力、人力、物力深入到这个领域。先是成立课题组，由总经理亲自挂帅，然后与中国体质养生专业委员会结成战略合作关系，同时，以国家认可的九种体质划分标准为依据，构建产品结构，使产品研发围绕着九种体质的需要而展开，为产品的研发生产提出全新的思路。更让我们振奋的是，公司还以此为依据，开发出一系列简单、易学、易教、易复制的软件及扑克牌等工具系统，使古老的智慧与现代化高科技结合，落地成为可操作的工具，在古代与现代、文化与科技、专家与百姓之间搭起了一座桥梁，有效地解决了古老文化的现代化传播问题，为市场提供了新的开拓工具和途径。

体质养生，让我们看到公司将目光投向市场，聚焦于使用产品的人，而不是产品本身，充分体现了以人为本的思想，是产品研发理念的一次提升，也是市场关注度的提升。体质养生的引入，是公司在发展道路上的又一次突破和创新。它明确了产品研发的方向，确保公司远离产品同质化趋势而真正走出一条产品差异化之路。同时，各种软件的开发也为市场提供了强有力的工具，让市场一线的销售活动变得更加具有趣味性和娱乐性，符合新时代消费者的需求。因为这样，在客观上，也使销售人员多出了健康管理者或健康咨询者的身份，工作内容和服务方式发生了一些变化，为市场发展注入了新的活力和生机。十多个专利的成功申请，为传统文化的有效传播寻找到新的出路，有效解决了落地问题，弥补了这一领域的空白，也奠定了在这个领域的地位，必将成为行业里的一个标杆。长远看来，会为推动中华养生文化走向世界起到积极作用，对未来国际市场和公司的发展产生深远影响。这是一次不同凡响的创新，是智慧与智慧的对接，令人尊敬！

最后想说一说2013年的产品发布活动。这次发布会，不是一次简单的产品讲解，而是在以上一系列战略方针出台落地的一个组成部分。从新上市的五款产品来看，其原理和原材料更加接近中华养生文化理念，在包装方面更多了一些中国元素，容易让人产生想拥有的愿望，这是产品理念和内涵的提升。在产品发布系列活动的策划安排上，更接近市场规律，一步步落地，一步步深入，既做到循序渐进，又考虑到速度的可贵。总之，更加专业，更加贴近市场。也许，十七周年的这次店长会，又会成为公司发展历史上一次里程碑式的会议，公司在新的市场环境下，在正确的时间、正确的地点，又做了正确的事，令人尊敬。期待着，让时间作证。

史 刘总，提到对公司的尊敬您真是如数家珍啊，让我们都期待吧。接下来谈谈对公司的信心吧，具体对哪些方面充满信心？

刘 走进新时代，从来没有失去过对公司的**信心**。为什么呢？主要有以下几点：背景、理念、产品、成长空间、市场前景、战略。

首先说说公司的国企背景。你知道啊，其实干直销是有风险的，这个风险在哪里呢？在人格风险！你想想，那么多的亲朋好友，因为相信咱们，相信咱们用了产品后的效果，相信咱们说的话，相信咱们对公司的判断，都跟着来用产品了，跟着来找公司干事了，如果自己选择不当，找了个平台不稳固的公司，还没等咱成功呢，公司没了。你说，遇到这种情况怎么对得起信任咱们的人啊！虽然从道理上讲每个人都有自己的判断和选择，作为自己，还是心里不安啊。所以当初，正因为了解到公司是个国有企业才毅然决定加入的。

前面提过，在直销业里，是有着诚信危机的。一些不法分子夸大宣传，不负责任，给这个行业蒙上了一层灰，在这种情况下国家的企业更可靠，更安全，给人的感觉不一样。国企做起事来相对审慎，在追求经济效益的同时也会考虑社会效益，不会单纯为了追求经济效益而做一些过分的事情，更容易做到诚信经营，规范经营。这么多年来我们也看到了这一点，公司在任何时候任何情况下都始终保持和国家政策法规的高度一致，这对于真正要干事的人来说特别重要，也让我们心里感到很踏实。

其次是公司的理念非常好。公司的理念反映着公司的价值观，其重要性就像是在一个家庭，父母把孩子生下来了，除了给他吃给他穿，保证他安全以外，还要让他健康成长，这个健康成长就看父母给予的是什么样的教育，从小灌输的是什么理念，哪些是正确的，哪些是错误的，哪些是要坚持的，哪些是要彻底摒弃的，即价值取向，价值观。新时代公司的经营理念，用一句话概括就是："自立立他，德行天下"（即新时代公司的核心价值观），非常好！这个核心价值观是在公司提出"用文化力引领未来"之后确立的，它是文化力战略的落地标志，反映了公司自我完善、自我超越的阶段性成果，即在获得直销牌照之后，开始向更高更远的目标迈进。这个核心价值观只有八个字，但却蕴含了很丰富而深刻的内涵。我个人是从这几方面理解的：

1. 从字面上分析，顺应了古人的那句话"天行健，君子以自强不息；地势坤，君子以厚德载物"——让自己有一个健康的体魄是自立，不断成长是自立，承担责任是自立，发展民族产业也是自立，总之，一切从自身出发，不断完善与超越自身的行为都是自立；一切从别人的角度出发，帮助别人，为了他人不断成长、完善与超越的一切行为，就是立他。而在这个自立与立他的过程中，能够使一切言行符合天地规律，符合人伦道德，就是德行天下。比如我们常说的古训："君子爱财，取之有道"，这个道就是德啊，今天我们说的"胸怀有多大，市场就有多大",这个胸怀也是德啊。

2.从含义上理解,"自立立他,德行天下"是物质与精神的平衡发展,"自立立他"更多的是指在物质层面上的知识、技能、事务,等等;而"德行天下"主要指的是精神层面上的目的、动机、胸怀、格局,等等,倡导人们提升能力提高境界,做平衡发展的人。

3.从内在逻辑关系上理解,自立与立他互相依存互为条件,一个人要先自立,才能谈得上立他,而实现了立他,又能反过来更好地自立。换句话说,要想很好地立他,就必须更好地自立,在立他的过程中更能成就自己,实现更高标准的自立。自立与立他相辅相成,良性发展,德就包含在其中了。自立带来更大范围的立他,更大范围的立他又成就更高标准的自立,更高标准的自立继续成就更大范围的立他,最后,立他成了终极的追求,德,就在这终极的追求中得以彰显了。

4.更深一层的理解,"自立立他,德行天下"是咱们中国传统文化的精髓,包含了儒释道三家的共同价值观,儒家主张的"修身,齐家,治国,平天下",佛家大乘思想的"度人"观念,道家的"天人合一"思想在这里都有体现。

公司继承了这些精髓,高度概括地总结出这八个字,透过这八个字,体会到的是一种力量,一种境界,一种长远的眼光,一种对未来的信心,也像是一种宣言或者倡议,体现了一个国有企业的志向:即德行天下,这在今天这个物欲横流的社会里真是难能可贵。记得第一次听到这八个字,像是在部队听到了一声号角,立刻有一种准备行动的冲动,第一次看到这八个字的时候,就想起了毛泽东的那首《沁园春·雪》,词一下记不太全了,那意境和气势印象深刻,让人信服,赞叹,很给力!

"自立立他,德行天下"这一核心价值观的提出,是公司进入到新的发展阶段后,给我们提出的新的奋斗目标。它既是一个发展理念,更是一个精神方向,引导人们向着利益他人、利益社会的高境界提升。因因为有了这样的价值观，让我对未来充满信心，因为伟大的行动是要有伟大的理念做支撑的，越往后走对这一点感触越深，越觉得精神和信念的力量很重要。

另一个信心来源于公司的产品。关于产品其实前面已经提到过，不过这里想从另一个角度来谈。咱们常听说最民族的就是最世界的，新时代的产品有着极强的民族性，很符合这一观点。

就拿公司的主打产品松花粉为例吧，从资源上讲，马尾松和油松的生长主要集中在咱们国家，中国占有全世界90%以上的资源，是民族的；体质养生是中华养生文化的精华之一，未来我们的大健康产业也是以中华养生文化为依托逐渐构建起来的，从文化根基上来讲，是民族的；公司是国有企业，又有着军工背景，更体现了它的民族性。此外，新时代公司从成立到现在，十几年来，从过去一个小小的营养品公司发展到今天的健康产业集团，从单一的一款松花粉产品发展到今天上百种系列产品，不断成长壮大，从研发、生产、销售到售后服务，都是中国人自己完成的，民族的奋斗精神也可见一斑，这也是民族的。这些民族的因素都不是封闭的，它有着极其开放的心态，公司的宗旨"发展民族产业，造福人类健康"，又为这种民族性附上了更广阔的境界，那就是：对人类的关怀，这种境界也是我们的古圣先贤所追求的境界啊。你看，从资源、文化、企业背景到人力、到境界，都是民族的，因此它具有广阔的发展前景。对此我们也是充满了信心。

公司下一步的战略：做大健康产业，做强直销，做专体质养生。看一下这一战略的关键词吧：做大、做强、做专、健康、直销、体质养生，未来的方向和目标很清晰了。这一点既让我尊敬，也让我感到庆幸。为什么呢？

正如一个人的成长发展需要有一个优化取舍一样，公司的成长发展也需要优化取舍、审时度势。怎样取舍？怎样选择？今天的新时代公司早已度过了生死线，拥有更多的内外部资源，客观地说，完全可以向很多领域发展，走多元化之路，尤其是在这个讲究资源整合的年代。但公司没有将目光投向自己不熟悉或不擅长的领域而盲目扩张，而是立足于自己的土壤，专注于自己的长项，准备把它做大做强做专。做专方可做强，做强就有可能做大。可贵的是，这大、强、专都万变不离其宗。这样一来，就避免了因为多元化带来的种种风险。你看，在面对未来时，公司的审慎和明智又一次体现了出来，这既需要定力，更需要智慧。

健康产业是永久的朝阳行业，这是不争的事实，对于行业本身无需选择和犹豫，进入这个领域，从各方面讲都有理由坚持走下去，所以公司保持行业不变。而直销是新时代公司的经营特色，之所以发展到今天跟当初选择采用直销这一营销模式有直接关系，经过了十几年的发展，我们已在全国乃至国际市场有了一定的基础：忠实的消费者、忠诚的销售队伍和与之匹配的相关资源，是珍贵的财富。体质养生更是在弘扬中医养生文化、中医理论落地、可操作方面的一次突破，为产品研发提出了可持续发展的线路。充满希望的行业、强有力的营销模式加上独特的产品及文化，将把新时代公司引向辉煌的未来。

我感到庆幸，是因为公司的经营思想成熟，心态平稳，战略清晰，为经销商提供了一个足以承载伟大梦想的平台。在这样的平台上，我们只需要专注于市场，做好自己的本分就可以了，不用担心会地震。因为有这样一份踏实，才有勇气有力量面对未来。

尊敬来自公司的睿智，而庆幸是因为安全。感恩新时代！

最后一点让我本人信心十足的就是公司在不断地成长和突破。前面已经提到很多了，在发展过程中那些令人心生敬意的一次次决策和行动，都能说明这一点。这种成长根植于来自于公司深厚的文化底蕴，得益于它所倡导的药食同源的文化理念和"自立立他，德行天下"的核心价值观，以及"发展民族产业，造福人类健康"的光荣使命，更得益于它向内求得的淡定和智慧。

十几年来，新时代一直保持着低调做事的姿态，从不去攻击同行，还经常告诫市场不要攻击别人，只找自己的原因，也很少在媒体上大鸣大放。是公司不懂得广告宣传的重要性吗？是公司拿不出做广告的费用吗？我看都不是。公司深谙企业成长之道，如果自身的基础不够坚实，如果没有足够强劲的实力，是很难支撑长远发展的，赢得了一时，赢不了一世，与其在时机不成熟的时候盲目跟风，不如脚踏实地地辛勤耕耘，当把事情做到极致的时候，自然水到渠成。这次体质养生系列研发成果的公布就很好地说明了这一点。

体质养生在三年前就开始酝酿了，期间经历了很多起起伏伏、沟沟坎坎，有学术上的，有技术上的，也有思想观念上的，面对这些困难和阻力，公司没有放弃也没有解释，而是一如既往地行动行动再行动，终于有了今天的成果，当我们正式接受这一结果时，大的格局已经形成。你看，公司习惯于先做再说，做到了，做完了再说，再大鸣大放地说，稳健的作风尽在其中了。这可能是中国式的表达方式吧！

史 说到中国式的表达方式，想跟您探讨一下当年公司拍的那个形象宣传广告片，您还记得吧？您是怎样理解那个广告片的？

刘 记得。那是在2005年，国家还没有颁布《直销管理条例》的时候，公司推出了一个广告片，那个广告片属于形象宣传片，整个片子里没有提一款产品，也没有直接说我们是干什么的，但能够看出企业的大气，至今还记得那个广告词：**胸中巨龙，雄健犹从容；长歌豪迈，还看新时代**。我认为这句广告词是整个广告片的重点，闪光的地方，它含蓄地把公司的志向、气质和自信表达了出来，尤其是最后一句，"长歌豪迈，还看新时代"，把一个国企的格局和对未来的信心表达得淋漓尽致！

以前听到市场上有人议论说新时代公司不懂直销，很多人都说新时代不会激励市场，不会给人家造梦。其实啊，不完全是这样，新时代本身就有梦，不但有梦，还是很大的梦想！它不是不会造梦，而是没有采取人们熟知的方式传达它的梦想，它用了比较含蓄的中国式的表达方式，把自己的梦想表达出来了。你看，"发展民族产业，造福人类健康"，"长歌豪迈，还看新时代"，这些话都向我们传递了它的梦想，只是很多时候我们忽略了这些，只是把这些当做口号了。事实上，对于新时代来说，从来都没有把这些提法当口号，而是切切实实地当做行动的指南，从当初成立公司到现在，这么多年过去了，新时代从没有偏离自己的目标，没有盲目走多元化道路，没有涉及与健康产业无关的行业，更没有轻易地照搬别人的东西，而是始终脚踏实地地走自己的路，在自己的基础上不断突破，力求走出一条创新之路来，很稳健，不冒进。公司这种稳重的自信也影响着市场，使我们能够安心地跟着公司走，义无反顾。

综上所述，对于新时代的未来发展非常看好。新时代毕竟根正苗红，毕竟不是个人的，毕竟从各个方面都是积极向上的，如果全体新时代人都齐心协力去做的话，这个公司的未来绝对不是梦。一个公司销售额度的增加不仅仅是技术层面的进步，更是从管理团队到营销团队综合实力的提升，这里面最重要的是企业文化，企业文化决定了公司的大小与未来。新时代在未来进入直销前十名甚至是前几名是肯定的，这只是一个时间问题。因为新时代从来没有停止过从自身寻找问题、从自身做起去解决问题，相反，它一直致力于向内在不断地完善，在不断地看到自己的问题，在解决问题中不断地进步，这是最重要的。有了这种自我突破的勇气和决心，就不愁没有一个好平台，有了好平台，就不愁吸引不来好人才，没问题！

第二部分　不归之路

在未来，新时代公司应该是一个非常优秀的直销企业。十年前你说新时代人或者新时代领导人不懂直销，十年后就不能这样说了。再过十年，应该说谈到中国直销的时候，首先应该提到的就是新时代了。因为这么多年的稳定发展已经说明了这个问题，从政府的肯定到百姓的认可，不光是我们新时代人自己说自己好，确确实实也做到了很多。随着国际市场的拓展我们的发展空间非常大、非常看好。

史　我观察到，在谈及公司的话题时，您语气兴奋，目光坚定，对公司的认可溢于言表，真是有感而发啊。这部分想提问的问题已经问完了，您还有什么要补充的吗？

刘　嗯……有！跟随公司这么多年，故事很多，感悟很多，感情也很深。有一首诗最能表达我对公司的心声，这首诗还是你写的呢！

史　我？……

刘　对！你自己已经忘了，就是那一次我准备一个重要演讲，向你征求意见时，你发给我的，说是你的习作，看能不能给我一些灵感。

史　哦，想起来了，您还记得啊？

刘　记得！看到这首诗，我立刻抄了下来（时间紧，背不下来），直接在那次演讲中朗诵了！现在给你看看这首诗的"手抄本"吧。

四、118国际系统

史 接下来我们的话题将锁定118国际系统方面。几年前您建立了118系统，现为"118国际系统"。从那个时候到现在，听说您一直致力于打造这个系统，但从来没有听您在其他公开场合宣传过自己的系统，这是为什么？您愿不愿意就118国际系统的情况做一些介绍，最好能详细一点。

刘 好吧。正如你知道的那样，建立系统已经有几年的时间了，而且这几年从来没有停止过探索系统成长的工作，甚至花了大量时间和心血。为什么没有宣传呢？主要有两个原因：第一，系统这个话题对我来说是一个全新的课题，以前从来没有做过，而系统有相对的封闭性，没有什么经验可借鉴，可以请教的人也很少，因此说还在探索。既然是探索就没有什么可声张的了。第二，个人认为系统是一种实践性很强的科学，有自身运作的内在规律，它的发展是要遵循这些规律一点点完善的，来不得半点马虎或虚假，做不做宣传于系统本身没有什么实际意义，所以一直保持低调。从一开始就告诉自己：闭上嘴巴，踏踏实实地做，边做、边总结、边修正。今天既然你问到了，那就详细说一下吧。

118系统的由来

说句实在话，从我内心来讲，原来没有想到要打造系统。为什么呢？原来我一直认为，新时代就是一个大系统，我就是新时代大系统的一个领导人，原来公司也是这样定位的。但随着市场各个团队开始成立系统，我就组建了这个系统，这个系统就叫118系统，当时也征求过你的意见，究竟起不起名字，当时你也建议不起名字好。其实我现在给118附加了很多内涵，当时给我118店号的时候，公司有关领导也说118这个店号很好。大家都知道，8这个数字在中国都认为是个吉祥数字。那么后来我就在想：要给118增加一些新的含义，加什么呢，就是健康、快乐地活到118岁，吉祥如意地活到118岁。为什么呢？你看现在活到100岁的人特别多，比如林杰琼、李登昭，还有很多人都一百多岁了嘛。我们吃了保健品，吃了这么好的东西，再调整好自己的心态，国家再把环保大气治理好了，我们自己的养生理念再更新一下，倡导人们改变自己的生活方式，注重养生，真正把健康的四大基石（平衡的营养、充足的睡眠、适当的运动、愉快的心情）落到实处，活到118岁不是梦啊。

史 如果真能活到118岁，到时候您就成"刘老"了，现在看您已经长出"长寿眉"了，呵呵呵……

刘 是啊，到时候见到这个小老头就叫"刘老"好了。借你吉言，长寿眉，长寿眉，能长寿的眉！嘿嘿嘿嘿……所以活到118岁没问题！我在几次系统领导人会议上都说过：我们一定要活到118岁，谁活不到118岁都不行，活到119岁也不行！过了118岁就活埋，呵呵呵呵……在赋予118含义的时候，有过很深入的思考，希望通过这个吉祥的数字，以柔和的方式量化、强化团队目标。比如说要建118所希望小学，要打造出118个五星级领导人，甚至是118个至尊领导人……都以118为起点和标准。以后随着系统的不断发展，还会不断往里面加东西，比如说我的初级班、中级班做到118期就不做了，等等。凡是和我的行动有关的，都与118结合，这也比较符合中国百姓的心理：118，118，要发要发，趋利避害的美好愿望。对啊，大家发，不就对社会有贡献了吗？大家发得越多，对社会的贡献越大，其实这就是对社会做贡献的一个起点，一个载体，一个平台。

史 我注意到，后来系统名称从"118系统"改成了"118国际系统"，这期间经历了什么样的变化？

刘 系统名称的改变是随着业务的发展和系统自身的成长壮大而改变的。当初成立系统时，自己团队的业务还没有发展到海外，着眼点主要放在国内市场。这两年，随着公司国际市场的发展，我们的市场逐渐扩展到了海外一些国家和地区，为了更好地推动海内外市场的发展，迫切需要有一个统一的组织管理体系来统筹海内外业务，因此系统升级就水到渠成地被提上日程了。从表面看，118国际系统只是增加了"国际"两个字，而实质上，它是打造专业化营销队伍的一个举措，标志着118系统在成长道路上的一个质变：即从过去单纯关注国内市场到现在实质运作国际市场，从过去蹒跚学步艰难探索，到现在初步掌握系统运作规律，从过去简单的模仿和尝试，到现在开始创新突破，这一过程历时了五年。五年中，我研究了很多同行成功系统的经验，也进一步学习了大量的直销理论，尤其是深入市场一线，在实践中摸索、思考、寻找答案，收获很多。而下一步，在时机成熟的时候，我将着手进行系统升级的组织优化工作，创新思维，整合资源，从组织结构、人员配置、培训体系、运作模式等方面进行突破，逐步完善系统建设，以适应新形势下内外部的变化，为团队打造一个良好的成长平台。

另外，从全球市场发展的角度来看，健康产业是永久的朝阳行业，直销是具有强大生命力的营销模式，随着中国经济的崛起，中国的直销企业走出国门是必然趋势，只是时间问题。在这种大趋势下，作为中国国有直销企业的经营团队，顺应趋势，紧跟公司，坚决执行公司战略，走出去与世界接轨是我们义不容辞的责任！系统升级也是我们在系统建设方面与国际接轨的举措，表明在专业化方面向国际标准看齐的目标和决心，也想以此激励团队更加奋进，自强不息。

118国际系统的宗旨：共创爱心伟业　共铸民族魂魄

我们给118国际系统定位的宗旨是：共创爱心伟业，共铸民族魂魄。这个宗旨，顾名思义，是这个团队最崇高的终极奋斗目标。对于团队内部的每个人而言，从事新时代事业可能有各自不同的动机和目的，比如为了健康、为了财富、为了自我实现、为了圆各种各样的梦，只要采取正确的方法并持之以恒，这些目标都能实现。那实现了目标之后怎么办呢？无数成功后的事实都证明，每当一个新的目标被实现后，就意味着旧的结束和新的开始，在新旧交替的时候要有新的目标取代旧目标，否则，很容易出问题。一个人可以在他人生的不同阶段树立不同的目标，在追求这些目标的过程中体验生命的意义。那对于一个组织而言，什么样的目标是可以涵盖所有个人的目标而且还要能够有长期的激励作用呢？对于这个问题，我考虑了很久，看书、思考，去研究那些大企业的企业文化，了解他们的企业宗旨，将那些公司的宗旨与他们的企业形象或品牌形象联系起来，试着站在那些公司员工的角度看待他们的宗旨，尤其是研究企业领导人和他的经营理念之间的内在联系，最后发现，几乎所有那些优秀企业的宗旨，就是企业领导人或管理团队的最高目标。这给了我很大的启发啊，找来找去，学来学去，这才发现原来答案在自己这里！

作为118系统的创始人，我问自己：你干新时代究竟是为了什么？当初的愿望早就实现了，当年的困境早就不存在了。那现在以至于未来，你究竟要什么？你还继续干下去的理由是什么？这些问题引起了我的深思。什么是能够长久激励自己的目标？什么是让自己和团队在衣食无忧之后还能继续拼搏的事情？是金钱？绝不是，钱到了一定的时候只是一个数字概念了；是荣誉？好像也不是，自进入直销业以来，鲜花、掌声、各种规格的表彰、赞誉纷至沓来，该有的荣誉都有了，为荣誉而战的时候已经过去了，现在是要帮后来人获得荣誉的时候；为地位？直销是自己心甘情愿的选择，作为经销商，有成绩就有地位，有荣誉就有地位，有尊敬有认同就有地位，从这个意义上说应该有的地位都有了。

那究竟是什么呢？这个问题困惑了我很长时间。

后来，回想这半生走过的路，小的时候在家里，接受父母的教育：好好学习，将来长大以后做个有出息的人；上学后，接受老师的教育，好好学习，将来长大以后做个对社会有用的人；当兵后，接受部队的教育,好好当兵,做个对国家有用的人。我在想,有出息的人,对社会有用的人,对国家有用的人,不都是在告诉自己对他人有用吗?那什么才叫对他人有用呢?怎样才能对他人有用呢?我现在算不算是对他人有用?我整天这样努力,动力来自哪里?为什么还这么拼命?是什么占据了每天最多的时间?是什么总让我牵肠挂肚。是什么让我欲罢不能?噢,我明白了,是团队!是责任!

不瞒你说啊,平时忙忙碌碌的没有深思过这些问题,真的静下心来考虑这些问题的时候才发现,自己以为很清楚自己,很了解自己,其实不然,当扪心自问的时候,突然觉得答案不是那么清晰,不是那么容易就找到了。通过这件事也让我感悟到:一个人无论多忙,都应该隔段时间给自己一个独处的时间,让自己能够清理一下自己。平时阅人无数,但很少认真地读过自己,认识这么多人,最不认识的也许就是自己,最陌生的还是自己……

就这样,经过了一段时间的思考,我清楚地了解到自己的真实想法:如果只是为了自己,那我现在就不想干了,现在就带着家人游山玩水去了。之所以每天还这样拼命,就是因为看到还有那么多跟自己打拼多年的合作伙伴们还没有成功,还没有达到他们的愿望,今天的他们就像多年前的自己一样,还在艰苦奋斗。如果他们一天不起来,我一天不得安宁,一天也停不下来,这是责任啊!为了他们,我还得干,我愿意看着他们一个个都走上星光大道,愿意看着他们一个个得到他们想要的一切;如果他们的成功有我的助力,那将是很高兴的事,那种快乐是用金钱买不到的。新时代事业把我们联系在一起,这是我们的缘分。

新时代人是不穿军装的兵,我和团队成员就是并肩战斗的战友,当兵为的什么?保家卫国啊!战友们为的什么?还是保家卫国!那我和团队成员为的什么?为家庭,为祖国!好,对啊,家是什么?家是避风港,家是无论顺境逆境贫穷富贵时都永远向你敞开大门的那个地方。为了家，其实就是为了爱，对家人的爱，那我们的事业就是爱心事业，因为对家人的爱，我们保重自己，因为对家人的爱，我们出去拼搏，因为对家人的爱，我们勇往直前。当家家都好时，我们最大的希望是什么？是国啊，是祖国更好，只有祖国好了，家才能好，只有祖国好了，我们的家才能持续地好。有了，118国际系统的宗旨有了：共创爱心伟业，共铸民族魂魄！

每个走进新时代的人，都与健康事业结下了不解之缘。这是一个爱心的事业，爱自己，给自己带来健康；爱家人，给家人带来健康，由己及人，再去传递这份爱心，让更多的人参与进来，让更多的人爱自己，爱家人，爱心连结爱心，一路走下去，这是一份伟大的事业，它的伟大在于传递的是爱，而不是别的，也在于这种力量的伟大，所以我叫它爱心伟业。

以上是针对我们的家庭。那么对社会呢？

多年前，自己应征入伍，在部队这个大家庭得到了锻炼，学到了很多，那正是人生观、世界观形成的时候，那段经历奠定了一生的基础，深刻感受到国家对自己的恩。离开部队到地方后，接触的人更多了，经历的事情也更多了，对国家与小家命运之间的关系有了更深刻的理解和体会。所以，当自己一个人面对内心的时候，发现青春年少时那份对祖国的神圣感和感恩之情依然存在！这么多年，如果没有中国的改革开放，如果没有国家的富强哪里有我的今天，哪里有我家庭的今天？所以，当自己走过了阶段性的奋斗之路后，那种年轻时的情怀被唤醒，那就是——报效祖国！

如何更好地报效祖国呢？今天从事的健康事业与祖国的关系是什么呢？今天是和平时期，没有战争，而在这没有硝烟的战场上，作为一名要报效祖国的人就是在自己的领域里努力做到最好。

中国在历史上曾经被称为"东亚病夫"，我们的国家也曾因为贫弱而备受凌辱，当一个人身体虚弱的时候，各种疾病就容易乘虚而入；当一个国家贫弱的时候，就容易被欺辱。保健产品，能够强健人的身体，健康事业能够增强国力，做好健康事业，就等于报效了国家。国民身体素质好了，国家负担减轻了，民族的形象也改变了，从一个人身体好做起，到一个家庭的身体好，再到无数的家庭身体都好，这些强健的身体铸就起民族的脊梁，这就是民族的"魄"！

那民族的"魂"又是什么呢？是一个民族的精神和灵魂。中华民族的精神就是不屈不挠的精神，中华民族的灵魂是高贵的灵魂，它有着那么悠久的历史和灿烂的文化，穿越了几千年的时空，依然屹立在那里。作为传统文化的践行者，当然有责任、有义务传播这种精神。在这里我要特别强调两个"共"字。传播爱心，传承精神都不是一个人单打独斗的事情，一个人的力量也太微弱，只有当众人的力量凝聚在一起的时候才能成就爱心伟业，只有众人都强健起来，民族的脊梁才能强健。

所以，最后把118国际系统的终极目标确定为"共创爱心伟业 共铸民族魂魄"，希望以此自我激励，更希望能够和团队成员共勉。

做新时代就是在传承中国文化的智慧，中国的文化是孝文化，爱父母爱他人，这些都是中国文化。做直销就是帮助别人，爱别人嘛。直销是个爱心事业，感恩——感恩老师，感恩团队，感恩公司；感恩才能和谐，和谐相处是营造环境的问题，最后的目的是共创辉煌。辉煌不能是一个人，应该是团队，是大家。

118国际系统的核心价值观："自立立他 德行天下"

对于这八个字的理解，放在其他主题细说，在这里我只想谈一下为什么直接引用公司的核心价值观而没有再去提炼别的。原因很简单，118国际系统是新时代公司大家庭中的一员，国有国法，家有家规。家规的本质是什么呢？就是这个家庭里判断是非曲直的最根本的价值取向。118国际系统是个小家，新时代公司是个大家，小家由大家而来，自然应该继承大家的核心价值观，这样的传承才有意义，这样的传承才有灵魂，有灵魂的传承才有长久的生命力。118国际系统注重行动，践行传统文化，践行系统理念，对公司的核心价值观更要践行，所以将新时代公司"自立立他德行天下"的核心价值观作为我们系统的核心价值观。

118国际系统誓词：《我相信》

我相信

我相信我自己

我相信我们的产品

我相信我们的公司

我相信我们的团队

我相信我们的国珍专营

我相信经过不懈的努力

就会拥有健康、拥有财富、拥有快乐！

我相信！我相信！我相信！

这个誓词来源于《哈伯德商业信条》。第一次接触到这个信条的时候，就被其中所传递的自信、敬业和积极向上的精神所感动，觉得这些理念和精神跟直销有异曲同工之妙。在此之前也看过他的畅销书《致加西亚的信》和《自动自发》，这些书是多年以前写的，但直到今天还被很多企业和组织作为内部培训的必读书，可见其影响力。作者本人的成功经历也留给我很深的印象。于是毫不犹豫地决定采用这些信条作为118国际系统的誓词。我根据《哈伯德商业信条》的原文，结合自己团队的实际情况，加上个人的愿望改变成现在你看到的118国际系统誓词。

当这个誓词开始在系统内传播的时候，有人提出来：这是外国人的东西，你拿来作为自己系统的东西，合适吗？我说不管是谁的，它能印在书上放在网络上广泛传播，也不是什么秘密，它是通用的了。这是一个已经去世的人的东西，人走了，作品还被采用，证明这个东西好嘛！我觉得它好，有用，拿来用就是了，我先用了，先受益了，有什么不好呢？这个商业信条适用于所有企业，是优秀的文化，优秀的文化是不分国界的，不应该只属于某一个人某一个民族，应该属于全人类。这就好比中国传统文化是优秀的文化，现在逐渐变成全世界人们推崇的文化一样，是人类共同拥有的财富。实际上，我们用谁的东西并不重要，重要的是这个东西可以激励人，发挥它的作用。

接下来谈谈改编这几句誓词的原因：

誓词一开始就明确地提出三个字——**我相信**。相信是一种力量，一种心态，一种能力；相信是最原始的动力，是做成一件事情应有的必要条件。从事新时代事业，需要几年的时间，如果一个人在开始起步的时候，连最起码的"相信"都不具备，那后面的一切都免谈了。很多人不成功就源于他不相信，对老师不相信，对公司不相信，对产品不相信……总之对什么都质疑，怀疑成了一种习惯。你说那哪儿成啊，不可能成功的！

我相信我自己 强调的是"自信"。自信是一种积极的心理状态，对成功起着至关重要的作用。无论在事业上还是在生活中，自信都非常重要。一个人连自己都不相信，那你还能相信谁？谁还能相信你？连自己都不相信，那你还能干什么？直销就像是一个没有量级区分的竞技场，更是一个展示自我的T型台，给不同出身、不同文化和不同地位的人提供了公平竞争的机会，在这个竞技场上，你比赛的对象不是别人，正是自己，在这个舞台上，你展示的也不是外在的你，而是内在的你。只有不断地苦练内功，与自己比赛，才能超越自我。而要做到这些，首先要克服的就是内心的胆怯、自卑、惰性甚至是龌龊。正因为如此，与出身、文化和地位相比，自信是更重要的力量，有了自信，人才能有面对未来的勇气和智慧。一个既不相信自己也无法相信别人的人，在这个行业里将举步维艰，活不下去。所以说，要想在这个舞台上有出色表现，自信是非常重要的心理素质，相信自己是所有信任的起点，人不能输在起点。

我相信我们的产品　产品是经营事业的道具，是赢得客户的保障，是换取利润的资本，更是传递爱心的桥梁。相信产品是仅次于相信自己的重要条件。今天的市场，一方面是产品种类极大地丰富，新产品层出不穷，真可谓百花齐放，各具千秋；另一方面是产品的同质化现象日趋明显，让人备受困扰。新时代有丰富地产品，既有独具特色的珍品，又有大众化的日常消费品，面对这种情况，当然要做到身在其中而不受干扰，始终相信自己的产品是最好的产品。怎么才能做到发自内心的相信产品呢？——相信源自了解。确定产品的合法性，亲身体验产品，认真学习产品知识，扎扎实实地做好产品的售后服务，成为产品的受用者、推广者、服务者，就会看到、听到、体验到产品带来的诸多好处，对产品的相信就自然而然地建立起来了。

我相信我们的公司　强调对公司的信任。经销商与公司是合作关系，合作的前提是信任，长期合作的前提更需要信任感。信任产生归属感，即对公司的心理认同。只有建立这种高度的心理认同后，才有可能和公司一起走下去。对公司的信任既建立在了解的基础上，更建立在事业发展的进程中。新时代是国有企业，走过了近二十年的发展历程，一向低调运作，规范诚信，有着良好的社会公信力，值得信任。通过了解，相信公司是一家能长远发展的公司，是能够为顾客提供优质产品与服务的公司，是能够为经销商搭建稳固平台的公司；通过事业发展，与公司形成情感共同体、利益共同体、事业共同体直至命运共同体，最终建立起那种唇齿相依、同甘共苦的深度信任。对每个人来说，既然选择了公司，就应该坚定不移地跟着公司往前走，而不是这山望着那山高，跳来跳去的。直销人，如果缺乏了对公司的信任，没有发自内心的信任感、归属感，就很难坚持走到成功的那一天。所以说，我们要求始终保持对公司的信任，这样才能心无旁骛地执著向前。

我相信我们的团队　这是强调对他人，主要是对合作伙伴的信任。在今天，无论你想在哪个领域取得成功，都离不开集体的力量，干直销更是要始终依靠集体的力量。在集体中都讲究一个合作精神，刚才说过合作的前提就是信任，只有当大家互相之间建立起对彼此的信任，团队才能健康发展。我们看到很多团队矛盾都源于不信任，因为不信任，互相之间产生误解、猜疑甚至敌视，给工作带来极大的障碍，严重阻碍事业的发展。那我希望自己的团队能够互相信任，和谐相处，良性发展，让每个人都对团队产生归属感，这样建立起来的团队才能产生凝聚力，才有吸引力。所以倡导相信团队、相信集体的力量。

我相信我们的国珍专营　这个主要是强调对公司经营模式的信任，目的是为了树立对公司制度的信心。直销业鱼龙混杂，直销市场鱼目混珠，尽管国家早已颁布了《直销管理条例》和《禁止传销条例》，但还是难免有一些不法分子干扰市场，在这种情况下，咱管不了别人但可以管住自己。通过这句誓词告诫系统成员，国珍专营模式是政府认可的、经过多年市场检验成功的经营模式，它是在中国直销发展历程中产生的商业模式，符合中国国情，是可以持续发展的经营模式。不用怀疑，不用担心，更不能轻信外界的蛊惑而动摇对它的信心。

我相信经过不懈的努力，就会拥有健康、拥有财富、拥有快乐！这是誓词的落脚点，就是鼓励大家坚持不懈地走向成功。健康、财富、快乐是每个人都想要的东西，获得这些是需要努力的。

获得健康需要不懈努力——注重保健，尊重规律，遵循科学的生活方式，养成良好的生活习惯，落实好健康的四大基石，并持之以恒，才能获得健康。

获得财富需要不懈努力——没有人能随随便便的成功，奖金是什么？是你给足够多的人提供了足够多的产品或服务，使足够多的人满意后的回报。"足够多"意味着足够多的时间、足够多的经历、足够多的知识、足够多的忍耐……这些量积累到足够多的时候，财富就会到来。

获得快乐也需要不懈努力——可能有人会觉得很奇怪，快乐不是很简单吗？快乐还需要不懈努力吗？是的，快乐很简单，简单的背后可真不简单。咱们试着去问问周围的人：你快乐吗？你真的快乐吗？恐怕答案就不那么肯定了。能否在任何境遇下都保持快乐，这需要功力。功力，功力，下工夫才会有的能力，冰冻三尺非一日之寒！宠辱不惊，看破放下，永远看积极的一面……说起来很容易，当在现实中落实这些理念的时候就知道快乐需不需要努力了。天下没有白吃的午餐，连快乐都需要不懈的努力。

总之，就是希望系统成员相信在生活中所获得的一切美好的东西都需要努力，努力不一定成功，但不努力是绝对不会成功的。相信这个道理，把它变成自己的信念，给内心植入这股动力，每天都鼓励自己，久而久之，人就改变了。

"我相信！我相信！我相信！"是誓词的最后一句，也是誓词的高峰，是对前面所有的相信给予最后的强调，加深印象，加强激励，让相信深入宣誓者的内心，深入骨髓，变成思维语言，最后变成行动的动力！

综合来理解，118国际系统的誓词强调了直销业一直提倡的基本观点，并概括了它的主要内涵：相信是一种心态，相信是一种原动力，相信自己，相信产品，相信公司，相信团队，相信经营模式，相信坚持就是胜利。

118国际系统的口号：健康快乐118　吉祥如意118

健康是21世纪的一个重要话题，追求健康长寿更是当今人们的共同理想。健康而不长寿是人生的遗憾，长寿而不健康，是人生的苦难，健康事业的最终目标就是要健康的长寿。118是一个象征性的数字，它代表长寿，代表长久。健康长寿是身体上的、是物质上的，是我们拥有幸福人生的前提和载体。但人活在世上，仅有一个健康的身体并且活的很长并不是最终目的，我们最终的目的是在这个健康长寿的过程中体验人生、享受生活、实现生命的价值和意义；而"吉祥如意"则是在生命历程中令人愉悦的心理体验和愿望，代表人们对生活的美好追求，它是精神的，人与人之间因为精神的不同而感受不同，这个世界也是因为有了精神的高下而有境界之分。提出这样的口号，是希望通过对它的不断重复，给大家积极的心理暗示、快乐的心理体验和美好的人生祝福：希望118国际系统的每一个成员永远健康、永远快乐、永远吉祥如意！衷心祝愿118国际系统的每一位成员永远健康、永远快乐、永远吉祥如意！

118 国际系统的精神：博爱　包容　坚韧　进取

博爱　博爱是一种胸襟，是一种境界，是一种品质，是一种基于某种信念才可以做到的广博而高尚的爱，是继对亲人、朋友、伙伴、陌生人甚至所谓的"敌人"之后，扩展开来的对所有有生命体征的生物的爱，这其中包含对动物、植物的怜悯之爱。当一个人能有如此胸怀时，在家庭中他将成为一个好丈夫（或好妻子）、好父亲（或好母亲）、好孩子、好学生……在职场中他将成为一个好部下、好领导，在社会中，他将成为大众的楷模，在自然界中他将与自然平等和谐地共处，具有博爱品质的人将成为推动社会走向真正的文明与和谐的中坚力量！

健康事业就是以产品为载体，以先进的生活理念和科学的生活方式为导向，以提高生命质量为目的。这个过程的本质就是在传播爱。很难想象没有爱心怎么能把这件事做下去，所以我们倡导博爱，每个人怀着爱心从事这个事业，每个人献出一点点爱心，便可汇成大爱，希望这爱能遍洒四方。

包容　包容是一种豁达而宽广的气度，它既是一种积极乐观的生活态度，又是严于律己、宽以待人的处事方式；包容是基于善良仁爱品质的容忍力，是放下某种扭曲的尊严后的谦卑，是对人生历经坎坷磨砺后的理解。包容可以使人容他人难容之事，可谓"宰相肚里能撑船"。

直销是团队合作的事业，身处其中的人每天都在和形形色色的人打交道，在集体合作中难免有一些意见分歧、性格不合的时候，每当遇到这种情况，靠说教或组织纪律往往收不到应有的效果，如果能够做到包容，就可以规避一些不必要的矛盾冲突。

坚韧　我们常说做直销没有失败，只有放弃，"剩"者为王。怎么才能不放弃？怎么才能成为"剩者"？——坚韧。

坚韧是对既定目标坚持不懈的追求，是对坚定信念的笃定专一，是愈挫愈勇的坚强特质，是在任何领域中都需要的宝贵品质。坚韧永远与困难并行，它意味着能屈能伸的承受力，具有这种承受力的人可以"行他人难行之事，忍他人难忍之苦"，帮助我们逾越人生中的种种困苦，最终必获成功！

进取 进取是一种积极的态度，是对知识的探索，是对自我完善的渴望；进取精神可以不断更新我们由于年龄增长或固守的观念而导致的日趋僵化的大脑。在工作中进取精神可以使我们不断推陈出新，不断为企业输入新鲜的血液；在人生中进取精神可以不断提升我们极有缺陷的人格，进而不断完善自我，进取永远与坚韧同行。在进取中使我们的生命充满活力，在坚韧中使我们的人格强壮有力！

直销是条不归之路，因为责任而不能退缩，在追求时间自由、财富自由、心灵自由的道路上，唯有不断前进才能取得成功。

我们的目标：上星光大道　做行业第一

这个目标是对新时代"自立立他　德行天下"理念的一个具体落实，也是118国际系统践行公司核心价值观的体现。目标提出的很明确，很直观，也很大气。"上星光大道"指的是做到公司设定的最高端目标，这个目标是直销从业者都会孜孜追求的目标，也是一个人能否在行业里成功的重要经济指标，它属于硬指标。"做行业第一"不是指业绩，而是指你的人品、德行、修养等等综合的素质，它属于软指标，也叫做软实力。直销业成功者的最高境界就是业绩与能力同步，德行与收入匹配，精神与物质双赢。

我在制定这个目标的时候就是告诫自己，同时告诫118国际系统成员：把提升综合素质，尤其是德行修炼放在和业绩同等重要的位置，只有这样，才能有所担当，才能长久拥有。希望每一个人能够明白：只有当这两方面的修炼都达到一个高水准的时候，才算是一个业界成功的人，否则的话，仅有业绩而缺乏德行，业绩本身也会失去它应有的光彩，甚至最终掉下来；仅有德行而缺乏业绩，德行就如同断了翅膀的天使，力量会大打折扣，终留缺憾。反过来说，"上星光大道，做行业第一"也很清楚地表明：如果一个人做到了这两点，那就意味着他达到了最高端目标并具备与之匹配的能力和素质，包括胸怀格局，等等，是一个真正的成功者！言下之意就是与大家共勉：加油啊，加油，上星光大道！修炼啊，修炼，做行业第一！

118国际系统的六大愿景

愿景一：健康快乐活到118岁

前面已经说过了健康快乐的话题，在这里咱们重点说一下118岁的事。关于长寿啊，自古以来就是人们追求的目标，上至皇帝下至普通老百姓，人类在这方面的探索也从来没有停止过，从过去我们听说的秦始皇派五百位童男童女前往东海获取长生不老仙丹等等的一些神话传说，到现在广西巴马长寿村的闻名，其实都是人们追求长生不老的表现，这是人们共同的追求。现在呢，人们的日子过好了，追求健康长寿便被提到日程上来了。基于这样的考虑，提出健康快乐地活到118岁并不是一个幻想。我们知道，人的正常寿命应该是成熟期乘以25等于125岁，用过去的话来说就是一个双甲子的时间，人的寿命活到那么久，是有它的科学道理的。

将健康快乐活到118岁纳入六大愿景，初衷是要引领大家追求健康地、快乐地活到118岁，关键是健康、快乐的长寿，那就意味着从现在开始你要注意自己的保健了。对绝大多数人来说，活到118岁简直是天方夜谭！是的，是很困难，但这种困难是因为我们对生命的无知，因为我们的坏习惯导致的。那现在懂得了保健知识，也有了很好的保健产品，每天听的、说的、看的、做的都和健康有关，这个过程不就是保健、养生、提高生活品质吗？我们应该有这样的自信和理想，我们做的就是这种工作。

通过自己和团队的努力，获得财富自由，当生活品质提高了，养生保健的需求就更强烈了。我们近水楼台先得月，通过养生和保健的手段，改善健康状况，将养生理念落实到日常生活中，让养生保健成为一种好习惯，久而久之，人就健康长寿了嘛。活到118岁，如果能活到128岁才好呢！至于说如何养生努力活到118岁，那是另一个话题了，关于这方面的资讯很多，不再赘述了。

愿景二： 打造118位五星领导人

新时代公司给经销商设定的最高端目标就是五星，提出这个愿景，其实是对目标的量化。它有三层含义：一方面激励所有团队成员努力达到最高标准，做到最好，"不想当元帅的士兵不是一个好兵"，应该有这样的志向；另一方面不是单指我一个人达到这个目标，而是在未来我要助力打造118位五星领导人，一个人达标没有什么了不起，帮助更多人达标才是真正的了不起；还有一方面的含义就是希望每一个成员都能有这样的雄心壮志，不但自己达到最高目标，还要帮助118人也能达到这个目标。

每个人都以这样的标准要求自己，每个人都朝着这样的方向去努力，就这样一直激励下去，做下去，久而久之让整个团队都有这样的目标感，希望这个目标感可以让人持续地产生继续前行的动力，避免小富即安、自私自利、妄自尊大或一劳永逸的情况产生。

愿景三： 建立118家国珍旗舰店

"国珍专营"这种模式是在市场实践中探索出的模式，富有中国特色，也是新时代的特色。未来我们要多建立这样的旗舰店，这样的旗舰店一方面是为顾客提供更好的服务质量，另一方面也是为团队成员提供一个更好的家，让大家和谐和睦地成长学习。经营旗舰店也是对开店者本人的新挑战，有助于提升综合素质。在这方面我个人有深切的体会，开店之后进步更快，也希望团队里更多人能够上一个台阶。

目前，118国际系统的专营店遍及国内很多大小城市，未来还将循序渐进地增多。

愿景四：捐赠118所国珍希望小学

为什么要把这个作为愿景？过去看到别人捐赠学校，我经常想：搞慈善的内容是很多的，怎么那么多人总是热衷于捐助学校呢？后来因为工作的关系有机会到一些小城镇去，接触到那些地区后才发现：还有那么多生活在贫困山区的孩子，没有正常的受教育条件，要走很远的路去上学，校舍条件也很差，甚至是危险。看到这种情况，就联想起自己的孩子，将心比心，如果自己的孩子在这样的环境下上学，当然揪心哪。看来想去，也觉得还是助学好。尽自己的力量去做，号召大家去做，怀着善意和爱心去做，用实际行动体现新时代人那种爱的力量，以此感召大家用爱来做事，最后达到为爱去做的目的。

作为系统的领导人，我提出这样的愿景，也带头落实这一愿景。这几年陆续在一些贫困地区捐助兴建或正在兴建国珍希望小学，和系统成员一起体验付出给予的快乐。系统成员也受到鼓舞，很多人表示将来也要这样做，有的人甚至把捐资助学纳入自己的未来规划，作为一个奋斗目标了。每当得知这样的消息心里就感到很欣慰，帮助别人是快乐的！

今天提及捐资助学的事，不为别的，只是想说明：说到，就一定要努力做到；团队成员不听你怎么说，而是看你怎么做。在参与公益活动方面，切切实实地解决问题最重要，所以提倡践行！践行！

愿景五： 周游118个国家

我们努力也好，超越也好，成功也好，奋斗的目的是什么？就是提高生活品质嘛，提高自己和家人的生活品质，帮助更多人提高他们的生活品质。而旅游正是这一目的的体现，走出家门看世界正逐渐成为一种生活方式。在118国际系统愿景中提出这样的目标还有更重要的原因，那就是鼓励大家行万里路。前人早告诫我们：读万卷书，行万里路，阅人无数。在旅游中，人的思维是灵动的，心灵也变得更加敏感，通过旅游增长见识，领略异域风情，交流感情，找到快乐的感觉，关于这些大家都有同感。而我个人认为，比旅游本身更有意义的是在旅游结束之后，回忆更快乐，更有利于以新的视角审视自己，审视过去的生活，更容易找到差距。所以啊，旅游是下一步系统要做的另一个工作。

2012年春天，118国际系统正式开始启动周游118个国家的计划。临行前，谨慎地选择了韩国作为第一站，为什么呢？按照《易经》的说法，东边是生发之地，万物开始的地方，118，118就是要生发嘛。而东边的国家可供选择的就是那几个，正在犹豫时，得知公司即将开发韩国市场，于是立刻决定第一站去韩国。经过严格筛选，我们组织了五十多人，于2012年4月23日从烟台出发去往韩国。行程中除了游览名胜古迹外，还安排了参观、访问、培训、分享、购物等活动。期间欢声笑语，精彩纷呈。活动历时8天，大家一致反映收获颇多，期待下一次重逢。韩国之行是破冰之旅，梦想之旅，快乐之旅。2013年将继续第二站越南、柬埔寨之旅。现在是刚开始，以后每年至少一个国家，随着系统的发展壮大，未来我们会增加频率，增加目的地，让更多人体验周游世界的快乐。

愿景六： 培养118位演讲家

在这个行业里，不是因会说而做，而是因会做而说。我们做的就是我们说的，我们说的就是我们做的，这才是直销的演说家。直销课堂带有极大的挑战性，大家来听课是要解决问题的。所以说，培养118位演讲家，就意味着培养118位实干家，和打造118位领导人一样，不仅仅是激励我个人努力打造118位演讲家，同时也希望每个人都能够在自己成为演讲家后帮助更多人成为演讲家！这是很重要的，是直销行业的魅力之一，也是做一个直销人应该有的能力。

传播健康理念，弘扬传统文化，都离不开演讲。我个人从118系统成立以来就一直没有停止过演讲。到目前为止，118国际系统的初级讲师培训已举办了78期，中级讲师培训办了5期，高级讲师培训举办了2期，这种阶梯式的培训目前已形成体系，下一步只需要按照设定的模式一期期办下去就可以了。当然，这种持续的培训不是简单重复，而是在实践中不断螺旋上升的一个进步阶梯，目的是要通过这样的方式为系统打造一个强有力的培训体系，为团队成员提供良好的成长平台。

不仅在中国市场，在国外市场我也按照同样的方式复制，效果很不错。

在未来，118国际系统还会培养更多的领导人，优秀的领导人！现在我们团队小，讲师少，今后还要吸纳更优秀的人才，培养更好的演讲家。我个人的能力是有限的，以后要想办法让更多的人来。这个系统不是封闭的，不是保守的，不是排他的，因为我在新时代的位置不一样，很多都是我的团队，再说，大家都是新时代人，本是一家人，我们原则上既不排斥别的团队，也不干扰别人的业务，踏踏实实地做出自己的东西，从最基础的东西开始，一点点地做，一遍遍地做，一期期地做，一点点地修正，不断完善，感觉越做越专业化，越做越人性化了。

118国际系统的倡议：帮助老师带部门，帮助老师上级别

史 对不起刘老师，打断您一下，关于118系统的话题我们谈了很多了，在聆听您讲解的每一部分时，都有很多共鸣，也深受启发和鼓舞。而此刻，第一次听到"帮助老师带部门，帮助老师上级别"这一说法。不好意思啊，这与之前直销业提倡"要想自己成功，先要帮助别人成功"的理念完全相反。那么，您走到今天，能在自己系统里提出这样的倡议，一定不是偶然的，请就这个倡议详细地谈一下好吗？——非常期待。

刘 好的，这个问题问得好！最初提出这一观点时，很多人和你一样觉得不可思议，不能理解。你是感到好奇而比较温和地提出质疑，实际上我遭到的质疑要辣得多、尖锐得多。有人直接说：你是我们的老师，你高高在上，你提出这种论调还不是想让大家都帮助你，让大家都给你挣钱！自私、虚伪、贪婪，等等。对于这种质疑，我理解但不认同，因为时间和事实会证明一切！

多年的实践经验告诉我，恰恰是行业里一直倡导的传统理念给直销人带来沉重的精神和业务负担，使他们步履沉重，发展缓慢。为什么呢？没错，"要想自己成功，首先帮助别人成功"，理念很好，很能打动人，但关键是，在实际落实这一理念时，首先要搞清楚：谁帮助谁更给力？谁先帮助谁更容易成功？让谁先成功影响力更大？

我也有老师！当年，我的老师比我更有经验，更有人脉，更有能力。当他比较强大时，我深切地感受到来自他的力量：即便他什么都不做，我只需把他的成绩和故事讲给别人听就能带来效益，这太妙了！他存在着我就能借力，他再稍加给力，我就能借到更多的力量。也就是说，我能从他那里借到别人给不了的力！那是最初的体验，因而朦胧地意识到老师强大比自己强大更有力！

　　后来，随着业务的深入逐渐认识到：当你的老师强大了，才能更好地帮助你，实际上是在快速地帮助自己。试想一下，如果九个人帮助一个人，谁都很容易成功，而一个人帮助九个人的话，有限的力量就分散了。大家帮助一个老师先成功，当老师成功了，他有更高的收入，更大的影响力，再反过来帮助大家的时候，给你建造更好的平台，营造更好的氛围，让你成功得更快，不是更好吗？——让一个人拿出百分之百的力量去帮助一百个人，能力是非常有限的；但如果一百个人每个人只付出百分之一的力量去帮助一个人，就成功了。我成功之后，我的能力反过来帮助大家不是更好吗？我去帮助下面，是为了个人收入，下面帮助老师却是一种境界，爱的事业从哪里体现出来，你是我老师，我帮助你上级别，我帮助你带小部门，你的收入跟我没有关系，这是不是一种境界？是不是团队合作力和执行力的最好表现？

　　这是一个倡议，一个成功的老师带领你，和一个没有成功的老师带领你，你要哪一个？我先让我的老师成功，他成功了，让他在前面举旗，他才能更好地带我，如果没有前面的老师，我把老师都干掉了，我还能成功吗？一个是1%，一个是10%。

　　因此，帮助老师先成功，从策略上讲是帮助自己快速成功的明智之举，从道义上讲也是团队合作精神的体现，更是无私、爱心和感恩的体现。

　　这个观点和我们行业里多年倡导的理念恰恰是反方向的，自己从未跟同行的领导人探讨过，它可能会引起对人品的质疑。但我相信，如果对方是懂行的，他会理解"无私无畏"是什么感受；如果对方是懂行的，在他成长到一定阶段的时候，是能够赞同这个观点的，因为他

（她）在实践中是会感悟到其中之奥妙的。而对于刚刚起步的人来说，未必能够理解这一点，他认为应该是往下帮，这是有误区的。然而这是一个必经的成长历程，有误区也很正常——慢慢成长，逐渐感悟。

这个观点乍听起来似乎是站在一个上级的立场来说的，但实质上，每一个人都是别人的上级，大家在这个行业里都扮演着同样的角色，每个人都是上级立场，每个人也都是下级立场。这个观点也许是对传统直销理念的一种颠覆，但它是实用的、可以让大家都受益的理念，更能让人体验到什么叫合作制胜。对此，我已经做了很多实验，感觉到了，看到了，做到了，验证过了，这是正确的——实践是检验真理的唯一标准，所以提出这样的倡议。

118 国际系统三大纪律、八项注意

三大纪律

第一，紧跟系统

第二，诚信经营

第三，戒烟限酒

八项注意

第一，逢会必到

第二，着正装戴司徽

第三，不迟到不早退

第四，用手机不扰人

第五，不干扰他人团队

第六，展业工具随身带

第七，不产生借贷关系

第八，赞美用语习惯化

"三大纪律八项注意",这几个字乍听起来很落伍了,刚推出来的时候也有人提出来说缺乏时代感,经过认真考虑后还是决定保留。为什么呢?我是从部队里走出来的,深知从新兵入伍到成长为一名合格的军人是怎么回事,那就是一个人从量变到质变的过程,这个质的飞跃靠的不是别的,就是铁的纪律加上有素的训练,没别的,就这么简单。

要形成一个团队,就必须有规矩,不按规矩办事就会出麻烦,小到一个家庭,大到一个国家都是这样。当年毛泽东打天下的时候,起初被称为"土八路"的部队,为什么能够赢得老百姓的支持,就是因为实行了严格的"三大纪律八项注意"嘛!至于说这个提法缺乏时代感,我个人觉得不重要,有没有时代感不仅仅是你叫什么,而是你是什么,相反,我来自部队,这样的说法能时刻提醒自己不失军人本色,不忘在部队的教诲,也就是说不忘本吧。从另一个角度讲,带团队就是和在部队带兵打仗一个道理,新时代人就是不穿军装的兵,让我们这些不穿军装的兵记住"三大纪律,八项注意"也没什么不好,它恰恰体现了118国际系统的特点之一——军人的做派!希望保留这个特点,如果团队的人都有军人气质,那更好了。

看看118国际系统规定的这些细节吧,看起来事情都很小,不值一提,做起来可不是那么回事,就是因为团队里长期有这些现象难以很好规避,所以才提出来,接下来跟你细细说来啊。

先说说**"三大纪律"**。

第一,紧跟系统

单打独斗的时代已经过去了。直销讲究保持咨询线的完整性,咨询线就像是生命线,像是一个家族的血脉关系,是不能乱的。系统就像是一个拥有很多小家庭的大家族,有它内在的体系,人们在这个体系中按

第二部分　不归之路

照一定的规则去做事。

　　系统是加油站，一个人在路上太孤独、太柔弱，在你感到没有动力的时候，走进系统，融入系统，依靠系统，立刻就会产生无穷的力量；系统是避风港，在市场竞争中，难免会有惊涛骇浪，难免会遇到一些自己解决不了的困难或障碍，系统可以提前告知你哪里有暗礁，哪里有险滩，就算你不慎陷入困境，系统也会伸出援助之手助你一臂之力；系统是成长的摇篮，它营造良性的成长环境，为每一个成员提供实习的机会和平台，陪伴他们经历成长的烦恼和痛苦，帮助他们日益强大；系统是很好的工具体系，为成员提供经营业务所需的操作工具，使身在其中的人可以借力使力不费力。

　　当然，在本质上系统是一个高度组织化运作的体系，这个体系由很多因素构成，各因素之间既相互独立又相互联系，这些因素博弈的结果直接影响到组织运作的成败。正因为这样，我们常说自创一个系统很难，难在哪里？难在它不是一件想当然的事，而是需要时间、精力、智慧，尤其是大量实践去验证和完善的事，是一个工程，不是一个人能够完成的。

　　系统本身就是一个环境。人是需要环境的，如果你不跟系统走，远离系统，远离信息源、动力源，一个人渐行渐远，就逐渐与系统脱离了，脱离了系统等于脱离了环境，没有环境还能干什么呢？自己一个人单打独斗，最多支撑一段时间，随着团队的壮大，就会显现出底气不足的症状了：先是觉得时间不够用，接着觉得精力不够用，到最后觉得智慧不够用了。当你走到感觉智慧不够用的时候往往就很严重了，单打独斗的恶果已经酿成了，这个时候再回过头来挽回局面往往事倍功半，甚至付出很大的代价。在市场上这类教训很多啊，所以，我们要求紧跟系统。

103

第二，诚信经营

中国自古以来崇尚诚信，古代八德之一有"信"，《弟子规》也讲究"信"，现代社会更是呼唤诚信。古人告诫我们，人无信而不能立，做直销更是要把诚信放在首位。顾客是衣食父母，我们跟顾客的关系是紧密的共同体关系，"没有天，哪有地"，要长久地赢得顾客，诚信经营是一个根本，也是中国人所追求和需要的本。作为生活在今天社会的消费者也好，经营者也好，我们很多人或多或少都有过因不诚信经营而受害受伤的经历，这些经历留给我们的是不愉快的记忆。那么将心比心，换位思考，现在自己变成了经营者，希望别人怎么对自己就先怎么去对待别人。我们怎么对待顾客？怎么对待合作伙伴？曾经受到伤害而现在又伤害别人，那是既不道德又不明智的行为，咱不能那样做！所以平时在处理日常业务时，无论是无店铺销售，还是在店里做事，都要求成员努力做到诚信，人做事天在看，不要以为没人知道，苍天有眼，"不是不报，时候没到"，相信前人的智慧。

第三，戒烟限酒

这是维多利亚宣言里倡导的"健康四大基石"之一。提到这一点觉得是老生常谈了。关于戒烟限酒之类，咱们国家提了很多年了，记得几十年前，曾经有一首歌叫《戒烟歌》，轰动一时，我还记得开头两句的歌词呢，唱的是"叫声同志哥你听我说，吸烟的害处实在多……"咱们也经常在医院门诊啊、各类媒体上啊看到关于这方面的介绍和倡议，问题是，几十年都过去了，怎么这个问题还没有解决呢？这说明人要改变自己的习惯是多么的难！

《三字经》里说"人之初，性本善，性相近，习相远"，就是这个习气不同，让人与人之间差别那么大。戒烟限酒是一种科学的生活方式，是一种好习惯，是与一个人的健康息息相关的事，不但与自己本人的健康息息相关，还与家人、周围人的健康息息相关。无论你是做健康产业的，还是做别的什么行业，都应该做到，做不到是缺乏意志力、不负责任的表现。而在今天，戒烟限酒也是一个成功人士的良好表现，从一个侧面反映了人的修养，往更大的范围说，也为环保做一些贡献吧。再说了，要想活到118岁，也得戒烟限酒啊。所以我们把这一条纳入系统纪律，要求大家做到。

别看这三大纪律，推行起来还是有一些难度的，因为它对治的是人们在行为、思想上的顽疾，甚至是人性的弱点，要走的路很长啊，只要坚持，改变一个是一个。

接下来再说说"八项注意"。说起来很有意思啊，我从部队到地方，主要生活在两种团队，这两种团队性质和特点截然相反。部队的人员整齐划一，纪律严明，步调一致，军人以服从为天职；而直销团队呢，是松散型的组织，人员来源广泛，个性鲜明，难以步调一致。通过实现个人目标的方式实现组织目标，这八项注意是在长期的直销生涯中，通过观察归纳出的八条，是松散型团队出现频率较高的不当行为，针对这些不当行为，制定出了这八条。具体说吧：

第一，逢会必到

直销是会议营销，常用到"ABC法则"（被称为黄金法则，A指专家，B是桥梁，C是顾客），会议就是一个大的"A"。做直销要求的就是逢会必到，逢到必会。跟会，跟会，只有跟随会议才能会啊。之所以要把人带到会场，就是要借助会场的力量帮助自己完成工作，这就是"借力使力不费力"的具体表现。一个不懂得开会的人，一个不善于借助会场来运作的人，是干不好直销的，这是行规，也是专业化的运作方式，早已被世界各国直销人验证过的规律。

第二，着正装戴司徽

这一点强调的是打造专业化的个人形象。实践证明：成功源于80%的个人形象，20%的产品。这说明个人形象有多么重要！直销人每天都要跟人打交道，而不同的人有不同的审美标准，良好、得体的个人形象有助于在短时间留下良好的第一印象，为业务开展打下基础。在现实中我们看到，很多人喜欢按照个人的喜好穿衣打扮，可能很漂亮，可能很个性，很时尚，但这个行业要接触的人是形形色色的，在你跟别人没有熟悉之前，并不知道对方喜欢什么，讨厌什么，而我们常常是同时和一群人在一起，众口难调了。每当这个时候，专业化的个人形象往往是最保险、最得体的。

我一直认为，形象方面，你可以不时尚，可以不个性，甚至都可以不好看（审美没有对与错），但不可以有错误，什么样的形象最不容易犯错误，那就是职业形象，适合所有的人。职业形象最重要的标志就是正装和司徽。所以提醒大家注意。

第三，不迟到不早退

看到这里是不是觉得像是回到了小时候，上幼儿园的时候老师教我们要做的事了？实际上在成人世界里，这种情况还真不少，成年人更爱迟到。你看，把小学生的行为规范都拿出来了，把这个基本的操行纳入系统注意事项里，说明了什么？说明我们日常行为中有多少不合适的地方。提出这一项，主要是针对在平时开会和其他集体活动时一个人应遵守的基本礼仪。可就连这个基本的礼仪，很多人都做不到，用"屡教不改"来形容一点儿都不夸张，为什么呢？习惯！惯性动作！

迟到不是什么大事，在现场却很误事，甚至让人反感。你说，大家都是成年人，你怎么办？说还是不说？很尴尬，有时不是本人尴尬，是组织者尴尬，是不好意思针对这件小朋友都应该做到的事而说的尴尬。针对这种情况，我们特别提出不迟到，不早退，尊重会议，尊重他人，其实首先是尊重自己。

第四，用手机不扰人

现代人都有手机，几乎每天都用手机，但很多人不会用，常出问题。用手机也有一些必要的礼仪，比如，手机铃声的设定不宜过高或过于刺激，手机音量的大小高低，接打电话时说话的声音以对方能听到为宜，切忌干扰别人，否则都被视为不礼貌的行为。而现实生活中，这些行为几乎每天都在发生，尤其是在公共场所接打电话，常常是一个人打电话，所有的人被迫听电话，在团队开会时更是这样，给别人带来诸多烦恼和不便。所以我们把这一项也列出来，目的在于提醒大家，从小事做起，做一个有礼貌、有修养的人，养成会使用手机的好习惯。

第五，不干扰他人团队

干直销带过团队的人对这一点应该是有很深体会的，有人曾把"干扰他人团队"视作是直销的毒草，可想它的危害有多大。前面我们提到，直销讲究咨询线的完整性，咨询线被形象地比喻为生命线，这就像是在一个家庭里，父母把孩子生下来，都是按照自己的期望和自己认为正确的方式教育培养孩子的，不同的团队就像是不同的家庭，每一个家庭都有自己的孩子，随便干扰他人团队，就像是随便干扰别人对孩子的教育一样，既打乱了别人的计划，又干扰了别人的生活，甚至影响了别人对孩子的教育，使得别人家庭不和，后果极其糟糕。

做直销干扰他人的方式有很多，其中最恶劣的就是传播负面信息——我们常说的"倒垃圾"。负面信息如同瘟疫一样，传播速度快，杀伤力强，难以控制。在市场上我们看到太多这类事情：因为没有遵循这一原则，造成团队与团队之间，个人与个人之间不可调和的矛盾，带来惨重损失，致使很多人没有输在市场竞争中，而是输在团队矛盾上，令人深感遗憾。看到这些现象，当然不希望发生在自己团队里，所以告诫大家：绝不干扰他人团队！

第六，展业工具随身带

直销是无店铺销售，销售场所和地点都很灵活，随着直销生活化的深入，随时随地都有可能成交，所以做直销就要有随时随地做生意的准备，无论你是用手机也好，平板电脑也好，还是QQ网络、微信或微博平台也好，走到哪里都有可能遇到合适的机会，要跟人家讲啊。专业的直销人是工具随身带的，一张口就开张，一抬手就提货，关闭电脑就下班，这样才行。

第七，不产生借贷关系

很多人"死"在这上面了。无数前辈无数次地告诫我们：合作伙伴之间尽量避免借贷关系，最好是杜绝，无数人还是前仆后继地要去尝试，结果是更多的人继续告诫：合作伙伴之间尽量避免借贷关系，最好是杜绝。人性的弱点在这个问题上体现得淋漓尽致。

在这里啊，我们就是要重申：不要轻易向别人借钱，也不要轻易借给别人钱，轻易向别人借钱会让你养成坏习惯，轻易地借给别人钱往往收不回来，有时侥幸收回来了也伤了感情。如果你一定要借，那就提前问问自己：收不回来的时候能不能承受，如果能承受，就借出去吧，如果不能承受，那就趁早拒绝。你看看吧，几乎所有的债务纠纷都是发生在心怀信任的借贷之后。

第八，赞美用语习惯化

赞美别人既是对别人的一种肯定，更是自己内在修养的体现：是否大度，是否有阳光心态，是否宽容，都能从是否愿意赞美别人方面看出来。人在很多时候是脆弱的，内心渴望被肯定、被赞美，当我们真诚赞美别人的时候，无疑是给了别人一点温暖，一点力量，反过来，当我们自己得到真诚的赞美时，也会有同样的愉悦体验，何乐而不为呢？善于赞美的人是快乐的，因为在他眼里看到的永远是事物美好的一面；善于赞美的家庭是幸福的，因为他们时刻感受到爱的温暖；善于赞美的团队是积极的，因为在他们周围充满奋进的力量。希望赞美成为118国际系统的一种氛围，让赞美成为习惯，让赞美成为力量，让赞美传递关爱。

这就是118国际系统提出"三大纪律，八项注意"的原因。当然，除了这三大纪律八大注意外还有很多，没有必要一一列举。这些是针对常见的最容易出现的不良现象和行为而规定的，是最最基础的行为规范。而我们在自我修炼的过程中需要注意的不仅仅是这些。在未来的日子里，希望系统里的每一个成员都能够严格按照这些行为规范要求自己，从点滴做起，从小事做起，古人讲"修身、齐家、治国、平天下"，我们就从修身开始吧。

"三大纪律，八项注意"里的每一条，单独看起来都微不足道，但一个人要把每一条做好并且常年坚持下去变成自己的行为习惯就不太容易了。素质从哪里来？就是从日常点点滴滴的小事情中来的，在一个组织中，如果每一个人都能做到这些，那这个组织就会表现出良好的精神风貌和氛围，从而形成良性循环，否则，就不叫组织了。当年毛主席他老人家在缔造中国人民解放军时，就是通过三大纪律八项注意取得成功的，我们后人学习他的智慧，运用于今天的团队建设还是具有很显著的效果的。

对118数字的特别说明

118国际系统是在市场发展和团队成长到一定阶段后应运而生的，是组织发展的高级阶段。我们在这里所说的118（一百一十八），是系统内每个人要复制的118，即，倡导系统每个成员须努力完成的任务指标，而不是整个系统要完成的目标。每个人都把目标用数字清晰地确定下来，就容易强化这个目标，使日常的业务运作围绕这个目标去进行，每个人都有相同的目标，就容易产生合力，团队因而变得有力量。那么个人的目标又靠什么完成呢？——建立团队、发展团队、打造团队、依靠团队，团队制胜！除了这个途径再没有别的办法。

关于118这个数字，还有一个非常有趣的事情，跟你分享一下。在我们118国际系统里，有一位优秀的长者，是哈尔滨多项专利的发明人，名叫董宪忠。老人家经过精算发现：到2018年，所有出生在1999年以前的所有幸运的118人，出生年后两位数字加上年龄都等于118，如：1937年出生的到2018年为81岁，37加81等于118；1954年出生的到2018年为64岁，54加64等于118，以此类推，个个准确。当我得知这一计算方法时，被深深感动了，这既是老人家智慧的体现，更是对118系统爱的体现，有这样一批伴随自己奋斗的人，没有理由不去努力！

五、关于演讲

史 对于做直销的人来说，演讲是必备工作能力之一，尤其对于一个系统领导人来说，这个能力更加重要。您在台上的幽默之风并不是一开始就有的,是怎么形成的?请谈谈这方面的体会好吗?

刘 好的。的确像你所说,演讲能力对于一个做直销的人来说是很重要的。个人体会主要在以下几个方面:

1. 演讲是基本功

我们多次提到,直销是靠口碑相传的行业,既然靠口碑相传,那么说话的能力就非常重要了。你有好产品,别人不知道,要靠演讲广而告之;产品的效果怎么样,别人没有体验过,也不知道,要靠会议上的产品讲解广而告之;你的事业有多么诱人的前景,别人没干过,还不知道,也要靠演讲广而告之;包括你的新观点、新信息、新的资讯,别人不知道,都要靠演讲广而告之,这一切都要依靠演讲来完成。可以这样说,没有演讲就没有直销,而直销人的生活就是由演讲构成的生活。比如,每天一出门,我们就和别人谈业务,这种一对一的沟通交流就是小型的演讲;开会的时候,需要有人去做主持,主持会议就意味着演讲;当业务发展到一定阶段时,要开大会,开会就要有主讲嘉宾,面对几百、几千甚至上万人讲话,这更是名副其实的演讲了。

在日常业务中,除了做主讲嘉宾,我们还经常会去做分享嘉宾。分享,无论从内容到形式再到演讲风格,都是一种比较个性化的演讲方式,对于演讲者本人而言,真实的故事和真情实感是最重要的。人们之所以要听你的故事而不是他的故事,就是想听你和他人不一样的地方。这让我从多年的分享中体会到真诚以及用心说话的重要性。通常情况下,人们也许可以原谅你口才一般,人们也许可以原谅你内容一般,但人们不能原谅你不真诚,而且我发现啊,只要是发自内心的讲话,总是能够打动人心的。这真应验了那句话:"真情就是好文章"啊。

此外,作为一个带兵打仗的人,我们还要经常召集自己的骨干们开会，如何开一个高效的会议，与组织者的演讲表达能力也有很大的关系。言简意赅永远是要点；思路清晰，有效控场也是必不可少的，否则的话，开会就等于浪费时间。你看，从产品介绍、事业引导，到会议的主持、主讲、分享，到带团队，这些直销的基本运作环节，都离不开演讲。个人就是在一次次的演讲中得到提升，业绩也随着一次次的演讲而增长。

如果一个人不会演讲，以上所有业务都会受到影响，还会严重阻碍个人、团队甚至市场，它带来的结果就是日常工作受阻，基础做不好，更谈不上未来发展了。由此可见，演讲是做直销的基本功，对于直销的重要性不容忽视。

2. 演讲是提升业绩的加速器

要想快速而持续地提升业绩，就是要快速而持续地培养人，人在青山在，人在阵地在，都说明人才的持续辈出是多么重要。培养人的方法很多，培养演讲能力的方法也很多，我个人体会最有效的办法之一就是，尽快把他（她）"推上"讲台。一个人为了完成一次演讲，他会自然而然地深思与演讲主题相关的内容，会自然而然地搜寻与主题相关的信息，也会自然而然地关注与主题相关的人和事，甚至平时不爱听课不爱学习的人，因为要自己上台演讲，也会自然而然地模仿学习别人的演讲，这在客观上促使他成了一个自动自发的学习者和实践者，有助于学习者本人在很短的时间里迅速掌握基础知识。

从另一个角度讲，演讲是锻炼心理素质的有效方法。我们都听说过那个调查报告，就是人们对于演讲的恐惧远远超过对于死亡的恐惧。正因为如此，训练伙伴的演讲能力其实就是在训练他的胆量，增强他的自信心。仔细观察就会发现，经常上台演讲的人，他会表现出更好的精、气、神，会在其他方面多一份自信，尤其是在与人交往的过程中，更是挥洒自如，游刃有余，这些都是直销从业者必备的素质，有了这种素质，业务的开展就会容易很多。

从经济的角度讲，直销运作就好比是零售批发，跟一个人说话叫一对一沟通，跟两个人说话可能就叫交流、座谈，跟多个人说话就叫演讲了。从一对一沟通，到十来个人的小型会议，到几十个人的中型会议，直至上百上千人的大型会议，对于演讲效益来说，就是从一对一推销到一对多零售，再到中型、大型批发的过程，就是从零售到批发的过程，演讲者就是从零售商到批发商的过程。一对一沟通得越好，零售做得越好，为批发打得基础越好，演讲越好，批发就做得越好，规模越大，持续发展的可能性就越大，它们是良性循环的推动关系。在业内，那些有演讲能力的人之所以受到推崇，就是因为他们对业绩的提升起着事半功倍的作用，因而一个人的演讲能力在这个行业可以直接转换成生产力，是业绩提升的加速器。

3. 演讲是影响团队的有力工具

与非直销业相比，直销业的领导人对自己的合作伙伴，既没有行政的控制权，也没有经济的制裁权。经销商与公司是平等的合作关系，经销商与经销商之间也是平等的合作关系。对于市场一线的人来说，我们不能说看谁不顺眼就开除他，看谁不好好干就扣他的奖金，不是的，所有这些权利都在公司那里，公司也不能随随便便就去制裁一个人的。而直销的规律是，要想自己获得成功，需要先帮助更多的人成功，要想达成个人目标，需要先帮助别人达成个人目标。在这种情况下，如何带领众人沿着同一个方向往前走，就显得非常重要了。这其中的有效途径就是通过持续不断的会议，通过一场场演讲来传递信息、更新观念，让人们形成统一的价值观。当有了统一的价值观后，加上共同的目标，团队就有可能形成统一的思维模式，在统一的思维模式的引导下，形成统一的行为模式，产生集体共振，形成一种势能，这种势能便可带来最终想

113

要的结果。

在部队生活多年，对于这一点体会非常深刻。当年自己作为一个新兵，刚入伍，生生的，愣愣的，什么也不懂，什么也不会，就是在部队戏称的"新兵蛋子"。但经过三个月的新兵强化训练，从最最基础的立正、稍息练起，一点一点，很快，站，有了站相，坐，有了坐姿，连睡觉都有了不一样的睡相。每个人都是同样的标准，同样的动作，同样的训练，于是，原来不成形的样子变得有型了，原来的一群小伙子变成了一个训练有素的队伍，举手投足一模一样，集体集合时，雄赳赳气昂昂，立刻让人感受到一股强大的力量，不可轻视。这些靠的是什么？是训练，那要完成训练，标准示范很重要，而清晰的表达是标准示范的前提。直销培养人也是这样的。

直销是与传统营销逆向而行的营销方式，逆向的方式必然有逆向的理念，唯有学习和改变才能适应。改变最基本的前提是要从观念改起，只有一个人的观念改变了，行为才有可能改变。教他操作技能，示范很重要，让他改变观念，最好的方式就是持续的、有效的沟通交流，而演讲在这里起了不可替代的作用。演讲现场往往就是一个具备了声、光、电、影的多媒体教室，有一种气场的作用。置身于这样一个立体的环境中，听着主讲人系统的讲解，听讲者的心门更容易打开，思维更容易活跃起来，意识更趋于流动，信息更容易传递。这样的情境之下，更容易让人们理清一些东西，不知不觉中，对团队的影响就一点点地做到了。

对于立志要在直销业获得成功的人来说，上讲台不仅仅是为了自己，也是为了团队的需要。合作伙伴需要看到他们的榜样，集体需要有一个目标、一个声音，自己亲自上台演讲，传递这些信息，表达观点，激励士气，更能有效地激励团队。通过这种途径，个人的影响力不知不觉就扩大了，扩大个人的影响力在客观上就扩大了团队的影响力，最终受益的还是团队，是合作伙伴！

因此，我一直主张，每一个人都应该学会演讲，每一个人都应该是演讲师，会演讲，不是你的附加值，而是你的基本功，是带兵打仗的人影响团队的有力工具，如果你在直销业又具备很好的演讲能力，那没有什么可炫耀的，只能说一声：恭喜你，掌握了很有力的工具，仅此而已！

4. 直销讲台是实干家的讲台而不是演说家的讲台

多年前，当自己被邀约到课堂上听人讲课的时候，看着台上那些讲师精彩的演讲，或者慷慨激昂，让人心潮澎湃；或者娓娓道来，如行云流水；或者风趣幽默，让台下捧腹大笑……他们在台上那种毫不胆怯、旁若无人、挥洒自如的精彩演讲，心里是既佩服又羡慕，佩服的是他们的口才这么好，羡慕的是大家对他们的认可。那个时候就想：什么时候我也要像他们一样，能够站在讲台上面对上百人上千人侃侃而谈。于是，暗暗下了决心：向他们学习，将来一定要成为一个优秀的演讲师！从那个时候开始，只要一有机会就上台讲，不管是大会小会，不管是讲产品还是讲公司，也不管是自我介绍还是分享，只要有机会面对公众讲话，就去讲。

刚开始的时候也有些胆怯，主要是担心自己讲不好让人笑话，可还是抵不住要成为演讲家的吸引力，逼着自己讲！讲！讲！规避这种担心的办法就是多下工夫，提前做充分的准备：设想上台前后的每一个细节，提前了解听课人的情况，无论将要上的课是什么规模的，哪怕只有几个人，都要提前写好稿子，或者打好腹稿，准备好能想到的每一个细节，不敢有一丝一毫的怠慢。讲完之后还要自我总结：哪里讲得好，哪里讲得不好，哪里收到了预期效果，哪里有失误，下一次怎么改进，等等。就这样，一次次地准备、上台、总结，一点点地进步。渐渐地，就从刚开始的胆怯到自如，从刚开始写稿子到完全脱稿，从刚开始的只能讲很短的时间,到后来的讲一两个小时,甚至到现在的讲几天,不知不觉中,也被别人喊起了"刘老师"。

这些年,讲了多少场早已记不清了,可以这么说,干了多长时间直销就讲了多长时间课吧,演讲能力是随着业绩同步提升的。现在回过头来想,庆幸自己当初听了那么多课,庆幸自己一开始就把演讲能力的提升放在了和业绩提升同样重要的位置上(当年我是穿着军装上直销讲台的)。如果没有演讲能力的提升,业绩可能不会提升这么快,如果不是因为经常要演讲,也不会看那么多的书。一句话:感谢直销让自己成长!也正是透过这种成长,让我深深地体悟到"台上三分钟,台下十年功"这句名言意味着什么。

要想在讲台上有精彩的表现,或者换句话说,要想让你的演讲有含金量,有生命力,不仅仅是口才好,能说,能玩点技巧让听众高兴就是了,绝不是这么简单,精彩的背后是不断地实践、不断地学习、不断地积累、不断地总结、不断地思考和不断地感悟,关键是不断地、不断地坚持去做!就像我们看奥运比赛,一个奥运冠军在登上领奖台的瞬间,举世瞩目,而在荣耀巅峰的下面,是不为人知的艰苦训练。艰苦到什么程度?一个(套)动作,从早到晚,重复成千上万次,一天天,一月月,一年年,无数个成千上万次的实践,才成就了一个世界冠军。人们给他们特别的礼遇,在于他们把简单的事情做到了极致,超越了极限,难以想象,所以才尊敬他们,拥戴他们。

直销业的讲师也是这样,为别人提供价值是自己最重要的价值,是本分,只要自己亲身经历了,做到了,不需要华丽的语言,不需要特别的演讲技能,只需要把自己的故事讲出来,就足以帮到很多人,超值了,因为那故事本身包含了看似平凡实则不同寻常的品质。所以啊,现在我经常跟那些刚开始起步的朋友表达一个观点:干直销一定要学会演讲,但一定要清楚,演讲不是你的目的而是你的手段;直销讲师是干上台的，不是光靠嘴说讲上台的；人们推崇的也是干出成绩的讲师，而不是只说不练的讲师。

　　至于你提到的幽默之风，这个嘛，我本人还真没有注意过，也没有刻意去追求。刚开始学习演讲的时候，也曾模仿过别的老师，但没有专门模仿哪一个人。就是觉得某某老师这方面好就学他这方面，某某老师那方面好就学习他那方面。后来呢，就不去注意这些了，而多关注的是他们的思想内容，自己上台演讲的时候也开始注重内容，注重自己的课能给听课的人们带来什么，自己的讲课会起到什么作用，更明确地说，就是这个会场需要讲什么就讲什么，而不是自己喜欢讲什么就讲什么，直到今天还是这样。

　　至于你说的风格，这几年也时不时听其他人提起：什么铿锵有力啊、冷幽默啊、军人气质啊等等这一类的评价。我想，这是大家对我的褒奖吧，所谓风格也是别人总结的，自己没有刻意去追求，自然而然形成的，就是现在这样。以后呢，还会继续充电，继续修炼，往前走吧。

六、关于直销

　　史　提到"直销"这两个字，真是一言难尽。多年来，有人义愤填膺地控诉，有人义无反顾地加入；有人谈"（直）销"色变，有人津津乐道，有人欢喜有人忧！那么，作为在这个行业坚持二十年并取得巨大成功的人，您对直销有什么看法？

刘 做了这么多年的直销，对直销这个行业是有很多切身的体会和感悟的，归纳起来大致有这样几点：

一是从商业角度来看 直销原本就是一种营销方式。你知道，简单理解，直销就是直接销售。从古到今，中国原本就有，比如说最早时候人们的物物交换，再到后来的沿街叫卖，再往后的摆地摊，直至现在的电视购物、邮购等，从广义上说，这些都是直销。那么这些营销行为为什么没有形成规模或者成为一种营销方式被广泛采用呢？是因为它们不过是一种人们在社会生活中约定俗成的、自发性质的"以物易物"方式，而我们现在所说的直销，是在几十年前源自美国的一种新的营销方式或者叫商业模式。由于这种方式具有门槛低、时间灵活、不限年龄、不限地点等等诸多好处，所以迅速被经营者接受并广泛传播。当然，从理论上讲其中有很深的经济学原理，在这里就不用提了。那么现在社会上普遍存在着对直销的误解，给直销冠以各种各样的定义，这是由直销在中国的发展历史决定的。

二是从经销商的角度来看 直销提供了一个公平、公正、公开的创业机会，让每一个人都有机会参与创业。在这个创业平台上，没有年龄的限制，没有学历的限制，没有背景的限制，更没有经济条件的限制，每个人只要愿意参与，都可以参与，而且所有参与者遵循一个制度，公司也按照一个标准考核所有的人。这样，在客观上既给那些起点低的人提供了一个很好的创业机会，同时也给起点高的人，提供了更广阔的发展空间，使得每一个创业者无论起点高低，都能够找到各自所需，实现人生价值和个人理想。这也正是直销之所以能够吸引很多人的重要原因之一。

　　同时，直销的工作方式、工作地点更加灵活，从业人员的时间也更加自由一些。由于直销是无店铺销售，通过一对一沟通或一对多的会议开展业务，那么，经销商的工作方式绝不是传统意义上的上班方式，而是可以根据沟通对象的地点灵活决定。比如，你可以在任何一个有人的地方、可以跟人沟通的地方开展工作，工作方式可以是正式的沟通或开会，也可以是轻松的聊天、一起娱乐或者吃饭等等别的方式。直销也不存在朝九晚五按时上下班的限制，每个人可以根据自己的时间灵活掌握，这给那些渴望自由、愿意自主安排时间的人提供了一种新的选择。

　　在从事直销的整个过程中，每个人都能得到不同内容、不同层面的锻炼和成长。每一个进入直销业工作的人，都会按照公司设定的营销计划往前走，在完成每一个业绩任务的背后，其实都是在完成个人业绩的成长提升。比如说，一个刚刚入门的人，一定要先学会基础的知识和技能，学会做销售。而随着消费人群的扩大，销售队伍的壮大，就要开始学习做管理，管理好自己，管理好自己的小分队，相当于一个部门经理要经历的成长提升。随着工作的逐渐深入，市场越开越大，市场占有率也越来越大，这时就要学习更多的东西了。你知道，直销是和人打交道的，所有涉及人的相关常识、经验都要学习，而一个人要想带领千军万马取胜，就要不断地修炼自己，提升自己，这样才有足够的能量帮助别人，这一切都需要学习成长。

　　经历过的要不断总结，没有经历的就要去学习，去积极实践，这样才可能走得好走得久。很多人并不是不具备成功的能力，而是不懂得如何提升自己，也就是说，不懂得在什么时间什么地点用什么方式快速提升自己，调整自己，所以阻碍了自己的成长，从而阻碍了团队的成长。

　　三是从消费者角度来看　　由于直销省略了中间环节，让产品的流通直接经由销售人员到消费者手里，这样就有效杜绝了假冒伪劣的产品，使消费者利益得到最有效的保护。同时，直销这种口碑相传的方式，使消费者在购买产品之前有机会深入细致地了解产品甚至体验产品，更加理性地消费，避免了因无知和信息不对等而导致的消费损失，并在这个过程中享受更加周到细致的售前售后服务，获得更多产品的附加值；另外，对消费者来说，购买直销产品有更多的优惠折让，而且一定能越用越便宜，甚至还有机会从事产品的经营活动。

四是从公司角度来看 直销是一种非常好的经营方式。首先直销这种方式完全杜绝了三角债，最有效地规避了因三角债而导致的现金流短缺的风险；省去了层层批发的中间环节，有效杜绝了假冒伪劣产品，更有利于树立品牌形象，走上经营品牌之路，保障企业的长久利益不受损失；直销可以充分调动人的潜能，帮助企业更有效地留住人才，保证企业基业长青的原动力，使企业更有条件永续发展。

五是直销对国家的意义 政府的有力监管，合法的直销公司、合格的经销商每个月都照章纳税，为国家提供了可观的税收保障。大量从业人员的涌入，有效缓解了社会就业压力，尤其是，直销业主要以销售保健食品和营养食品为主，在销售产品的过程中，普及健康教育，倡导积极健康的生活方式，弘扬传统文化，崇尚爱国精神，为净化社会环境、提高国民素质做出了积极贡献，为国家做出了积极贡献，影响深远。这是直销行业对国家的意义所在，也是自己之所以从事这个行业感到很踏实、很坦然的一个重要原因。

作为军人，在部队长期接受着保家卫国的思想教育，那份对家庭和国家的责任感从未放松过。而从部队出来回到地方，置身于这样一个对国家和社会有积极意义的行业，深感自豪，常常觉得自己依然是一个军人，是换了一个环境的军人，一个不穿军装的兵。

最后一点也不容忽视，直销这个行业也有一些弊病，主要是因从业人员不够自律产生的弊病，比如说对产品功效的夸大，对个人能力的夸大，对个人财富的夸大，等等，都是直销里的误区。这些都有待于我们这些从业人员和公司共同努力，营造一个比较好的业态环境，先要在业内自我净化，再逐步影响业外人士，通过业内人士的变化，树立良好的形象，赢得一个良好的口碑，再改变业外人士的看法。当然这需要行业人士的共同努力，需要时间。

史 提到业内和业外，我们自然联想到社会上很多人对直销的看法，可以说，"圈内"和"圈外"对直销抱有完全不同的看法，您是怎么看待这种现象的？

刘 总体来说，业外对直销的看法是负面多于正面，误解多于了解，反对多于认同，排斥多于接受。比如说，业内人士普遍认为：直销是公平的行业、直销是人帮人的事业、直销是会议营销、直销是体验营销、直销是阳光行业、直销是普通人改变命运的最好选择、直销是个人创业的极佳选择、直销是实现个人成长与超越的完美舞台、干直销很好玩，等等。那业外人士怎么认为呢？——直销是人骗人的事、直销是老鼠会、直销就是赚亲朋好友的钱、直销是小生意、直销是没有出路的人才干的事、干直销低人一等、直销很难做，等等，完全相反！

从实际从业者的行动来看也是不一样，比如做了直销的人，尤其是取得过成绩、体会过其中奥妙的人，怎么也不愿意出去，所以有人说直销是条不归路；而没有进来的人呢，排斥、躲避、误解，甚至鄙视，这种现象经常看到，很有意思。

为什么会有截然相反的两种看法呢？这和直销在中国的发展进程有关。上个世纪90年代初期的时候，一些外来直销公司陆陆续续地进入中国。当时，中国市场还没有直销这种经营方式，绝大多数中国人还不知道直销是怎么回事，而人们又渴望致富，渴望过更好的日子，因此到处寻找机会。那时，伴随着一部分正规直销公司的到来，也出现了一些非法公司和一些存心不良的从业人。他们利用中国人对这种方式不了解的弱点，又抓住了很多人想一夜暴富的急切心理，告诉人们只要加入，发展几个人，就可以拿到多少多少的奖金，似乎给人一种错觉，那就是不经过怎么努力，很简单很容易就可以挣到大钱，又极具煽动力地鼓吹这是本世纪最后一次暴富的机会了，等等，用这样的观点和理念误导了很多人，人们在毫无思想准备、没有什么鉴别力的情况下蜂拥而入。但是，宣导归宣导，事实归事实，直销毕竟是一种营销方式，它是有自身发展规律的。当人们怀揣梦想，疯狂介入想淘到金子的时候，由于缺乏正确的理念引导，缺乏必要的专业知识和技能，行业的无序发展和个人心态的失衡，加上错误的选择，致使很多人感到上当受骗。在情感上受到伤害，经济上受到损失，甚至人格上也受到侮辱的同时，在社会上造成了很坏的影响。从此，对直销抱有深深的误解甚至偏见，也就是说，还没有来得及了解正规的直销，就先看到了被做歪了的直销，以至于到今天这种强烈的第一印象还根植在人们心里，难以改变。

可喜的是，近年来，随着国家《直销管理条例》和《禁止传销条例》的颁布，很多人认识到这个行业已经纳入国家监管范围，开始走上法制化道路，越来越多曾经受过伤害或者对直销存有误解的人开始认真地了解直销，走进直销，他们当中不乏在其他行业干得很出色的精英人士，其中很多人已在这个行业里取得了成功。所以说，事实终归是事实，时间会证明一切。

第二部分 不归之路

史 刚才您罗列了很多关于对直销的正面认识，很希望听听您对这些正面认识的具体理解或看法，谈谈这个话题好吗？

刘 好的。

刚才提到了直销是公平的行业，直销是人帮人的事业、直销是会议营销、直销是体验营销、直销是阳光行业、直销是普通人改变命运的最好选择、直销是个人创业的极佳选择、直销是实现个人成长与超越的完美舞台，干直销很好玩，等等，那就分别从几方面细说一下吧。

直销是公平的行业 在这里，我想从直销与非直销的对比角度谈谈自己的认识。你看啊，在一个非直销的领域里，尤其是在一个公司里，岗位的设置是确定的，总经理只能有一个，副总经理只能有几个，部门经理也只能有几个，这些高职位都是很有限的，自然，要得到与这些高职位相匹配的待遇也是很有限的。要想往上走，就只能耐心等待，很多时候不是你耐心等待就能得到的，有的人可能在那个职位上一待就是很多年，甚至要等到他人提升、退休或者调动才有可能轮到自己，对吧？

但直销不是这样的。直销是公司在正式找到你之前，已经把一个完善的晋级制度都设定好了，而且这个制度是通过专业人士经过精算设定好的，以电脑软件程序的方式固定下来，任何人不能轻易地改动，可以说是真正的铁面无私。任何人只要决定从事这个行业，选择好了一家公司，就意味着进入了这个系统，从此后所有的晋升都完全由电脑系统里的标准来决定了，晋升的条件就是要符合电脑程序设定的各种业绩参数，只要你达到标准了，电脑就会自动生成，你就进入高一级别的行列了，并享受相应的待遇。很公平，这就是我们常说的公平、公开、公正的系统，即游戏规则。

这种机制与非直销业最大的不同在于两点：第一，它是按照绝对统一的标准来评判的，规避了人为的因素，很有吸引力；第二，晋升的人数没有上限，一个人达到最高指标，一个人得到相应待遇，一百个人达到最高指标，一百个人得到相应待遇。这种机制，具有极大的激励性，能够最大限度地激励人的潜能，使每一个人都清楚地意识到自己是在给自己干，自己就是自己的老板，它最充分地体现了多劳多得、少劳少得、不劳不得的分配机制。这种机制是符合人性的，因为有这一优势，直销能给到那些没有机会的人一个公平、公正、公开的机会，无论你的背景如何，能力如何，文化如何，都从头开始，电脑不认人，只认数字。

在这样的机制下，人们之间的竞争不存在你死我活的概念，所有的人都有机会，所有的人都有位置，你升得越快，公司越高兴，公司恨不得你们都能快速升呢。对一线人员来说也是这样，别人的出色并不会妨碍自己，别人的成功也不会伤到自己，因为每个人加入有早晚，但成功没有先后，如果你不服气别人，好啊，电脑是公平的，能干出成绩来电脑自动承认，公司自然认可，市场自然知晓；如果你是一个勤奋的人，勤奋的结果很快就能看到，电脑会记录你勤奋的成绩，公司会很快给你回报；如果你是一个懒惰的人，懒惰的结果也会很快看到，电脑也会记录你懒惰的成绩；如果你六十岁，达标了，最高级，电脑同样会生成，公司同样给你回报，而如果你二十岁，做到了，达标了，一样的道理，你就是最高级，没有人会压制你，就这么公平。所以说，直销是公平的行业。

直销是人帮人的事业 关于这一点啊，体现在两个方面：一方面和非直销业的规律一样，做销售的人，要想获得更多的利益，就去给更多的人提供产品或服务，创造更多的价值，这样才能得到相应的回报。只有持续地提供服务、持续地创造价值，才能持续地得到回报，而这个持续不断的过程就是人帮人的过程,销售者帮助消费者的过程。另一方面,直销的奖励制度充满了挑战性和激励性。一个人要想获得更大的成绩,聪明的做法就是寻找更多与自己志同道合的人来合作,在合作的过程中,帮助越多的合作者就越有可能获得更多的回报。电脑系统既会记录他本人的成绩,也会记录他合作者的成绩,而每一个合作者的成绩都与自己有着直接或间接的关系,在这种情况下,帮助的人越多,合作的人会越多;合作的人越多,业绩提升的越快;业绩提升的越快,收入就越高,成功的概率越大。这个过程就是一个不断地帮助别人的过程,帮助了别人就成就了自己,换句话说,成功的大小取决于你帮助的人有多少,如果今天还感到自己不够成功,那就是帮助的人还不够多。

今天,我们看到,有很多人早已获得了成功,从物质上讲,非常的富足了,但是你看到他们依然保持着创业的激情,跟当初创业时一样早出晚归,活跃在市场一线。很多人不理解这一点,认为没必要,或者简单地理解为对方爱钱。其实啊,并不完全是这样的,他们是受着使命感的驱使,为了责任心而战,看到那么多与自己合作多年的伙伴们还没有取得他们想要的成绩,当然于心不忍了,这个时候,油然而生要帮助他们的想法,这样的人在行业里有一大批,不是个别现象,这也是直销成功人士很可贵的地方。所以说啊,在这个行业里,个人的成功就是通过帮助别人成功而实现的。这是一个人帮人的事业。

直销是会议营销 这是从技术层面讲的,但这个技术包含了很多心理学、社会学方面的知识。采用直销方式销售的产品保健品居多。而保健品是从预防的角度解决人的健康问题的,即没病的时候提前防病(古人讲的"不治已病治未病"),在亚健康状态下恢复到健康状态,让已经生成的疾病得到有效控制甚至痊愈。而多数人的思维习惯是这样的:对于没有发生的事、没有看到的事都不相信,至少视作不存在,所以说做保健品的本质是在传播健康知识和理念，倡导健康的生活方式，通过改变人们的观念而改变人们的行为，让保健预防变成一种有意识的行为和习惯，从而改变身体状况，提高生命质量。

如果一个人的观念不改变，他的行为是不会改变的。直销的做法就是把顾客当做亲人或朋友，让他成为永久的消费者和不断重复购买的忠诚客户，在这个意义上讲，直销的销售理念更具有长远性，更能有效规避短期行为；直销公司也因此追求诚信，经销商也因此追求长远利益。但是，改变观念是最难的，举例说明，在一个家庭里，夫妻之间、父母和子女之间、兄弟姐妹之间长期相处，自认为很了解对方，这样的关系基础都经常有意见不合的时候，有的人一辈子都没能把对方改变了，何况是外人。

做直销也是这样的，规律要求人们改变观念，而人们往往拒绝改变，为什么拒绝改变，因为改变是痛苦的，改变是有难度的，怎么办呢？——参会、培训。会议、培训是直销的基本工作方式和形态。可以这么说，没有会议就没有直销。怎么理解这一点呢？你看啊，在一场会议当中，有这样三类人：主讲者（输出信息的人）、带人去听课的人（桥梁）、被带到会场听讲的人（主要接收信息的人）。往往能够上台主讲的人都是取得一定成绩、有一定经验或具有一定演讲水平的人，在一个相对充足的时间内把信息传递出来，比平时的一对一沟通更加全面、系统、立体，再加上参会前人们之间的互动和问候，以及整个会议期间的其他活动安排，都能使参与者有更多的机会接受观念、信息，有时还会有更多的机会体验产品，从而亲耳聆听、亲眼看见、亲身体会到更多，通过这样的过程，就能够有效地传递信息，达到预期目的。换句话说，会场就是一个能量场，每个人身处这个场中，会受到影响。不停地开会，不停地受影响，不停地改变，长此以往，日积月累，改变就发生了。

再说了，从事直销的人，最大的挑战不是环境，不是困难本身，也不是别人，正是自己。人的本质是群体的，一个人孤军奋战支撑不了多少，需要经常与人分享分担，而开会就是最好的方式了。不同地区的经销商，平时在自己的市场耕耘，定期或不定期地聚一下，互相交流学习，对各自都有极大的益处。此外，开会是最迅速、最有效的信息传递方式，在口碑相传的行业里，快速的信息传递就意味着快速的效益产生，信息化时代嘛。

直销是体验营销 这是从另一个侧面对直销的总结。怎么理解呢，从这句话来看，它更多意味着直销的参与性。我们就从一个经销商开始起步说起吧。最初购买产品后，按照这个行业的规律，经销商要做的第一件事就是体验产品，把自己购买的产品最好全部都自己用了，目的是让自己亲身感受和体会产品的效果，从心里信服产品，从心里升起对产品的信心，可千万别小看了这个体验的过程，简单讲，是了解产品，往深处讲，就是咱们古人倡导的"己所不欲，勿施于人"，是一个涉及道德的问题。通常情况下，没有人会愿意把假冒伪劣的产品推荐给自己的亲朋好友的，只有自己有了切身的体验，才能有足够的动力和信心把产品卖出去。说起来也很有意思，你看啊，凡是那种耍小聪明，没有体验产品就开始到处跟人介绍产品多好多好的人，基本上是做不起来的：心里发虚，嘴巴里没实话，眼睛里没真诚，口袋里就没银子了。人做事天在看哪，这个一点儿都不含糊。

直销是体验营销还表现在销售方式和途径上，亲身体验的东西是很难忘的，直销采用会议的方式进行销售，往往在会场举办一些体验活动，比如说现场做产品示范让客户看到、听到、闻到，现场让客户试用，能够触摸到、感受到产品，这些都是体验营销。对于一个经销商而言，体验营销还指从最初起步到走向成功，必须全程经历所有的事，没有捷径，所谓快速只是意味着不走或少走弯路，但在路上要经历的沟沟坎坎是一定会有的，就像一个小孩子学习走路一样，摔跤、跌倒是必经之路，只有经历了才会有体验，只有体验过了才会真正的成熟。这也是你曾经提过的那首歌词里写的那样：路过你的路，苦过你的苦，快乐着你的快乐，幸福着你的幸福。为什么这么理解，心灵为什么这么相通，就是因为有同样的体验。所以直销是体验营销，概括的很好。

直销是阳光行业 谈到这一点啊，想起来心里都觉得充满阳光。你看，首先是咱们从事的行业——健康行业，自古以来都没有衰退过的行业，永远的朝阳产业。自己追求健康，帮助别人追求健康，为自己为自家谋福利，帮助别人为自己为自家谋求福利，什么时候什么情况下都大鸣人放，理直气壮，不用藏着掖着，还有什么比这个更阳光的？帮助的人越多，获得的回报越多，所有回报都由电脑按照事先设定的程序统一计算，不偏不倚，公平合理，不用走后门，不用看脸色，更不用担心奖金被扣除，只需要勤勤恳恳地做好本分，多阳光啊。收入透明，按规定向国家纳税，缴纳所得税由电脑统一计算直接扣除，不会偷税漏税，该缴多少就是多少，来不得半点儿虚假，光明正大地挣钱，多阳光啊。直销讲究明码标价，统一零售价格，没有批发价这一说，全国各地无论在哪里购买产品都是一个价，所有的人购买产品都按照统一的手续办理，全国采用统一的结算系统结账，透明、及时、标准，很阳光。

以上是从事情上理解阳光行业。那从心理上怎么理解呢？在直销业里，永远提倡积极的心态，提倡传播正面信息，提倡树立正确的人生观、财富观，这个"正确的"，就是利于他人的，为他人谋福祉的，正如公司倡导的"自立立他　德行天下"。这些啊，都是阳光行业的证明。所以说直销是阳光行业，一点儿都不夸张。

直销是普通人改变命运的最好选择。说实在的，这一点是直销之所以有这么强的市场生命力、之所以吸引那么多人的重要原因，也是直销的魅力之一。毕竟在我们周围，普通百姓占据人群的大多数，大家也许出身一般，文化一般，能力一般，社会背景一般，甚至长相也一般。直销这种营销方式，抛开一个个的一般，只关注两点：第一，你是否有强烈的改变命运的愿望，就是我们通常所说的"梦想"；第二，你是否能够为这强烈的改变愿望而投入行动，也就是我们通常说的"行动力"，只要具备了这两点，那你就很有可能成为这个行业的佼佼者。之所以这样，是因为，直销的公平、公正和公开性，所有的人机会均等，评判成绩的唯一标准就是电脑系统里的业绩数字。在这个行动的过程中，允许你犯错误，允许你走弯路。你可以从低起点一步步地迈向高点，你可以通过学习一点点地补充不足；你也可以通过行动一天天地提升能力，在大量服务他人的过程中积累人际关系（社会背景），所有以前不完善的地方都可以通过努力去完善。随着时间的推移，你在不断地成长，原来那个普通的人开始变得不普通，原来的命运就得到了改变。

通过努力改变命运的事例在我们行业中太多了，他们当中有小学毕业的，有下岗工人出身的，有二三十岁的年轻人，也有六七十岁的长者。因为他们的成绩，改变了自己的命运，也改变了家族的命运，有的甚至改变了一群人的命运，实现了出国梦、求学梦、别墅梦、英雄梦……各种各样的梦！他们取得的成绩连他们自己当初起步时都没有想到，如果不是选择了这样好的行业，如果没有一个成功的系统，难以想象会有今天，如果不是时间的关系，他们的故事一天一夜也讲不完。令人欣慰的是，在今天，还有很多这样的人正在以这些超越命运的人为榜样，走在"自立立他"的道路上。相信成功者的今天就是创业者的明天，预祝这些正在耕耘的人早日成功！

直销是个人创业的极佳选择　这是相对于非直销业而言的。主要体现在无投资风险、没有三角债、有良师益友的帮助等几个方面。商品经济发展到今天，已经走到靠品牌靠系统运作取胜的时代了，要在这样的市场环境中创业，往往需要大的投资，大规模、独具特点的商业模式，还有观念能力等等综合因素的合理配置，门槛很高，这样一来就把很多创业者挡在了门外。就拿最基础的创业资金这个问题来说吧，如果你想开个公司或者小店什么的，需要先租房子，添置必要的设备，雇人员，打广告，甚至包括建厂房，进购生产资料等等一系列的事，所有这些事情的落实都要用到资金，就算把这些钱都投进去了，还不知什么时候能回本，能不能回本都是未知数。

而直销就不用担心这些了，一开始不需要太多的资金，只要购买一些产品，不用额外投资，如果一定要算投资的话，那也是基本的电话费、交通费、交际费用，这些费用即便我们不做直销也要投入的，没有风险，门槛很低。从长远来看，投入最多的可能就是学习了，而学习这种投资是所有投资中性价比最高、最没有风险的投资，所有的投入将来都会回报给自己，这对创业者来说，免去了创业最大的投资风险。

在经营过程中，直销在结算方面也有别于很多行业。消费者先付钱，再提货，经销商也是先付款再提货，同样的公司先收现金再发货，当月结算，第二月发工资，顾客与经销商之间，经销商与公司之间都不存在三角债的问题，这对于投资者来说是很大的益处了。我们经常看到各行业都有的一种现象，看销售记录，产品走势不错，看库存，货物流动得很快，可一看财务报表，傻了——赤字、负值。为什么呢，全都是三角债，有多少人因三角债大打出手，又有多少人因三角债苦不堪言。这样的例子比比皆是。

此外，做直销离不开团队合作，所有创业者都不是一个人在干，而是有一群人和他一起干。每一个人都不完美，都有自己的弱项，一个个不完美的个人组合在一起就形成一个个完美的团队，所以业内常说"没有完美的个人只有完美的团队"。有一个比喻非常贴切，所有的人就像是坐在一艘船上，这艘船就好比是咱们的平台或制度，出发点就是我们的起点，重点就是我们的目标，所有人都为着同一个目标往前走，能力强的称为船长，会划船的人当舵手，能力一般的做船员，什么都不会的做乘客，听指挥，跟着走。最后，无论舵手还是船员、乘客都同时到达。每个人在这个过程中都不是一个人孤身奋战，而是有良师益友的陪伴，不会的有人教，跌倒了有人搀扶，气馁了有人鼓劲，成功了有人喝彩。在互相搀扶互相取暖的帮衬之下，不知不觉就走到了目的地。

还有一点就是，通常做生意，要处理和操心的事情很多，比如说产品研发啊，物流啊，广告啊，工商税务啊，等等，但干直销就可以不去操这些心，重点管好人员和销售的事就行了。因此说直销是个人创业的极佳选择。

做直销很好玩 提到这一点啊，体会也是很深的。说真的，最初开始做直销的时候，是体会不到有什么好玩的。比如，一开始被邀约去听课，看到那么多人坐在一个会议室里，男女老少都有，干什么的都有，台上有人主持会议，有人主讲，还有人上去分享，讲使用产品的故事，讲销售的故事，讲人生经历，还讲心得体会。一下子接收到很多信息，接触到很多人，眼界大开，思想也跟着活跃起来。每天忙忙碌碌的，认识的、不认识的一群人在一起做事，和以前熟悉的工作方式和环境完全不同，没觉得有什么好玩儿。后来呢，干的时间长了，业绩越来越好了，参加的活动越来越多，内容越来越丰富，活动的规格也越来越高，见识的高人越来越多，对直销的理解和体会也越来越深刻。

直销的工作环境就像是一个大舞台，在这个舞台上，每个人既是演员又是观众。当自己是演员的时候，精心扮演着自己的角色，彩排、出场、投入、付出，赢得喝彩，这个过程充满了兴奋、期待、回味和骄傲；当自己是观众的时候，和台上的演员一起经历这个过程，同样觉得好玩儿，这只是打了个比方。具体到日常的运作中，这个过程充满乐趣，比如说，当我们开始行动时，会有机会与形形色色的人一对一地深度沟通，听不同人的故事，了解不同人的思想观念，思维碰撞，心灵相通，感受到愉快好玩；每隔一段时间，公司或团队会举办一些文娱活动，尤其是新时代公司，几乎每年都有经销商可以参与的文化活动，有才艺表演，有歌咏比赛，还有每年各式各样的团拜活动、誓师大会……因为有这些活动，在市场就有一些相应的社团组织，在这些组织和活动中，很多人等于又多了一个展示的舞台，又多了一个生活圈，让自己没有机会展示的一面得到充分的展示，扩大了交际圈子，这个过程充满了快乐，好玩儿。

另外呢，直销公司也会经常定期或不定期地举办各种性质的旅游活动，直销团队也经常举办各种主题的旅游活动，在旅途中，沟通、交流、分享、研讨、培训、观光、调研、购物、娱乐等多种活动集于一体，一边工作一边游玩，增长见识，丰富思想，结识朋友，还顺便做了业务，快乐多多，收获多多，很好玩。除了这些常规活动外，不同的人还会有其他的一些节目，同一个活动也会让不同的人有不同的体验，这一切，都区别于其他行业，让人觉得快乐，好玩儿。当然，这种好玩儿的感觉是建立在热爱、投入和领悟的基础上的，没有这个基础，就会觉得"直销好累""直销不好玩儿"了。

做直销这么多年，深深体会到，跟做别的行业一样，要想干出一番成绩，不经历风雨是不可能的，但这些风雨并不影响对直销的愉快体验，恰恰相反，干的时间越长，感悟的越多，越觉得直销充满魅力，越不愿意离开这个行业。试想一下，有哪一个行业能像直销这样，越干越轻松，开会就能成交，学习就是工作，旅游还是任务的？少见吧，身处这个行业，不快乐都不行，好玩儿，真的好玩儿。

关于直销的正面评价很多，我个人总结就一点：真正认认真真做过直销并悟出直销真谛的人，出去以后干什么都提不起劲儿来，迟早还会回来，留下来的人，这辈子干直销，下辈子还干直销，离不开了！

史 在众多的关于直销的评价或理论中，有一个说法叫做"直销是营销领域的高科技"，请问您同意这个观点吗？为什么？

刘 非常赞同这个观点。我认为，这是站在一个至高点上对直销行业的高度概括和认可，咱们来探讨一下吧。

刚才说过，直销原本就是一种营销方式，所以它自然归属于营销领域了。在营销领域里，有很多种方式方法，很多种模式、制度，很多种规则，而有种观点认为，直销是营销领域的"高科技"，为什么呢？科技是有技术含量的，有技术就有智慧和能力，而一个"高"字，又形象地告诉了我们它是高端的知识和智慧。具体来讲，直销的高科技体现在以下几个方面：

一是有高端的经济理论基础——市场倍增学 2的N次方是数学原理的几何倍增原理，将这个原理用在商业领域，落实在直销实践中，就是借力使力，依靠集体的力量销售产品，服务客户，拓展市场，可以使时间、精力、知识、智慧成倍成倍地增大，从而使效率提升，效益增大。打个比方，在今天，什么东西可以超越时间的限制、空间的限制快速运转？大概就是宇宙飞船、飞机和互联网了吧？实际上除此之外，还有一个领域可以做到这一点，那就是直销。

直销在市场一线表现出的运作方式是：以口碑相传，通过人脉关系拓展市场，口碑是可以超越时空的，人际关系也是可以超越时空的，这种运作方式凭借着可以超越时空的媒介而超越时空，你说，它是不是高科技？高科技，高科技，就是高端的科学和技术！直销是门科学，有自己的原理和规则，包含很多科学道理；直销也包含着很多技术，复制的技术、传播的技术，等等。也许我们听起来有点儿玄，这有什么高科技的，那些非直销行业不也是可以做到这一点吗？是的，没错，非直销行业的确可以做到这一点。所以，没有必要非把直销当做另类看待，在国外，它跟别的行业一样普通，人们提到直销就像我们在国内提到什么餐饮业啊、服装业啊一样的自然。至于说这里面出现的负面现象和行为，换一个角度，把它放在经济生活的广阔背景下来看，也是难以避免的，谁又能说在非直销经营的行业里就没有负面现象和行为呢？

二是高度信息化 直销的魅力之一是在某种程度上可以超越时间和空间的限制，这种超越基于计算机和互联网的普及应用，尤其是现在互联网上各种互动交流平台的搭建，使直销这一原本就有强大生命力的商业模式更是如虎添翼！

对直销公司而言，内部管理体系的信息化，使信息、知识的传播空前快捷，办公效率大大提高，全国乃至全世界市场统筹运作变成现实。我们常听到的无纸办公、网络会议都是管理信息化的体现。此外还包括高速运转的物流系统、管理系统、品牌建设与传播、意识形态、人力资源等等现代企业经营要解决的一切问题，一个现代企业取胜的一切因素都包含在内。在这个信息化的管理体系中，与经销商业务紧密相连的是电脑业绩计算系统。所以做直销的人，无论身在哪里，市场在哪里，只管尽心尽力做好自己的事，不用担心业绩被漏掉，公司会通过完善的业绩管理系统把分散在全国甚至全世界的业绩统一管理，一个也不会漏掉。

对经销商而言，对信息化的体验更深切。开发市场的过程中，互联网是极好的工具，查资料、浏览网页、网上学习、沟通客户、结识新朋友、业绩管理……都离不开网络。在我自己的业务中，用得最多、受益最多的就是微信群的建立！把团队按照不同的类别分成若干群，定时在群里发布信息、分享心得、了解动态，完成团队管理、培训、信息沟通的功能，使工作效率大大提高。这一切都得益于信息化的发展。

三是有深厚的文化根基 直销提倡通过改变自己而影响他人，而不是先改变别人，再完善自己。在一个依靠口碑和人脉运作的行业里，这一理念太重要了，其实这就是咱们老祖宗"修身、齐家、治国、平天下"这一儒家思想的现代应用，它是涉及个人成长的最基本也是最高的要求了，即：从自身做起，先完善自己，再说别人，而世界上最难做的事就是战胜自己了，一个人如果能做到这一点，那就接近完人了。

高端技术的背后，是高技能、高素质的人。单纯的只有科技能力而缺乏与之相匹配的人的道德素质做支撑，这种科技没有正确的、符合道德秩序的方向引导，那是倒行逆施，违背了天意，很可怕的；反过来，如果只有道德而缺乏能力，这道德少了力量，也是令人遗憾的。因此科技与道德、硬件与软件是相辅相成，缺一不可的。直销很可贵的一点就是它的规律告诉人们：在追求知识、能力、效益、物质的同时，必须追求阳光的心态、健全的心智和崇高的品德，即便不能马上做到，也要不断地修炼，正所谓"胸怀有多大，市场就有多大"，这个观点在直销业里体现得淋漓尽致。所以说，直销业在个人修养方面所倡导的理念，与这个行业所包含的科技含量是相匹配的。

或许今天我们还没有看到那种理想的局面出现，或许业内还有很多有待提高和完善的地方，但毕竟行业的规律是这样要求的，毕竟有一大批从业人员在孜孜不倦地追求那个境界，这就足以让我们看到希望了。事实上也是，现在有越来越多的人已经认识到这一点，开始行动了。

七、关于直销人

史 谢谢您对直销的系统剖析。这么一个有特点、有魅力的行业，它的从业人员也是不容忽视的一个群体，能不能谈一谈您对直销人的看法？

刘 好吧。其实我个人认为"直销人"这种提法不怎么确切，因为它是一个很笼统的概念。比如说卖鸡蛋的、卖红薯的、卖韭菜的都是直销，如果这样广义的来讲都是直销人，应该给它下一个定义吧？可能大家平时所说的"直销人"其实就是指做我们这一行的（至少我们是这样理解的），因为我们在圈内。那圈外呢？圈外的人是不是这样理解的呢，也许人家认为还是商场的直销呢，所以我认为对于这个定义（叫法），可能还需要再考虑一下吧。既然你提到了这个问题，那我们暂且这样叫，顺着这个话题说下去。

据我所知，从行业外来看，人们普遍认为：直销人品位比较低，是弱势群体，这个行业比较乱，多半是骗人的！因此很多有识之士难以进入，很难来做这个行业。为什么大家不来做这个，因为没有把直销当做一个行业或者没有当做主流行业，说白了，没看上这个行业，认为都是那些没吃没喝没能力的人来做的。

第二部分　不归之路

史　刚才您提到在外界人看来，做直销的大部分人是层面比较低的，这是外界的看法，那作为身处其中的业内人士，您对这个群体的认知又是怎样的呢？

刘　坦率地说，过去自己感觉也是水平较低，特别是学习了中国传统文化之后，觉得我们这些人，别说和中国过去的圣贤比，就是跟过去普通的国人来比，我们基本的层面也是比较低的。再加上部分人急功近利、夸大事实、诱骗诱导，导致这个行业自律性不够，就很难在大多数国人的眼里形成一个高品位的行业。

然而，自从国家颁布直销管理条例，将这个行业纳入法制化建设的轨道后，情况就开始发生变化了。尤其是这两三年，随着人们对直销的深入了解，越来越多的老板看懂了这个行业并纷纷加入，越来越多的"白骨精（白领、骨干、精英）"加入直销，越来越多健康的、年轻人士的加入，使业内人员结构正发生着变化，人员素质也随之发生着质的改变。他们的到来给业内注入了新鲜血液，使行业更有活力，局面乐观。

所以，如果今天还抱着过去的观念看待直销业，是不是有些落伍了？还因为直销进入门槛低，对加入的人员无法实行有效的甄选，使得人员参差不齐，给人形成一个低素质、弱势群体的印象。事实上，就个人而言，直销人并不是弱势群体，他们在通往成功的道路上经历了百般锤炼，直接挑战的是自己，因而更加可贵。

史　那能不能说，您所在的公司是这样的，别的公司不是这样？

刘　都差不多，为什么呢，是行业特点决定的。正如刚才提到过的，这个行业没有过高的门槛，它不像是公务员，要经过一番严格考试，达标了才能进入；也不像公司用人，要通过招聘的一系列环节，看中了才能入职，有的还需要再培训。进入直销业从事直销业务不需要这样，几乎没有什么门槛，达到一个购买产品的数额或者向别人推荐产品的数额就可以进来了，因此有很多的消费者之后转做起了直销。这些人里面，年龄不同、地域不同、文化不同、民族不同、生活习惯不同、道德水准不同，导致人员参差不齐，出现一些令人不满的事情。

但是未来的直销人（就是我们说的营销人）就不同了，应该是懂礼貌，有道德，有品位，如果不是这样的人他就无法在这个行业立足！为什么？因为这个圈内的很多人已经意识到了，意识到自己该修行了，以德带市场。如果不能"自立立他，德行天下"（用品德带动团队），还是用那种蒙骗的方法带团队的话，终有一天会失去团队，失去市场。正如业内行话常说的"吸引"：民工吸引民工，成功吸引成功。成功靠什么吸引呢？实际上靠的是德，不是钱，靠的是你的付出，你的爱心，你的人品。

总之，对于"直销人"这个话题，概括来说就是：逐步提升，看好！

史 您曾经多次表达过一个观点，就是"做过直销的人不做直销死不瞑目"，这话听起来有些极端。作为您这样一位有着这么丰富从业经验的人能够这么肯定地说，一定有您的道理，那么能进一步阐明这个观点吗？

刘 当然可以。多年的观察和实践表明，凡是那些真正投入地做过直销并体会过直销魅力的人，无论因为什么原因离开了这个行业，在内心深处都是会留恋直销的，这是由直销本身的一些魅力决定的。因为直销可以唤醒人们内心深处最原始的动力，可以让人充分体验自我实现的价值和快乐，让人真切地感受到自我与真我，这与马斯洛的需要层次论是完全吻合的。可以这样说，直销是这一理论最完整的阐释和体现。如果有人不明白这一点，说明他（她）还不明白直销。

直销是一种文化，这种文化深深影响着身在其中或者曾经身在其中的人，凡是体会过的人，仿佛有一种直销情结，难以释怀。

在未来，随着直销业的发展，直销公司和产品逐渐增多，直销从业人员也逐渐增多，尤其是直销生活化的发展，直销会变成一种生活方式，你经意不经意地就会走进直销，就会和直销发生某种联系。所以啊，有人担心说主流社会没有进入直销，咱们先姑且不谈主流社会的问题，别管他什么社会进来不进来，别着急，那是还没有发展到那个阶段，发展到那个阶段，直销就是一种生活方式，没有什么你进不进来的说法，只要你生活在这个社会，只要你还要消费，迟早都会和这个行业发生联系，那是时间问题，不是意愿问题，等着看吧。

史 您在做直销的过程中最大的困惑是什么？

刘 实际上，最大的困惑是对国家对这个行业的制度的困惑。在很长一段时间，感到国家对这个行业的态度不明朗，就是说，自己一直不明白国家对这个行业的态度究竟是什么。

这个行业从无到有，从有到乱，从乱到"（一刀）切"，从"（一刀）切"到治的过程我都经历了。从直销还没有在中国形成行业时我就开始寻找研究，我认为自斯汀摩公司的出现，意味着这个行业的开始。斯汀摩算是北京最早的了，后来进来了很多，再后来就乱了，乱得一塌糊涂。国家的态度是最让人困惑的，因为不明确，内心不是很笃定，一方面充满激情地创业，一方面又怀疑是否真有未来；一边投入巨大的行动，一边又告诫自己步子不要迈得太大。明明体会到这是一个对他人对社会都有益的行业，可不知道国家为什么迟迟不放开，很困惑。

第二个困惑就是两种截然不同的管理体系带来的改变。从部队机关出来，没有经过中间过渡，直接进入直销业，刚开始的时候根本不适应。在部队的时候，各项规章制度写得清清楚楚，该干什么，不该干什么，都有标准和依据，上下级关系很分明，什么事该向谁汇报，谁管着谁很明确，听话干活就行了，很简单。加入仙妮蕾德公司后，没人管了，自己是老板，自己带团队，自己做自己的事，有时候是领导，有时候又不是领导，被称为领导的人更像是下级，角色似乎错乱了。在部队是一切行动听领导指挥，出来之后是一切行动听自己指挥，很不适应！此外，自己还有个系统，有个团队要管，这个很困惑：怎么带他们，怎么安排工作，很困惑，睡不着觉，吃不下饭，天天琢磨。

再一个困惑就是团队发展不平衡。这个问题太让我困惑了！你越是想让谁做起来，谁越是做不起来，越是没有在意的反倒做得很好，正所谓"有心栽花花不开，无心插柳柳成荫"。另外就是当团队做大的时候，认为该放手了，说不管它了，可它更牵扯你的精力！无论走到哪里都是自己的团队，能不管吗？再不管也要去帮他：听到这个事就得帮，看着谁在讲就要上去说，几乎成职业病了，在此过程中也锻炼了自己的胆量，增加了责任意识。

还有一个直到现在还一直困惑我的问题，就是主流社会很难认同直销，虽然我们直销打造了很多个体户啊、暴发户啊，或者说小资本家呀、企业家呀等等，打造了那么多人，为社会做了那么多的贡献，交了那么多的税，做了那么多的善事，到现在主流社会依然不认可——非常困惑！

史 您刚才谈到的这几个困惑，其实是很多直销从业人员共同的困惑：对国家政策的困惑是早期从业人员都有过的，而现在已没有这些困惑了；不同管理体系下角色转换时的困惑，越是成功人士越容易遇到，

第二部分 不归之路

进入一个全新的领域时，怎么才能躬下身来谦卑地开始，的确是一个挑战；而团队发展不平衡的问题几乎是每一个直销人都遇到的问题，尤其是你说的最后一个问题：如何赢得主流社会的认可？您有没有关于这方面的深入思考？细说一下好吗？

刘 好。思考是一直都有的，从接触直销不久遭到拒绝和误解后就开始思考了，这个困惑可能是本书留给社会的思考，就是要让社会来回答。你提出的这一点恰恰是这个行业今天面临的新课题，是一个行业的困惑，也是直销人未来的问题。

史 假如让您重新做直销，您会怎样做？

刘 这个问题三言两语说不清楚，如果外界条件不变的话，还会像过去那样做：思考、行动、困惑、观察、做决定、锁定目标。行动，行动，再行动！学习，学习，再学习！——简单、专注、要结果，不达目的誓不罢休！就这么做。

可事实是，人生不可能重新来过，历史也不会重复发生。回顾这二十几年的直销生涯，有很多的感触，单纯从技术层面讲，无论什么时候做，那些基本的业务内容和方法都是不变的。综合来讲，如果能够重新做直销，我将在以下几个方面特别留意。

首先，就是比现在更注重学习。与传统营销模式相比，直销是逆向营销，逆向的模式需要逆向的思维方式。所以一开始接触，就需要调整心态，归零、归零、再归零，怀着一分谦卑，踏踏实实地学习，向书本学，向前辈学，在实践中学。学习的速度与效果直接影响着业绩的升降，在达成一个个目标的背后就是自我超越的体现。如果重新做直销，我第一个重视的将是学习。

一是比当初阅读更多的书。直销的特点之一还在于：当你处在这个阶段的时候，永远不知道下一个阶段是什么样的，在这种情况下，只有学习才能弥补。书籍是获取知识、开启智慧的主要途径，不容忽视。如果再做，我会有计划地去读书，把读书当做每日例行的工作去做，把读书目标当做业绩指标的一部分努力去完成，做到知识增长与业绩增长同步进行，天长日久养成习惯，活到老、学到老、干到老。人每天要吃饭以补充能量维持生命，而每天读书好比给头脑和心灵吃饭，让人常活常新，久而久之眼界开阔，功力渐长。

二是紧跟咨询线，向前辈学习。咨询线就是生命线，像一个家庭的血脉一样维系着大家庭的亲情，使身处其中的人时时感到温暖和力量。咨询线的每个人都是自己的老师，有老师是幸福的，多一个老师就多一份力量。在直销起步之际，紧跟咨询线就像是师徒传承中的传、帮、带，能让新手用最短的时间进入角色，从而在实践中快速进步，提高成功概率，客观上消除恐惧感并增强信心；当逐渐熟悉业务后，紧跟咨询线意味着借助更高权威的力量，丰富智慧、提升能力、促进市场发展，可谓"借力使力不费力"，在个人进步和业务发展的关键时候有人指点，有人提携，避免犯方向性的错误，少走弯路；当进入成熟发展阶段后，紧跟咨询线有利于整合资源，合力造势，顺势而为，事半功倍。

三是在实践中学，不断总结找出规律。各行各业都有其"道"，这个"道"是什么？简单说就是规律，而规律是不可以被创造或篡改的，只能被发现和利用。直销是舶来品，到今天都很难找到系统的理论书，基于这种现实，实践和总结就非常必要了。如果重新开始，我会更加注重总结，就像每天学习一样，把每天的业务实践当做案例来分析研究，甚至还会做一些记录整理的工作，比如营销日记啊、案例分析啊、心路历程啊，等等，从中找出普遍规律。这样做一方面促使自己在理论和实践两方面快速提升，另一方面便于更有效地指导后人，一举两得。

其次，比现在更注重复制。直销之所以能够创造财富奇迹，就是因为它基于复制的原理。复制商业模式，复制基本的操作方法，复制基础知识，复制基本技能，复制价值观……可以说，没有复制就没有直销。问题的关键是，什么时候开始复制？如何复制？

先把自己变成一个不折不扣的被复制者。假如再做，我将从一开始就把复制提到日程上，做一个谦卑的学生，紧跟咨询线，听话照做，边做边总结，用行动和成绩落实指导老师的教诲。比如，按时按量按正确的方法使用产品，把自己变成"产品的产品"；按照正确的业务流程及方法规范操作；以归零的心态接受新资讯、新观念；时常反思审视自己的心态、言行；践行行业理念，用行动和结果证明一切！只有这样，才能把自己打造成有专业水准和良好综合素养的领导人。

通过自己的改变言传身教影响他人，复制团队。榜样的力量是无穷的。每个从事直销的人都希望自己能有一支经得起市场考验、既忠诚又能干的队伍。部队生活告诉我：一支富有战斗力的铁军是通过平时严格训练加上环境影响日积月累逐渐打造成的，这就是"养成"。打造一支这样的直销队伍道理相同：严明的组织纪律加上人性化的组织文化潜移默化而成。而团队的核心领导人及领导小组就是实际的榜样。无论在学习方面、业务方面、行为规范还是精神面貌、思想境界、道德情操等方面，都遵循一个原则：自己先做到，再要求别人做到，别人做不到自己也要先做到。关键的一点是在自己做的同时，带着别人一起做——带领成长，伴随成长。在带领与陪伴中，不露痕迹地就复制了，更有效，更人性化。

另一点就是更加注重培养团队精神。一个人的力量极其有限，"众人拾柴火焰高"。直销不是单打独斗，靠一己之力必定走不下去，必须进行团队合作。这么多年，对于团队精神、团队合作、团队的力量体会太深了！

一个有能力的个人只是你个人，一个有能力的团队才是优秀的团队。一个人富有了，仅仅是一个家庭，一个团队富有了，才能使一个团体富有。一个大的团队富有了，才是一个国家一个民族富有了。如果再重新做直销，会把这个考虑在前面，也就是民族的关系。

八、如何看待直销这条路

史 回顾走过的历程，您怎么看待自己当初的选择？

刘 当初的选择很英明，非常庆幸！为什么呢？从最初开始学习做直销的那一天起，自己就被明确的目标引领着。可以说，这么多年来，没有浪费过时间，没有浪费过精力，没有浪费过财力。开个玩笑啊，没有浪费过表情，所有的行为都围绕着自己的目标往前走。在不同的阶段树立不一样的目标，每达到一个目标就再树一个新的目标。

回想刚开始的时候，因为想给自己转业后找一个出路，机缘巧合，选择了直销，真正开始干起来后，就是想改变生活状况嘛，想让家人过得更好一些。后来呢，随着一个个愿望逐步实现，又给自己订立新的目标，这些目标就像是人生的导航，牵引着自己度过一年又一年，充实、忙碌、有成就感，没有遗憾。

看看我们周围，有多少人一辈子忙忙碌碌，到最后发现什么也没干，或者人生留有很多遗憾，难道是他们不想干，是他们没有能力干吗？都不是，而是没有进入一个稳定的能够持续运行的机制里，并且这个机制一定是要有公平、公开、公正的规则。自己是幸运地一开始走向社会就进入了这样一个机制里，在这个机制里，随着它的持续运转就跟着转了起来，转到了时间，转够了量，一不留神就成了被人称为的成功人士。其实个人觉得没有什么了不起，就是定好了目标后，不停地行动，行动，行动；学习，学习，学习；思考，思考，思考。要说了不起，是机制了不起，是新时代搭建的平台了不起。自己在跟着走的过程中，没别的，踏踏实实地过好每一天就是了。

所以，常认为自己很幸运，碰到了好公司、好机会，庆幸自己选择了一个朝阳行业，庆幸进入了一家能够诚信经营的好公司。

史 您又是怎么看待自己选择的这条直销之路的？

刘 这么多年始终认为：这是一条非常有意义的人生之路。

史 对您来说意义具体体现在哪里呢？

刘 对于个人而言，因为走上这条路，把自己从疾病的边缘拉回来，拥有了一个良好的身体，这是千值万值的事。当年从部队转业到地方后，我很快融入到抽烟喝酒的队伍中，直到把身体喝垮——代价太大，太不值得。看看社会上，有多少人年轻的时候用健康换金钱，到老了用金钱买健康，但遗憾的是，健康可以换来金钱，金钱却不能买回健康！那些英年早逝的人们留给我们很多遗憾，活着的人该引以为戒，珍惜生命啊！干保健这一行，每天耳濡目染的全是和健康有关的内容，正反两面的例子都看了很多，听了很多，这种环境，这个过程就是一种教育——健康教育。几乎天天接受教育，干的时间越久，保健意识越强，自然养成了好习惯，受益一生。在其他方面的成长进步就不用多说了。

对家庭呢，帮助就更大了。自己经营保健品，理论学习加切身体验，深知保健品对健康的重要，当然愿意把最好的东西与家人分享了，因此在我的整个大家庭里，上上下下男女老少都不同程度地受益了。和千万个服用产品的人家庭里发生的事情一样，令人欣慰，在这里就不说了。

再者就是走上这条路对社会的意义，让我有机会服务于很多人，有机会、有能力为社会尽一点儿绵薄之力。十几年中，不知推荐了多少人服用国珍产品，也不知因此改变了多少人的健康状况。有的人因为自己的推荐用上了公司的产品，治好了病，甚至挽救了生命。当听到他们由衷的感谢时，觉得自己干了一件多么值得的事，比得了多少奖金还高兴。每当看到他们康复如初，欢天喜地迎接新生活的时候，那种发自内心的快乐是没法用语言形容的，这种价值和意义是难以用金钱衡量的。心灵就这样一次次地被净化，对别人的诚心、关心、爱心就这样一点点地升起，还有什么路比这更值得呢！

还有一些人，想干事，能干事，苦于没有很好的机会，因为自己的推荐加入了新时代，也随着这个机制运转起来，到现在得到了健康，得到了很好的经济收入。看到他们今天的成绩和收获，更是发自内心的高兴，那么多人因为相信自己走进来，和自己一起并肩战斗，共同经历酸甜苦辣，共同分享成功和喜悦；还有更多的合作伙伴们正在爬坡，就像当年的自己一样，怀揣梦想，勤勤恳恳地奋斗着。看着他们，面对身后的追随者，责任心和使命感油然而生，没有理由不去好好干，没有理由不去完善自己。是团队成就了自己，是团队给了我不断的动力，也是团队陪伴自己度过那些日日夜夜，所以说，这条路是充满了价值和意义的奋斗之路，是团队合作梦想成真的路。

用一句话概括，这就是一条"**自立立他，德行天下**"的路！

第三部分

灯火阑珊处

众里寻他千百度
蓦然回首，那人却在灯火阑珊处

　　他登上了公司的最高领奖台，这意味着历经非同寻常的成长历程后圆满达成了既定目标，标志着在一个行业的巨大成功！这成功是许许多多在路上的人曾经、现在以致将来仍在孜孜追求的梦想。凡大成者都有其与众不同的独特之处，这独特往往就是他成就伟业的关键因素。接下来，我们将逐渐走近一个不一样的刘文明：他的业余生活、他的价值观、他的爱好、他的精神世界……以发掘他与众不同的独特之处，继续探寻：是什么样的力量促使他始终保持旺盛的精力和斗志？为什么他能够成为中国如意收藏专家？他何以在两个领域同时取得令人瞩目的成就？他是怎样践行传统文化的？等等。有关成功背后的问题，希望对这些问题的回答能够带给读者更多的启发。

一、关于信仰

史 刘总,前面我们谈了很多关于您本人和118国际系统的话题。聆听这些故事和理念让我受益匪浅,也很庆幸能有机会了解到这么多的往事。一个人的成功固然与境遇、机会和别人的帮助有关,但最重要的还是他内在的东西。为什么在某一个时候他就会抓住机遇而别人没有?为什么在奋斗的路上他坚持了下来而别人没有?这些都与您的内在特质有关。而接下来的话题,希望能走进您的内心世界,谈论一些与直销无关或关系不大的话题。首先要谈论的就是关于信仰的问题,您是怎么看待信仰的?

刘 小时候不知道什么叫信仰,与信仰有关的记忆也不多,只是在家里,父母经常教育自己要做一个好人,要勤奋,不能浪费粮食,等等。后来知道有人信教,佛菩萨啊,玉皇大帝啊,主啊什么的,就是这些。到部队后,加入了中国共产党,宣誓了,从此,就将共产主义作为自己的信仰,直到现在。我个人信仰共产主义,坚定的布尔什维克,坚定的中国共产党党员,这一点从没有含糊过,从入党的那一天就坚信:共产主义肯定能实现,只是时间的问题,从小也是这么被教育的。从小受过的教育已深入骨髓,也从不隐瞒自己的信仰。

个人应该有信仰

　　信仰能使人产生敬畏感，人活在世上是要有所敬畏的。有所敬畏意味着他能够进退有度，才有可能面对困难或诱惑时守住底线，不至于走至极端；相反，一个无所敬畏的人是可怕的人，危险的人。信仰能给人带来幸福感，让一个在现实中不够完美的人怀着美好的希望追求完美，让失意的人心怀希望；信仰能使人产生使命感，一个有使命感的人能够站得更高看得更远，在困难面前不轻言放弃；信仰能使人产生凝聚力，可以跨越地区、种族的局限，把不同文化、不同语言、不同肤色的人团结在一起，使他们能够和睦相处。

　　有信仰和没有信仰的人是不同的。一个有信仰的人是积极的、进步的、善良的，在他们内心深处始终有一个支撑他前行的强大动力，有一个衡量真假、美丑、是非、曲直的道德体系，在关键的时候，这个体系能使一个人产生极大的面对现实的勇气、智慧和能力，使他能够站在一定的高度上看待问题、处理问题，也更有包容和隐忍的胸怀。如果没有信仰，人就像是一叶漂游的孤舟，在没有航标的河流上随波逐流，浪费生命，实在是可惜！

　　在团队中也能看出有信仰的人和没有信仰的人是不同的：有信仰的人更懂规矩，更包容，心态更阳光；没有信仰的人正好相反，往往没有什么追求，方向不明确，缺乏目标感，常常表现得比较自私。在今天，令我们苦恼的很多问题，比如社会风气啊、子女教育啊、经济纠纷啊，从现象上看似乎问题很复杂，但在本质上，很多问题的根源在于人们的信仰缺乏或者是信仰迷失，缺乏在道德层面的传承：家庭的传承、学校教育的传承及整个社会的传承都显得不足。传承是点点滴滴、实实在在、日积月累的，不是一蹴而就的事，需要我们全社会重视起来、行动起来，共同营造一种氛围和环境，长此以往就有可能改善。

有信仰的人是值得尊敬的，他们用一生的时间修炼自己，追求生命的完美，不会轻易随外界环境和人生境遇的改变而改变，让人敬佩不已！尊敬有信仰的人就是尊敬真善美，也是尊敬我们自己。

团队应该有信仰

什么是团队？简单地说，就是按照一定形式组织在一起的人群。人群之所以能成为团队，需要身处其中的人们有共同的目标、共同的价值观、共同的行为模式，其中，价值观是最重要的。而信仰从某种意义上来说就是一个团队的共同价值观，有共同价值观的团队更容易步调一致，更容易产生凝聚力，战斗力自然增强。

有信仰的团队是值得尊敬的。这样的团队方向感更强，道德水准更高，行为更规范、更积极。有信仰的团队最理想的状态就是把信仰落实到日常业务运作中，把我们的产品、我们的公司、我们的事业上升到信仰的高度去追求，即笃信产品是最好的产品，一定能带给自己健康；笃信公司是最好的公司，一定能有长远发展；笃信事业是最好的事业，一定能给自己带来巨大成功。在任何环境下都能不忘初衷，坚忍不拔，永不放弃，保有极高的忠诚度。如果有人用产品，用着用着就不用了，说明他对产品还不相信，还没有笃定到能够坚持下去的地步；如果有人做事业，做着做着不做了，说明他不够笃定，自然没有足够的动力和耐力做到底。

此外，在团队中更应该崇尚德，而不只是钱。金钱买不来道德，而道德却能换来金钱，尤其可以换来持续的、大量的金钱。所以，信仰钱的人做不大，做不长，信仰德的人能够做强做大，做得更好，这一点正逐渐成为很多人的共识。

民族应该有信仰

这几年在学习、践行传统文化的过程中，越来越清晰地认识到：中华民族是有信仰的民族。看看那些古圣先贤们留给我们的精神财富，无不是叫我们追求真善美，做一个道德水准较高、充满智慧、充满使命感的人。古人对于有损德行的言行是非常敏感的，上至帝王将相下至平民百姓都有着很强烈的道义感，这使得我们的民族始终保有顽强的生命力，一脉相承，生生不息。遗憾的是，不知从什么时候开始，这些宝贵的精神财富逐渐减损，以至有人发出感慨：中国人没信仰！

从积极的角度看，中国很多人是有信仰的，世界主要的几大宗教在中国都有着数量不小的信徒，另有很多人虽没有正式成为信徒，日常生活中却长期遵循着和信徒相近的道德规范，这样的人不计其数。部分人没有信仰，不能代表整个中国人都没有信仰。然而，面对现实，不得不承认：现代的中国人普遍信仰缺失，少部分人保有正确的信仰。什么是正确的信仰呢？那些能引导人从善、从美、从真的理念主张就是正确的信仰。所以，不能代表整个中国就没有信仰，对于这个问题，我个人的看法就是不必太悲观，并不是所有的中国人都是这样。

现在媒体非常发达，信息的传播速度很快，当有些事情发生的时候我们能在第一时间了解到第一手信息，而中国人接受信息的习惯是"好事不出门，坏事传千里"。在很多时候，并不是我们的生活中没有阳光，而是阴影更容易被传播，在这一点上，直销业提倡的永远传播积极信息的理念就非常好了。中央电视台每年都有一个大型的活动，"感动中国十大人物"评选及颁奖活动，看看那个节目，就知道在中国还有多少让人由衷敬佩和爱戴的好人，他们来自各行各业，感人之处各不相同，有工作上的，有生活上的，有金钱上的，有道德上的……让人为之动容，为人性的美好感动。如果我们的媒体经常报道这样的节目，经常宣传这样的人物，那整个社会的价值取向会逐渐被调整，大家的感觉会更好。在南方发生冰雪灾的时候，在汶川地震的时候，在一系列灾难来临的时候，你还是能从那些国人的行为中看到人性的光辉，这些都是我们效仿的榜样，也是值得尊敬的人。

总之，信仰让人永远活在希望中，活在一种积极向上的相信中，相信自己，相信未来，相信一切美好的东西；信仰对于一个团队来说更是至关重要，它让一个团队充满勇往直前的动力和斗志，让身在其中的人倍感力量和温暖；信仰对于一个民族来讲同样重要，一个有信仰的民族，会是一个生生不息、积极向上的民族，它的存在本身就是人类的幸运！人类的骄傲！精神世界因有信仰而高贵，现实世界因有信仰而美好，在这里我特别想说：

有信仰的人是值得尊敬的，向有信仰的人致敬！

有信仰的团队是所向披靡的团队，向有信仰的团队致敬！

有信仰的民族是伟大的民族！向有信仰的民族致敬！

二、践行传统文化

史 接下来，我们的话题将锁定在传统文化方面。熟悉您的人都知道，您是一个非常尊崇中国传统文化的人，请谈谈这方面的心得好吗？

刘 说真的啊，当得知你要提问关于传统文化的时候起，就一直感到压力很大，为什么呢？这个话题太大了，太高深了，对于我这个初学者来说，实在是很吃力，这不是谦虚，是真的。不信让你看一样东西啊，是从网上下载的，罗列的是传统文化的表现形式。今天趁这个机会，把它摘录下来，一起了解一下，先看看吧，网上是这样总结的：

诸子百家

- **传统纵览**：仁、义、礼、智、信、忠、孝、悌、节、恕、勇、让；琴棋书画、三教九流、三百六十行、四大发明、民间禁忌、民间习俗、精忠报国、竹、民谣、黄土、长江、黄河、红、月亮……
- **农业文化**：农家、农民起义、锄头
- **皇宫官府**：宫廷文化、帝王学
- **诸子百家**：

  儒　家：孔子、孟子、荀子，《论语》、《孟子》、《荀子》；仁、义、礼、智、信，《中庸》

  道　家：老子、庄子，《道德经》、《庄子》，道法、无为、逍遥

  墨　家：墨子，《墨子》，兼爱

  法　家：韩非、李斯，《韩非子》

  名　家：邓析、惠施、公孙龙，《公孙龙子》

  阴阳家：邹衍，五行、金、木、水、火、土

  纵横家：鬼谷子、苏秦、张仪，《鬼谷子》、《战国策》

  杂　家：吕不韦，《吕氏春秋》

  农　家：《吕氏春秋》

  小说家：《汉书·艺文志》

兵　家：孙武、吴起、孙膑，《孙子兵法》、《吴子》、《孙膑兵法》、《司马法》、《六韬》、《三略》

医　家：扁鹊

艺　术

- **琴**：笙、笛子、二胡、古筝、箫、鼓、古琴、琵琶

  十大名曲：《高山流水》《广陵散》《平沙落雁》《梅花三弄》《十面埋伏》《夕阳箫鼓》《渔樵问答》《胡笳十八拍》《汉宫秋月》《阳春白雪》

- **棋**：中国象棋、中国围棋、对弈、棋子、棋盘
- **书**：中国书法、篆刻印章、文房四宝（毛笔、墨、砚台、宣纸）、木版水印、甲骨文、钟鼎文、汉代竹简、竖排线装书
- **画**：国画、山水画、写意画；敦煌壁画；八骏图；太极图（太极）

传　统

- **十二生肖**：鼠、牛、虎、兔、龙、蛇、马、羊、猴、鸡、狗、猪
- **传统文学**：唐诗、宋词、元曲、明清小说、歌、赋，《诗经》、《三十六计》、《孙子兵法》、四大名著
- **传统节日**：元宵节、寒食节、清明节（祭祖）、端午节（粽子、赛龙舟、屈原）、中秋节、重阳节（敬老）、腊八节、除夕（大年三十、红包、守岁、团圆饭）、春节（正旦、元旦、元日为代表）
- **中国戏剧**：昆曲、豫剧、湘剧、粤剧、徽剧、汉剧、京剧、皮影戏、越剧、川剧、黄梅戏；昆曲脸谱、湘剧脸谱、川剧脸谱、京剧脸谱

■ **中国建筑**：长城、牌坊、园林、寺院、钟、塔、庙宇、亭台楼阁、井、石狮、民宅、秦砖汉瓦、兵马俑

■ **汉字汉语**：汉字、汉语、对联、谜语（灯谜）、歇后语、熟语、成语、射覆、酒令等

■ **传统中医**：中医、中药，《黄帝内经》、《伤寒杂病论》、《本草纲目》

■ **宗教哲学**：佛、道、儒、阴阳、五行、罗盘、八卦、司南、法宝、算命、禅宗、佛教、观音，太上老君；烧香、拜佛、蜡烛

民　　间

■ **民间工艺**：剪纸、风筝、中国织绣（刺绣等）、中国结、泥人面塑、龙凤纹样（饕餮纹、如意纹、雷纹、回纹、巴纹……）祥云图案、凤眼、千层底、檐、鹜

■ **中华武术**：南拳北腿、少林、武当，内家外家，太极八卦

■ **地域文化**：中原文化、江南文化、江南水乡、塞北岭南、大漠风情、蒙古草原、天涯海角、中原

■ **民风民俗**：礼节、婚嫁（红娘、月老）、丧葬（孝服、纸钱）、祭祀（祖）；门神、年画、鞭炮、饺子、舞狮

■ **衣冠服饰**：汉服、深衣、襦裙、唐装（盘领袍）、唐巾（幞头）、直裰（道袍）、舄、云端履、千层底、绣花鞋、老虎头鞋、维服、俄服、哈服、京服、朝鲜服、藏服、苗服、银饰（苗族）、旗袍（满族）、蒙古袍、肚兜（满族）、斗笠、帝王的皇冠、皇后的凤冠、丝绸

其 他

- **四大雅戏：** 花鸟虫鱼、牡丹、梅花、桂花、莲花、鸟笼、盆景、斗蛐蛐、鲤鱼

- **动物植物：** 龙、凤、狼、麒麟、虎、豹、鹤、龟、大熊猫……
  梅兰竹菊：梅花、兰花、竹子、菊花；松、柏

- **器物随身：** 玉（玉佩、玉雕……）、瓷器、景泰蓝、中国漆器、彩陶、紫砂壶、蜡染、古代兵器（盔甲、大刀、宝剑等）、青铜器、古玩（铜钱等）、鼎、金元宝、如意、烛台、红灯笼（宫灯、纱灯）、黄包车、鼻烟壶、鸟笼、长命锁、糖葫芦、铜镜、大花轿、水烟袋、鼻烟壶、芭蕉扇、桃花扇、裹脚布

- **饮食厨艺：** 出门七件事：柴，米，油，盐，酱，醋，茶；酒、茶道；吃文化、中国菜、八大菜系（鲁、川、粤、闽、苏、浙、湘、徽）、饺子、团圆饭、年夜饭、年糕、中秋月饼、筷子、鱼翅、熊掌……

- **传说神话：** 女娲补天、盘古开天地、后羿射日、嫦娥飞天、夸父逐日……

- **神妖鬼怪：** 神仙、妖怪、鬼怪、幽冥；玉帝、阎罗王、黑白无常、孟婆、奈何桥…

（上述资料来源：百度网《百度百科·传统文化》）

史 啊！这么多内容，还是第一次看到对传统文化这么全面的介绍，真是包罗万象啊，难怪您感到有压力呢！

第三部分　灯火阑珊处

刘　平时咱们总说传统文化、传统文化，到底什么是传统文化？有哪些内容？看看这个，看一下这些表现形式，真是令人汗颜！咱们也习惯说中国文化博大精深，到底博大到什么程度，精深到什么程度，一看这个就知道了。其实我觉得在传统文化这一块儿，自己还是个刚刚起步的小学生，根本没有资格评论什么，更谈不上有什么成熟的见解，这方面还有很多功课要做。今天一定要谈的话，那我就是怀着学习、交流的心态，谈谈个人这几年的感受吧。

传统文化是一个很概括的大概念，里面包含了很多内容，既有像刚才罗列的那么多表现形式，又有它的本质，形式的多样性容易让人眼花缭乱。本质被掩盖在形式后面，再加上"传统"二字，就容易让人觉得它过时，很陈旧，以至于产生排斥心理。实际上，这是误解。其实啊，看看这些表现形式，我们可以知道，生活在今天的中国人，哪个人离开过传统文化？我们生活在中国这块土地上，每年过的是中国的新年，中国的节日。改革开放以后，西方的节日开始传入中国，中国年轻的一代也开始过洋节日了，比如什么圣诞节啊、情人节啊、复活节啊，等等，也很热闹，但是你看，政府没有规定这些节日中国公民必须放假，我们绝大部分中国人过的还是中国的节日，我们每年还是要全家团聚过春节、放鞭炮、吃元宵、吃粽子、吃月饼。小孩子们从小都听过什么哪吒闹海、玉皇大帝的故事……至于婚丧嫁娶、迎来送往的各类习俗更不用说了。无论我们这一代，还是现在玩着电脑长大的年青一代，都不曾脱离过传统文化的氛围，因为我们的父母，父母的父母都是在这样的文化氛围、价值取向中长大的。只要生活在中国的中国人，我们血液里流淌的就是这个血液，就有着中国文化的烙印，无论你喜欢不喜欢，承认不承认都是这样的。

传统文化是我们中华民族及其祖先在漫长的历史进程中所创造的优

秀文化，是中华民族几千年历史的结晶，它以儒家文化为核心，兼容道家文化和佛教文化，构成传统文化的三大支柱体系。中国传统文化历史悠久，上下五千年，内涵博大精深，丰富多彩，高深莫测，创造了人类文明史上的奇迹。其中最出色的表现是在春秋战国时期，涌现出一批优秀的大家和作品，比如儒家孔子的《论语》、孟子的《孟子》、荀况的《荀子》，道家老子的《道德经》、庄子的《庄子》等诸子百家，他们的作品流芳百世。这些优秀的文化源远流长，历经数千年而不衰，是祖先留给我们的宝贵精神财富。

传统文化从表现形式上来看是包罗万象，异彩纷呈，而从本质上来讲，它的核心内容就是道德教育。说到道德这个话题，更是让人感慨万千。中国是一个崇尚道德的国家，古圣先贤的典籍都从不同角度教育我们要做一个有道德的人。多年来，尤其是改革开放后经济的发展和西方思潮的影响，使得我们在传统文化的继承方面出现了断层，以至于道德的提升速度普遍低于经济发展的速度，人失衡了，在很多时候，你跟人再谈道德的时候，似乎没有那么理直气壮，这是不正常的。那么究竟什么是道德呢？在这里还是要跟你推荐一下在网上看到的这篇介绍，觉得总结的非常好，分享一下，一起学习吧，它是这样总结的：

道　德

道德究竟为何物？什么是道？什么是德？

道是宇宙整体自然的规则，自然的秩序，自然的纲领。举例来说，我们人的身体，从母亲生下来之后，整个身体器官就按一定的规则在运作，整个身体的运作规则，就是道。道不是谁设计的，自自然然就是道。如吃下的食物自然就能被消化吸收，走路时，各个部位的肌肉自然就能够彼此协调运动。人在世间如能随顺自然的规则就是行道，这是多么科学、多么自在的生活！

行道有得于心，行道有得于身，谓之德，它是局部运作的原理原则。譬如我们的眼睛是一个局部，眼能见，见就是眼之德。眼之德能见、耳之德能听、鼻之德能嗅、舌之德能尝，每个器官皆有它的特殊作用与规则，若规则错乱，人就生病了。

天有天道，人有人道，人与自然环境相处也有其道。如果我们了解了人道的内容，在人与人相处时，就自然能和谐有序，从而减轻现今人们所承受的来自人际关系紧张、人事冲突频繁的精神压力。如果我们掌握了人与自然环境的相处之道，怎么会遭受生态危机和自然灾害的威胁？即便是君子爱财，也要取之有道。这种种人类生存之道就在传统文化里。

人道伦常

现在我们通过人道伦常揭开传统文化及现状的一角：

五伦关系——道德伦常——失道德伦常。

夫　　妇——夫唱妇随——家庭矛盾加剧，离婚率攀升。

父　　子——父慈子孝——父母"教养"孩子，自身却老无所养的颠倒人伦，人丧失了做人的基础。

兄　　弟——兄友弟恭——兄弟关系淡漠，甚而反目为仇。

君　　臣（领导者与被领导者的关系）

　　　——君礼臣忠——工作场上，上级欺压下属、下属反叛上级或单位。

朋　　友——朋友友信——人与人相互欺诈，没有人情和信义。

我们想在何种人际关系和社会环境中生存？是人际关系和谐，社会秩序井然，人们生活工作心情顺畅，有安全感，还是从家至社会人际关系反常、紧张，社会缺乏诚信和规则，冲突加剧，人们精神压力大，内心痛苦，缺乏安全感。

　　道不是制度学说，而是自然的关系法则。道德也没有古今、中外的界限。人行道，心有所得则生智慧，身有所得则健康长寿。道法自然，所以道德本身绝不是人为的框架，而是随顺自然的产物。

　　我们不能不佩服古圣先贤随顺自然的大智慧，我们不能不感恩留下并传承这悠久传统文化的中华祖先。

　　如果我们都能做顺道有德之人，则各个家庭、社会问题就会迎刃而解，天下太平。

　　　　　（上述资料来源：搜狗网《搜狗百科·传统文化》）

　　你看，从这段文字中能够很清楚地明白：道德是一种规律，是人与人相处、人与自然相处的法则，或者说能够带给我们福祉的方法。可惜的是，在现今社会，我们更多地关注了"道"的教育，而忽略了"德"的培养。这样的结果就出现了人格有缺陷的人，这样的人大量存在于社会中，又会影响社会风气，带来更多污染而导致恶性循环。这种恶性循环表现在社会的方方面面。比如说，一个孩子出生后，在最初的几年时间里，家长会给他讲故事，这些故事往往都包含了很多德育内容在里面，上幼儿园以后，也会有德育的内容给他。然而从上小学开始，孩子的教育逐渐被更多的知识、技能课替代了，像英语啊、钢琴啊、奥数啊、绘画啊……再大一点儿就是中考、高考，一系列为了生存和竞争而做的努力。在这个过程中，德育逐渐被现实的功课所代替，技能训练放在了比思想教育更重要的位置上，加上社会环境的影响，他们看到的都是充满物质诱惑的社会现象，久而久之，道德缺失了，迷茫了，迷茫的一代逐渐长大成人、成家立业、生儿育女，又开始新一轮的孩子教育。

第三部分　灯火阑珊处

这就是今天的现状，比较普遍。所以我觉得啊，教育好下一代，首先要把自己这一代的问题解决了，自己都没有做好，怎么去言传身教啊，中国最需要教育的是成年人，而不是孩子，孩子是跟成人学的，家长是孩子的第一个启蒙老师，一个不合格的启蒙老师又怎么能培养出优秀的学生呢？这是从家庭的角度看道德问题。

那么从个人发展的角度看道德问题。快速发展的经济社会给每个人提供了无限发展的可能，换句话说，就是个人有着决定命运的自由选择，太大的自由往往意味着不自由，太多的选择往往就没有选择了，物极必反嘛。在这些机遇和选择当中，我们常常注重的事情是在名、利、权、财方面的利益，而忽略了事情在仁、义、道、德方面的利益，纷繁复杂的现象让人眼花缭乱，正如歌里唱到的："雾里看花，水中望月"，看不清真相，辨不出方向，在自由的空间、自由的选择中迷失了自己，导致物质与精神、财富与人品、权利地位与胸怀境界、名气与正气不匹配，就是现在常说的"德不配位"现象。

道德的真谛就是让一个人平衡发展，人与自然和谐相处，当德不配位的时候，人就失衡了，一个失衡的人是不能长久承载的，承载不了，必然难以自立。多年来的生活阅历让我认识到一点：一个人想要获得成功，要想让自己活得快乐，尤其是想拥有更大的成功和快乐，一定要修炼自己成为一个有道德的人，德有多大，财有多广；德有多厚，财有多大。古人说"道高一尺，魔高一丈"，这个魔不是别的，恰恰就是自己的心魔，而降服这心魔的法宝不是道本身，就是自己的"德"。

再从社会的角度看道德问题。每天你打开电脑，看电视，看报纸，因缺乏道德而发生的恶性事件就更多了，不用动脑子就可以轻易地举出一些例子来……这一切都在给我们警示：需要认真检查一下我们的道德了，"人之初，性本善"，和谐的环境需要道德秩序，脆弱的人心呼唤道德回归。

所以说啊，学习传统文化，除了要了解传统文化的表现形式外，最重要的是接受传统文化的道德教育，这才是传统文化的灵魂，有了这个灵魂，我们将受益一生。

放眼世界，从更广阔的范围看中国传统文化。随着科技发展和信息化的不断深入，世界地理概念的淡化，世界经济一体化，世界文化的交流与融合，中国风、韩流、俄罗斯年、法国年……各种文化交流活动，都使全世界的人逐渐走出原有文化的局限而广泛交流，在世界文化的交流与融合中，中国传统文化也将以它对人类社会的积极意义而受到推崇。作为中国人，我们更有责任学习、继承和发扬传统文化。那么作为今天的中国人，我们毕竟生活在现代社会，不可能回到古代，不可能完全照搬古人的东西，我们究竟该怎样做才好呢？这个问题我思考了很久，也困惑了很久。随着学习的深入，认识渐渐清晰起来：

● **一个民族不能没有根，一个人不能忘自己的本**

中华民族是优秀的民族，这个民族千百年来一直流淌着优秀的血脉。我们是中国人，中国人就应该知道中国有什么好东西，中国的根在哪里。多少年来，世界的几大文明都衰落了，唯独中华文明保留了下来，为什么能这样，是因为中华民族有着良好的文化传承，有充满智慧的文字，有继承传统的良好习惯。几千年过去了，朝代更替了多少？历史人物更换了多少？山河变化了多少？唯独文化带着这么强的生命力流传了下来，这就像是家族的血脉，又像是一个人的灵魂，血脉不断，遗传基因就不变，灵魂不死，精神就永存。

作为炎黄子孙，不能忘记自己的本；作为一个民族，不能没有自己的根。这个根是什么？这个本是什么？就是民族文化，就是祖先留给我们的精神财富，物质的东西都会随着时间和环境的改变而变化，但精神不同，继承了祖先的精神，我们就有了原动力。上天给黄皮肤黑眼睛赋予了天人合一的价值观，我们就该继承这些，而不是生搬硬套别的。所以说，要继承传统文化，不忘根本，在继承保留根本的基础上再去学习别的，就不会丢失自己最宝贵的东西，人也不容易迷失方向。

怎么才能做到不忘根本呢？——学习。躬下身来，虚心学习。说实在的，就拿刚才我们分享过网上关于传统文化表现形式的那部分内容来说，光是了解一下这些形式，弄清楚每一种形式是干什么的，就够我们研究很长时间了，更不用说掌握它们了！从出生到现在，我们常年生活在中国，听的是汉语，说的是中国话，读的是方块字，无论有没有意识到，无论喜欢与不喜欢，我们都生活在中国文化的氛围里，长期受着中国文化的熏陶。在这种环境下，对自己的文化又有多少理解呢？顺着这篇资料一条一条地对照，看能把里面多少内容说清楚，给自己打个分，这一对比，就知道自己的差距在哪里了。诸子百家，仅仅一个儒家都还没有弄清楚，别说其他家了。再看看关于中国的传统：传统节日、传统戏剧、传统建筑，传统文学，等等，都有点儿印象，但都不透彻；对于民间艺术更是如此了，只知道一些皮毛，其中的精髓知之甚少，至于其他的就更不用说了。真是惭愧啊！汗颜！汗颜！

这一切都是我们的祖先几千年的智慧结晶，是人们在生活生产实践中总结出的好东西，这些宝贵的财富曾经给人们带来过太多的利益，现在乃至将来仍然是指导人们生活工作的法宝，作为中国人，不能丢弃，有责任继承、发展并应用。

● 传统文化能够带给我什么

带来智慧。传统文化是中华民族在长期生活和工作中的智慧结晶，像一个巨大的储存库，可以提供给我源源不断的精神食粮。每当遇到困难或感到困惑时，只要从传统文化中吸取力量、寻找答案，往往就能收到意想不到的效果。所谓"半部论语打天下"，形象地说明了圣哲们的教诲多么有力量,那我们学习很多呢?

带来快乐。认识到万物运行规律,就知道如何顺应规律调整自己的行为,调整自己的心态,让自己的身与心和谐相处,与家人和谐相处,与合作伙伴、朋友及所有人和谐相处,与天地自然和谐相处。如果能做到这一切的和谐,就可以体会到温暖、快乐、美好幸福的感觉。

带来充实的精神。学习传统文化,就要不断补充传统文化知识,几千年留下来的精神财富,倾尽我一生的时间也学不完,在学习的过程中无疑会丰富自己的精神世界,何乐而不为呢。

带给我更大的使命感。对传统文化了解得越多,越为中华民族感到骄傲,越为自己是中国人感到骄傲,也越觉得有责任、有义务弘扬传统文化。为什么呢?论出身,我是山东人,出生在孔子的故乡,应该以他为师为友;论身份,自己最早的身份就是一名军人,军人以服从命令为天职,在战争年代,保家卫国,在和平年代,国家需要一批人在弘扬传统文化方面有所作为;论职业,自己是一个专职的营销人,公司"发展民族产业,造福人类健康"有我的一份,118国际系统"共创爱心伟业,共铸民族魂魄"更有自己义不容辞的责任!每当想到这些,尤其是想到对118国际系统的责任时,一种崇高的使命感就油然而生,再累再忙也都无所谓了。

● **个人和团队是传承传统文化的载体**

传统文化也好,现代文化也好,抽象而具体,抽象在它的本质掩藏在丰富多彩的想象中,具体在它有载体:一栋楼房、一个水杯,甚至人的举手投足,你都可以找到文化的渊源,都包含着某种文化。无论我们承认不承认,只要是中国人,就是传统文化的载体!个人是文化的载体,团队也是文化的载体。学习传统文化,继承传统文化,就是要把传统文化中的精髓变成自己的潜意识,融入到日常生活和工作中,落实到

第三部分 灯火阑珊处

自己的言谈举止里，让自己在行为上、在思想深处、在精神领域都是一个有着传统文化修养和价值观的人。

刚才说过传统文化的核心是道德教育，而道德教育的对象是人，学习传统文化，贵在身体力行，在实践中落实，克服人性中的弱点，让自己日趋完善，以便影响更多的人。

直销是做人的工作，人的工作最难做的那部分就是思想工作，如果团队里每个人都按照统一的道德标准要求自己修炼自己，这个集体就容易形成统一的价值观，思想工作就不难了。传统文化的道德教育就是最好的价值观，有了统一的价值观，就容易形成统一的行为模式，有了统一的行为模式，才能产生团队动势。所以，做直销的人都离不开中国文化，即使将来做到全球市场也离不开中国文化。正因为如此，更要努力修炼自己，鼓励并带领团队成员努力修炼，成为传统文化的优秀载体。

● **继承传统文化是要继承其精神内涵，而不是形式**

这一点认识就是说，继承传统文化反映事物本质规律的有价值的、高尚的、美好的东西，而不是全盘照搬。比如，有一些朋友学习古圣先贤的经典，背诵了很多，平时跟人说话时也不由自主地套用古人的原话，出口成章，还是文言文的，能看出来下了一定工夫，很敬佩。只是说的人一套一套的，很顺口，而听的人呢，没有一些文言基础还真听不懂呢，一时半会儿还反应不过来。再有就是跟人见面时也完全模仿古人的样子，双手合十，弯腰鞠躬的，这样行不行？似乎也没什么不对，就是一时半会儿不知怎么回礼更合适——没经过训练，不知腰弯到什么程度算合适。

由此我经常思考这些问题：当我们用"之乎者也"的语言跟我们那些玩着电子游戏、说着网络语言长大的孩子们讲传统文化的时候，他们能听进去几句？当现代人西装革履、礼服盛装出席在社交场合的时候，双手抱拳、弯腰鞠躬的方式是否最佳？该不该这样做？——也许需要请教一下礼仪专家吧。当然，这毕竟是在继承传统文化方面的一种行动，践行的活动值得肯定。

史　在您看来，直销与传统文化之间有没有什么内在联系呢？

刘　有！感悟比较深的有两点。

一是直销理念与传统文化价值观方面。 直销倡导的很多理念都非常好，而这些理念是行业内通用的，这一点反映出这些理念是符合人性、符合规律的。直销是舶来品，伴随着这种经营方式的到来，中国市场也被输入了附着其上的价值观。用发展的眼光来看，时代在变，很多观念也在变，在中国市场，随着直销业的发展，未来也需要在意识形态方面有更符合中国国情或公司经营理念的价值观教育，而这种价值观应该是普世的价值观。接触传统文化后，我逐渐认识到：传统的经典就是最好的直销励志教材，中国的古圣先贤就是最好的领导人修炼的榜样，中国的直销业需要有中国的普世价值观——儒释道精神！

直销里的很多观点是与儒释道精神完全吻合的，像我们经常强调的"感恩""诚信"等，都是中国文化内涵中非常好的东西；直销注重的"行动力"，就是古圣先贤们提倡的"勤"；直销常讲的"选择公司的几大标准""成功的几大心态""领导人修炼的几大主题"等内容，其深刻道理都可以从传统典籍中找到依据，只不过我们没有用中国话的表达方式表述而已。

直销以人脉为基础，以口碑相传为途径，以会议营销为运作方式进行组织营销，完全依赖人们的互动，这种营销模式决定了它具有丰富的人力资源，是比较理想的文化传播载体。中国有很深厚的传统文化积淀，古圣先贤们总结出的道理、规律都适用于今天。作为后人，我们有责任弘扬民族文化的瑰宝，古为今用，发扬光大；作为新时代的一分子，我们可能需要做的功课是如何把传统文化道德教育的精髓应用到直销中，这是需要很多人共同努力的一项系统工程。

二是团队关系与传统伦理道德方面。 走在直销的道路上，要面对团队成长过程中的一系列问题，比如，如何激励士气、如何培养人才、如何培养合作精神、如何解决团队矛盾，等等。其中，营造良好的人际关系是重要的一环。

长期的观察和经验告诉我们，团队关系类似于家庭关系。在一个大家庭中，上有老，下有小，旁边有兄弟姐妹，外面有左邻右舍，再扩大点儿范围，还有亲戚朋友……怎样处理这些关系是一门学问。我们的祖先历来重视家庭，强调一个人对家庭的责任，尤其注重家庭伦理道德的维护。从《弟子规》可以看出，当小孩子刚开始接受教育的时候，就告诉他们在家庭里该怎样对待父母、怎样对待兄弟姐妹，出门后怎么和朋友相处，以及一个人在家庭内外应该有的基本行为规范。而在一个团队里，我们有一脉相承的咨询线，有自己的合作伙伴，有兄弟团队，还有远在外地的新时代人，甚至还包括同行朋友……同样需要处理好这些关系。在处理团队关系时，完全可以借鉴家庭关系原则，比如，尊敬师长、爱护幼小、善待兄弟姐妹、处理好邻里关系，把这些落实到团队关系中，自然知道怎么跟咨询线、合作伙伴及兄弟团队相处，这样一来，团队关系就很好处理了。

史 之前您提到继承传统文化贵在身体力行的落实。据我所知，您在带领团队学习《弟子规》方面做了大量的工作，能不能谈谈您是怎么做的？最好详细一些。

刘 好的。最早接触《弟子规》是在2005年，一个很偶然的机会，在别人给的一本佛教小册子里面看到了《弟子规》。当时就像是阅读任何一本到手的书一样，迅速浏览了一遍，觉得这是给小孩子们讲的东西，属于儿童启蒙教育读本，成年人不需要学习，这事就过去了。直到2007年，结识了北京师范大学的沈立老师，走进他的课堂，跟着研究生班学习《弟子规》。

通过学习，对照自己的实际情况，第一次认识到：和古圣先贤的教诲相比，自己做得远远不够！自己的孩子也做得远远不够！孩子没做好是家长的责任，在继承传统文化的精髓方面断层太深，以至于作为一个成年人，我们连先祖们对孩子的要求都没有完全做到，何况教育孩子，真是惭愧！从那时起，就开始认认真真地学习《弟子规》，也让孩子学习，还专程去了《弟子规》的作者李毓秀的家乡参观，同时萌生了要践行《弟子规》的想法，但怎么践行还没有一个明确的思路。

正在思考这些问题的时候，有人推荐了净空法师的访谈节目《和谐拯救危机》，是一张光盘。记得当时几乎是一口气看完的，大概五六个小时还多吧，之后又断断续续地反复看了几遍。在这个节目中，净空法师深入浅出地剖析了当今世界人们关心的问题，包括和平、环境、社会和谐、家庭伦理道德，等等，引人入胜，发人深省，好像经历了一次心灵的洗礼，特别是他在访谈中提到有关《弟子规》的事，深深触动了我。老法师说，电脑有系统而人没有系统，《弟子规》就是人的系统。他有感于当今世风日下，有感于空谈和谐而没有实际效果，对人类的未来深感忧虑，想给人们做一个示范，就在安徽的汤池小镇进行实验。他从全国各地精心挑选、严格考核，物色了几十个愿意身体力行《弟子规》的志愿者，到汤池小镇向人们宣传《弟子规》，并用他们的实际行动让人们体会到学习《弟子规》的诸多好处。

这个片子和这些事迹震撼了我，启发了我。人生的必修课之一是要懂得如何做人，不会做人，这一生也休想有很好的成就。做人最主要的根本，就要从家庭开始，对上孝敬父母，对周围友爱兄弟姐妹，将此延

第三部分　灯火阑珊处

伸开来，出门在外，尊敬领导，团结同仁，关爱他人，关心社会。

《弟子规》是一本讲述做人之道的人生宝典，语言浅显易懂，道理深刻，蕴含着做人的真理。它教给我们如何做人的一些基本规范，透过这些规范，使人在日常生活的点滴处修身养性。学习、理解、落实这些基本规范，修身会得到进步，家庭会得到幸福。《弟子规》写成的初衷是作为古代蒙学，就是儿童启蒙教育的教科书用的，可以说是培养孝子贤孙的经典教材。在古时候，很重视儿童教育，了解教育好小孩的重要性，也懂得如何把小孩教好。为什么他们这么重视？因为小孩一生下来，没有受到社会的污染，很纯洁，你教他善，他就善；你教他恶，他就变成恶；你教他读书，他就会朗朗上口；你教他跟兄弟姐妹友爱，他就会友爱；你讲故事给他听，他会牢牢地记住，所以如果错过小孩这一段的学习时机，就非常的可惜。而这被错过了最佳教育时期的小孩长大后，成家立业，生儿育女，又成为下一代的家长，自己没有被教育好，再去教孩子，自然难以教好。

今天，我们看到很多家长忧心忡忡，觉得自己的子女很难教，不晓得如何教起，也很担心社会上有那么多的诱惑，会把孩子引偏。在这种情况下，如果每个做家长的都能以身作则，言传身教，做很好的表率，让子女来效法，做好孩子的启蒙老师，就有可能给全社会的孩子创造一个好环境，那我们的下一代就有希望了，社会更有希望了。所以啊，今天的成年人很有必要学习《弟子规》。这就是《弟子规》在今天对于人们的现实意义之一。一部《弟子规》，寥寥1080个字，经过了几千年的考验，到了今天还有这么重要的现实意义，值得学习，值得推崇。光学习是不够的，更重要的是行动，把它落实到日常生活中最重要。好了，行动吧！就这样，我决定举办"《弟子规》手机学习班"，以此作为起步，开始践行传统文化。

2009年9月28日，第一期"《弟子规》手机学习班"正式开学。共招收了83个学员,每天学习时间是早上6:00~6:30之间,为期90天。具体方法是:所有人跟我一起利用手机学习《弟子规》,每个人将当天所学所感写成信息发给我,然后我根据每个人发来的信息批改作业,再以信息的方式分别发回给每个人。在这一系列方式中,每一个环节都不是随便制定的,都有讲究。比如开班时间的选择,那一年是孔子诞辰2560周年,开班的日子就是孔老夫子的诞辰日,想以这个方式纪念这位伟大的圣人;招收83个学员是因为那一年是净空法师83岁,感恩他老人家的开示,真是醍醐灌顶;为期90天,一是因为《弟子规》一共360句,每天四句,刚好是90天学完;二是因为,通常来讲,一个人养成一个普通的习惯需要21天,而养成一个终生的习惯大概需要90天的时间,希望大家都能养成早起学习的习惯,所以选择90天;选择用手机学习,成本低,工具灵活,方便复习,适合成年人。

  手机班有一些很严格的规定:必须是每天早上6:00~6:30这个时间段,过了这个时间就被淘汰出去,不能跟着学了;每天发来的短信必须包含三个内容,即:(1)今天学习的四句话原文;(2)你本人对这四句话的理解;(3)你是如何根据这四句话去做的。如果没有写全这三方面内容的也被淘汰。还有就是,在这90天中不能有任何一天的中断,无论什么原因中断也会被自动淘汰。当然,这个过程对我本人的要求更严:我必须在半小时内看完83个人的短信并以最快的速度回给对方,回信不能群发,必须一对一回信;给每一个人回短信时要写上他(她)的名字,落款还要写明我的名字。这要求我快速反应、快速书写,90天里天天如此。制定这么严格的规定,正是我办这个班的另一番用心所在,后来的事实证明了这番良苦用心没有白费。

  史 在半小时之内给83个人分别回信息,还要写对方和自己的名字——很难想象怎么能有这么快的速度!您真的就是这样做的吗?怎么做

第三部分　灯火阑珊处

到的啊？

刘　做到了。不信你可以去问那些参加学习班的人。全靠在当时注意力高度集中，头脑反应快，手指利落。这个基本功是年轻时在部队练成的（在部队是做侦听的，眼、耳、手、脑必须同时快速协调），至今仍受益。感谢部队！

史　佩服！后来呢？

刘　第一期开班后，83名学员，坚持到最后的只有6人，就是说，这6个人严格做到了以上所有的规定：每天一封短信，原文、感悟、如何做的，90天里一天也没有中断！

这说明了什么？我经常说，成功就是五分钟的事，但这五分钟不是开始的五分钟，而是最后结束的五分钟。很多人习惯于凑热闹，凭一时的兴趣和心情决定一件事，凭当时的感觉去做一件事，过不了多久就放弃了，久而久之，放弃便成了习惯。从83人到6人，规定是一样的，不偏不倚；做的事情是一样的，不难，很简单，谁都会做。那为什么最后只剩下了6人？这是坚持的力量，差别就在这里！

第一期学习班结束后，我又连续办了四期，每一期的规定不变，并对每一期的人员动态做了数字统计，下面是记录的内容：

第二期，开班66人，剩下9人；
第三期，开班60人，剩下3人；
第四期，开班50人，剩下0人；
第五期，开班90人，剩下10人
……

为什么常说"剩者为王"？为什么总是少数人成功？这几组来自实践的统计数字强有力地给出了答案：只有少数人能坚持到底！

坚持，是成就事业的最重要的因素，甚至是决定性的因素。一个人的品质如何，是否有成功的特质，就全看这个坚持了。没有坚持，做人难以担当；没有坚持，做事难以圆满；没有坚持，就没有理想的人生！甚至透过这个坚持可以看出一个人的品质，人生的品质也在这日复一日的坚持中定了性。

从2009年开始，一共办了五期，历时两年多，其间发生了很多让我感动的事，也收获了很多。比如说，有的人为了学习，以前不会用手机发短信，现在开始使用手机；有的呢，因为手机断电啊、欠费啊、信号不好啊、出差啊等等原因没有在规定的时间发来短信，已经被淘汰了，但还是坚持跟着走，我多次告诉对方：你已经被淘汰了，不用发了。但对方仍然坚持每天发过来，还对我说：学习班可以淘汰我，但自己不能淘汰自己，学习不能放弃！还有的呢，自己学习，还动员周围的亲朋好友跟着一起学习……

最让我感到欣慰的是，他们通过学习《弟子规》，都不同程度地意识到自己的不足。经常有人分享心得体会：过去不知道孝敬父母，现在知道自己错了，做得很不够，决心改正；过去在接人待物方面自认为还可以，现在通过对照弟子规，觉得自己差得很远；过去经常睡懒觉，现在开始早起；过去不注意生活中的细节，现在开始注意了；过去在人际关系方面总是很紧张，现在通过学习知道该怎样与人相处了，等等。在这里，不妨看看他们当中一部分人学习《弟子规》的感悟吧，这些都是他们本人亲自撰写的。

第三部分　灯火阑珊处

附录：团队成员学习《弟子规》的心得体会

懂得做人的一些道理

《弟子规》原名《训蒙文》，是清代李毓秀（今山西运城人）根据宋朝朱熹的《童蒙须知》改编的，后经清代儒生贾存仁修订，改名为《弟子规》，是一本教导儿童怎样待人接物的书籍。它三言成语，简洁明了，浅显易懂的文字里蕴含着许多做人的道理，不仅对教育少年儿童，对于成年人在生活、工作、家庭等方面也有着重要的意义。《弟子规》又是一本集中国传统文化的精华，浓缩了传统八德（孝、悌、忠、信、礼、义、廉、耻）知识的教育范本，是一种道德品质规范，并要求我们身体力行。

在恩师刘文明先生的感召下，我加入学习并践行《弟子规》的行列。跟随恩师初学时有些不习惯，因为恩师带领我们学习的方法比较独特：每天早上6:00～6:30用短信发送一句完整的《弟子规》学习内容及注解并加践行。习惯是21天养成的，前7天真的很刻意，需要每天5:00起床学习，当时觉得好痛苦；坚持到14天时稍微好一些，不那么难耐了；21天过后渐渐好了。现在，早起学习已成为我每天生活中不可或缺的一部分了。通过学习《弟子规》，让我明白了如下一些做人的道理：

百善孝为先。行孝是为人子的本分，但我们往往注重大孝，不注重从细小的事情做起，而《弟子规》恰恰就告诉我们行孝必须从细小入手，要做到孝心常在，并非一时之念。"树欲静而风不止，子欲养而亲不待"，行孝需越早越好。从我做起，做好表率！

懂得感恩。要常怀感恩之心，仁爱待人，正确处事。感恩父母，感恩周围的人，感恩这个世界，感恩一切！

谦虚恭敬。人的一生是一个不断修行的过程，修行本身就是在积德。待人接物要怀有恭敬之心，为人要谦虚。内外兼修，德才兼备，内在的谦虚才有外在的恭敬。并且边学、边做、边修正。

总之，学习《弟子规》，就是要把圣人的教诲贯彻落实到生活的点点滴滴，落实到平日的一言一行。学习《弟子规》不仅是一个提高个人修养的过程，更是一个思想升华、心灵净化的过程。践行《弟子规》是需要坚持的，身体力行至关重要，让我们每个人都从自身做起，从小事做起，通过自己的改变来影响和带动身边的人。共同营造一个和谐健康的社会环境。

太原：张　静

品味经典　完善人生

《弟子规》是中国古典文化中的精华之作，它以弟子"入则孝，出则悌，谨而信，泛爱众，而亲仁，行有余力，则以学文"为中心，具体列述了弟子在家、出外待人接物与学习上应该恪守的行为规范。

为了传承中华文明，弘扬民族精神，刘文明老师在2009年9月28日举办了第一期《弟子规》学习班。由于这个班很特殊，学员来自全国各地，所以用手机发短信的形式每天带领我们学习并践行《弟子规》，收到了意想不到的效果。

刘老师要求学员每天学习四句话并做解释，于早晨五点发短信给他，刘老师看后会回复每位学员的短信。刘老师可谓是用心良苦，他的坚持、他的贯彻、他的落实、他的用心、他的规范深深打动了每位学员，大家学习起来非常认真，每天都有被淘汰的学员，有的学员尽管被淘汰了，但还是很执著地坚持着学完。我是第一期学员中侥幸留下的一位，可以说，如果没有他的带动是坚持不下来的。

通过学习践行《弟子规》中的感恩文化、诚信文化，大家抱怨的少了，讲话浮夸的少了，都以感恩的心向刘老师学习，脚踏实地、一丝不苟地做好本职工作，还利用业余时间阅读了大量刘老师推荐的书。通过学习实践《弟子规》，浮躁的心渐渐安静了下来，开始有了归属感，同时学会了如何与别人沟通，如何有效地帮助他人，用心做事，用心待人，无论在家庭还是在团队都营造了一种亲切、温馨、和谐的氛围。

以后的日子，我们仍然会坚持学习和践行《弟子规》的内容，绝不做表面文章，为构建和谐团队而努力。

北京：欧阳男男

80后，从点滴做起，超越自己！

导师刘文明先生是中国传统文化的践行者和推广者，他不但在事业上获得了令人羡慕的辉煌成就，同时还将传统文化落实在团队文化的建设中。作为公司的创业元老、团队的领军人物，刘老师每天事务繁忙，但他依然放下身段挤出时间亲自带领团队成员同修《弟子规》，作为其中的学员之一，为期90天的学习，自己在第82天的时候被淘汰了！尽管这样，还是继续跟着老师学完了全程，对此我感悟良多……

《弟子规》手机学习班要求学员每天早上6点至6点半学习《弟子规》并发短信给刘老师，刘老师认真批改后又回发给我们每一位学员！晚发或不发者视为违规立即淘汰，三百六十句每天四句，即90天为一个学期。看似简单的事情最终的结果让人意外！我是第四期的学员。在三个月的时间里，我坚持每天早上六点钟起床，按照导师的要求读经典，写感悟，发信息，交流心得，闭门思过，阅读了近十本书籍。90天下来，开阔了视野，增长了知识，磨炼了意志，培养了积极的心态和思维方式，养成了好习惯，对未来充满了信心和希望，深感欣慰！

　　导师经常说人与人的差距就在脖子以上，投资大脑就是投资未来，对这点我深信不疑。刘老师从十多年前的普通军人成长为今天的行业精英，为大脑做过多少投资？其间有过怎样的努力和坚持？在艳羡他辉煌成就的同时，谁又知道那背后的付出呢？所以常常以恩师为例告诫自己：成功是确定了目标后，采用正确的方法，加上坚持的结果。每天早上当老师四点钟起床学习时，自己在做什么？自己能否像他那样持之以恒呢？当我询问很多朋友被淘汰的原因时，他们会告诉我很多种原因，比如手机欠费，手机没电了，或者其他……我听了后反省了两个问题：第一，如何才能避免同样问题发生在自己身上？答案是用心经常去提前检查；第二，如果我被淘汰了，会以何种态度面对？答案是不找任何借口，自己做事自己承担。因此，在距离结束仅剩8天时我被淘汰后，心平气和地接受，这是自己的原因，是自己淘汰了自己。

　　作为一名80后，也了解到社会上很多人对我们这一代人的担忧：心浮气躁、高不成、低不就，虚度青春、荒废年华。对于这个观点我持中立态度，愿引以为戒。一棵树要长成为参天大树，不能拼命只往上长，更重要的是要往下深深地扎根，否则，偶然的成功难以持续，只会是昙花一现的浮华。刚学《弟子规》时有的朋友不理解，甚至不屑一顾：那么简单的东西还要学吗？其实，我也了解它简单，但更明白"三岁小孩都知道，八十老翁做不到"的道理，知道并不代表能做到。学习《弟子规》最重要的一点就在于要去践行，要将其中规范的大大小小一百多件事情完全做到位，这就不简单了。在学习的过程中，我认真对照《弟子规》的教诲，努力落实到行动中。现在做的仍然不到位，但跟几个月前的自己相比，已经有了极大的改变：心态更加淡定了，而每天要做的就是超越昨天的自己；战胜自己就是成功，不断超越自己就是一种优秀的品质！

三个月的学习与实践，感受太多，对我人生的影响甚至无法用语言来表达！感谢恩师如此用心的培养和付出，能够跟随导师同修《弟子规》是自己莫大的荣幸。感恩导师，请接受学生深深鞠躬！

北京　赵景泉

孝为做人的根本

《弟子规》是中华民族古圣先贤留给子孙的行为规则范本。我从2012年7月18日开始跟随恩师刘文明先生一起学习《弟子规》，体会收获如下：

首先通过每天四句话12个字持续不断的学习（读、写、译文并结合自己的工作、生活运用），使自己对《弟子规》全文有了更清晰的了解。它包含"入则孝""出则悌""谨""信""泛爱众""亲仁"六门主课及"余力学文"等七大部分内容。其中"孝"为做人之本，孝之道分三个层次：小孝孝其身，供给父母基本的吃、穿、住等物质需求。中孝孝其心，满足尊长精神需求。若人只尽小孝，就如同家中饲养牲畜一般，只有将小孝、中孝同时做到才有资格称爱家之孝。大孝者服务社会大众，为国家为民族为人类而付出，孝于天下，可称为大孝。

由此孝道的三个层次，联想到现实生活和工作。在父母心中最大的牵挂和安慰是子女的健康、安全、快乐，身体发肤受之父母，养好身体，干好工作，快乐地生活，足以安慰父母之心。其实质是真正的"中孝"之道。用优质的国珍系列产品供养父母之身，助其健康长寿，这是小孝之道。

最感慨的是，在我们周围，看到多少兄弟姐妹，因为贫穷难以自立，有孝心而无孝行；又有多少人因不了解父母之心，简单粗鲁之"孝行"，反而让父母不开心，有孝行而缺孝心。常常见到很多伙伴拿着国珍产品孝敬父母，而父母因怕花钱而拒绝服用。爱家之孝，以情为主，必要时善意的谎言也是孝心，才能使孝行落到实处。我个人体会孝顺父母关键在于让老人开心、顺心、放心。父母养育子女时有一个观念叫"养儿不算饭账"，天下父母对子女的付出是默默无私的，今天我们又何必在父母面前显示我们孝尊之物的现金价值呢？在这个问题上我有一条小经验跟大家分享一下：当初母亲怕我花钱而不愿继续服用国珍产品，我们就想了一个办法，将包装上价格的百位数涂掉，又以员工内供之幸供给母亲，母亲便开心而自豪地继续使用产品了！

从事新时代事业数年经历，每每感到自豪，同时也有颇多感慨。

"发展民族产业，造福人类健康"，绿色、健康、环保、央企，本是利国利民之大事。做好新时代事业可称是"大孝"之举了。

总之，《弟子规》是通过"居家""生活""社交""处世""学习"几方面全方位地从人生的细处着手，直到成长为圣贤之人，本质是在教育一个人从心灵到行为的改变，注重实际的行为而非表面文章。如"同是人类不齐""凡是人皆需爱""财物轻怨何生""尊长前声要低""称尊长勿呼名，对尊长勿见能""言语忍忿自泯"……短短几十个字揭示了多少人类社会规律、居家处世法则，对帮助我们认识世界，对于我们的工作、生活、做人有多么大的指导意义啊！

《弟子规》，有良师慈母之德，有造贤成圣之功！

湖南怀化　马桂生

学习《弟子规》的收获和感想

"时代"这个词是什么意思，估计很多人没有仔细地去分析过，其实我觉得不同时代赋予着不同时代人的使命和价值观。在我成长的时

第三部分　灯火阑珊处

代,被大量的西方文化充斥着,盲目地认为外国的东西都是好的,狂妄地认为随意、随性才能彰显自我的个性。直到有一天我走进了一个新的时代,这里的文化彻底洗涤了我的灵魂,在这里结识的一个人彻底影响了我的心灵,这个人就是恩师刘文明老师。

在一次偶然的机会里我认识了刘老师,知道了新时代,知道了新时代公司所秉承的中国5000年的传统文化,古圣先贤们在那个时代为我们留下了宝贵的精神财富,泽及后代,功在千秋,如果能够学习和吸收古人留下的文化,对于我们就是福报。走进新时代之前对传统经典一无所知,当听到老师第一次说起《弟子规》的时候,我把它理解成佛家的什么经之类,心想:怎么进这家公司还要学什么"经"呢?但转念一想:反正我认可刘老师这个人,他让学的一定会有用,那就跟着学吧。就在自己学到第三天"孝"篇"父母呼,应勿缓;父母命,行勿懒"的时候,才恍然大悟:我不配为人子女、为人母亲啊!我对父母做的太不到位了!对长辈做得远远不够啊!我愧对自己的父母,愧对那些长辈们!自己就不是一个合格的孩子,怎么能教育好自己的孩子呢!想到过去的种种不到位之举,在家大哭了一场,越往后学,反思越多,越觉得太有必要学习了!

以前,早上经常睡懒觉,要父母喊好几遍才能起床。自从跟随刘老师学习后,按要求早上6点到6点半学习,那种精神的力量使我90天的学习没有间断过,有时候也想偷懒,但是想想老师那么成功还要为我们付出,良心上就觉得不能辜负老师,全程学完后深深体会到收获最大的是自己!90天的学习让我看到了光明,照见了过去那个很不完善的自己,找到了修炼自己的方向和途径,人生也因此有了新的希望。这一切都有赖于恩师的指引,感谢恩师!

第一次90天全程学完后,觉得并不能完全落实到实处,于是开始第二轮的学习,学习《弟子规》不仅对自己有用,对孩子有用,还对家庭、对社会都有用，古圣先贤创造了灿烂的文化，而继承弘扬传统文化是时代赋予我们的使命，我会遵照圣人的教诲，跟随老师学习下去，将《弟子规》践行到底，并将传统文化分享给身边的朋友，用实际行动感恩父母，感恩老师，感恩古圣先贤！

兰州　边　静

学习《弟子规》心得体会

跟随刘老师学习《弟子规》的过程，算得上是我第一次真正深入接触传统文化。由于年纪大了，眼睛花了，所以在了解《弟子规》的文义之后，我的学习方法就是诵读。而在诵读《弟子规》的过程中，我发现心更加有定力，更加喜悦。

《弟子规》是旧时儿童启蒙读物。如果说家喻户晓的《三字经》偏重于知识学习，那么《弟子规》则偏重于做人做事的规范和准则，可以说《弟子规》的核心是礼仪，教育我们如何为人处事、接人待物。《弟子规》讲述的是看似很浅显的道理，一说就明白，但做起来并不容易，很到位地长期做下去更不容易。细读《弟子规》，发现其中的道理正是我们最无知和薄弱的地方。时下太多的人，强势的自我，浮躁的心态，对人对物多了一些淡漠和防备而少了一些关怀和感恩。古人训诫我们做人要孝顺父母、友爱兄弟、关怀朋友，能做到这一切是因为心怀感恩，因为感恩，对人对物才会有虔诚的敬仰之心，尊敬发自内心，而后谦虚谨慎地做人。人人都这样，社会容易和谐，家庭更容易幸福，人生也更容易成功了。

通过学习《弟子规》也让我感悟到：时至今日应该重新定位我们的教育，引导孩子学会如何对人对事，减少现在社会功利思想下年轻人自私自利的行为。同时更应该在新时代的事业中践行《弟子规》，把中国

第三部分　灯火阑珊处

的传统文化融入到我们的团队建设中，让每一个新时代人都能拥有一颗感恩的心，做一个有德行的人。这样我们的团队才会有生命力，我们的事业才会基业长青。

　　　　　　　　　　　　吉林白城　付秀英

刘　连我自己都没有想到，即便有那么多人没能跟上走完全程，还会有这样的收获，可见圣贤的教诲多么可贵，传承他们的智慧多么值得！而在这个过程中受益最多的不是别人正是我自己！你想想，90天，每天早上在30分钟内跟这么多人互动，接收这么多人的心灵感悟，自己该有多富足啊。

　　他们的理解弥补了我的偏颇，他们的思想丰富了我的思想，他们的认可给我以鼓励，他们的收获给了我莫大的快乐！所以啊，心里常常涌起对这些同修的感恩之情。令我深感不安的是，有一些年龄比我大，很有学问的人，还一直坚持跟着学习并称自己"恩师"，真是受之有愧！不错，学习班是我发起的，但在内心深处从没把他们当做是自己的学生，而是当做我的同修——我只是带头学习先哲的智慧，和大家一起践行古人的教诲，充其量起了一个桥梁的作用，没有资格做别人的老师，真正的老师是那些古圣先贤。

　　另外，带领大家通过短信学习《弟子规》毕竟是阶段性的工作，为了巩固学习成果，我还把《弟子规》原文编入118国际系统《成功效率手册》中，每天一句，希望《弟子规》的内容深入人心并变成日常行为习惯，这是践行《弟子规》的延续吧。

史　刘总，听了您的这些介绍，看了大家写的心得体会，我本人也很受教育。教授《弟子规》的人很多，学习《弟子规》的人也很多，而像您这样，每天清晨在半小时之内给每个人发信息一对一地辅导点评的方式，还是第一次听说。您这种做法的本身已经超出了简单的"教"的范畴，您是在用自己的实际行动"做"《弟子规》啊，这种行为本身就足以让人肃然起敬了！终于明白为什么那么多人称您为"恩师"，这不仅仅是对一位老师的尊称，更是对言传身教的老师发自内心的感恩与尊敬！借此机会，也向您表达我的敬意……

刘 大家这样称呼是对我的鼓励，也是他们的修养，其实自己觉得愧对这两个字，还差得很远，需要继续努力。

三、关于如意收藏

史 刘总，可以看出，您是一个注重实效、反对空谈的人。在践行传统文化方面，除了带领大家学习实践《弟子规》外，您还有更让我们尊敬的地方，那就是如意收藏。很多人可能不知道，您除了是新时代健康产业集团一位成功的五星级经销商之外，还是中国如意收藏第一人呢！去过您办公室的人都知道，您的办公室简直是个如意博物馆，展示了那么多材质不同、年代不同、造型各异的中国如意，接下来我们就这个爱好谈一下好吗？

第三部分　灯火阑珊处

刘　好。这是个很愉快的话题,谈什么都不如谈这个愉快,很乐意分享。你提吧,想问什么问题,想了解什么,只要是我知道的,保证知无不言,言无不尽。问别的,"打死我也不说";问如意,不打我都说!(笑声)

史　收藏家们选择收藏项目时,多半会按照材质收藏物品,比如收藏玉啊、石啊、木啊什么的,而您选择专门收藏一种物件,并且是古代中国流传很久的物件,请问当初是什么原因促使您开始收藏如意的?

刘　多年以前,看到我的很多战友都搞收藏,他们有的收藏邮票,有的收藏军刀,还有的收藏石头,等等,每一个人收藏的东西不同,藏品数量不同,收藏的理由也是因人而异。但我发现有一点是相同的:每当他们谈起自己的藏品时都眉飞色舞、滔滔不绝,喜悦之情很明显地表现出来。看着他们那满足而高兴的样子,我深受感染,再看看他们实际的文化程度、经济实力和个人能力,觉得自己如果搞收藏应该不次于他们吧。

分析一下自己,平时除了收藏一些书籍外,没有什么更多的收藏。自己不抽烟、不喝酒、不吃肉、不打麻将,可以说没有什么不良嗜好,工作之外也没有特别的业余爱好。这样的一个人应该把能量转到别的事情上,而搞收藏又比较健康、文雅、有文化,是一个不错的选择,于是萌生出了也像他们一样搞收藏的想法。

紧接着就开始行动了。大量翻阅资料,到处去看,多方收集信息,了解收藏业的情况,力图找到适合自己的收藏项目,边寻找边思考。在确定收藏项目的时候煞费苦心,琢磨了很长时间确定不下来。当时想,如果收藏石头吧,需要很大的地方,在北京房价太高(当时还没买房),投入太高;收藏瓷器吧,需要专业鉴定,操作起来比较复杂,也有风险；收藏字画吧，咱文化不够，感到底气不足。但是有一点我很明确：在中国搞收藏，必须是收藏那些有中国文化内涵的东西，即让人一看就是咱中国的，不是外国能有的。本着这个原则，大概找了两年的时间吧，最终选定了如意。

为什么选择如意呢？第一次看到如意的时候，不是在市场，也不是在别人家里，更不是在什么古玩拍卖会上，而是在一个佛龛前，作为一个供品摆放在那里，当时我还不知道它叫什么，就满怀好奇地询问法师：这是什么？老法师告诉我，这是一个法器，叫如意。简单一句话，就让我立刻联想起平时常说的"吉祥如意"四个字。回去后，我开始查资料，搜寻关于如意的知识。这一查，有了重大发现，原来如意是中国独有的国礼啊！中国的、独有的、文化的、便携不占地儿、好保养、好保存，还有这么美好的寓意，这不就是自己日思夜想的好项目吗？行了，就是它了！确定，收藏如意！

就这样，选择了如意。

史 平时我们在节假日互相祝福的时候常喜欢说"万事如意""吉祥如意"。从字面上理解，"如意"就是随人心意的意思，这和您作为物件收藏的如意是一回事吗？究竟什么是如意？它是在什么时候、怎么产生的？请更多地介绍一下这方面的知识好吗？

刘 好的。当然，首先正如你理解的那样，顾名思义，如意就是合乎人的意愿之意。作为汉语里的一个词语，它表达了人们的美好愿望和感情，因为如此，就有了种种如意图案，以比喻吉祥之意。例如吉祥（大象）如意、辈辈（牛背）如意、诸（猪）事如意、人生（人参）如意、万（万年青）事（柿）如意、洋洋（羊羊）得意、平安（花瓶）如意、年年（鲶）如意、代代（布袋）如意、四艺（琴棋书画）如意、一生（花生）如意、必（笔）定（锭）如意、马上（马背）如意、四合（四个）如意，等等，它们被古代的绘画、建筑、家具、服饰、玉器、瓷器、竹木牙雕等广泛运用。这些都是和如意有关的文化艺术及作品。今天我们着重谈论的是作为实体物件的如意。

如意是从什么时候产生的呢？这个问题也困扰了我很长时间，收藏如意多年，也曾请教过很多人，查阅过很多书，如意发源的时间至今没有搞清楚。由于年代久远，历来在学术界很少有关于如意的研究专著，关于如意的历史演变几乎无据可考（这也是学术界的一个空白吧）。查过很多资料，收获甚微，都不是很确切，现代的文字资料很少，网上有一些介绍但说法不一。

网上资料显示，据有关文献记载，"如意"的起源与我们日常生活有着密切的关系，是由古代的笏（也称"朝笏""手板"）和搔杖（如今叫"痒痒挠"）演变而来的。因当时人们用它搔人手够不到的痒痒处，可如人之意，所以叫"如意"，这种如意柄端一般做成手指形状，用来搔痒，是日常生活中的一种实用工具；另一种来源于"笏"的如意，主要是用于记事的，后来称为佛家和道家的法器，是佛僧讲经说法时的备忘工具；除此之外，在我国古代，如意还曾是防身器物，战争中也有用以代替麾作指挥的工具，但更多的是被古人视为吉祥之物。后来，如意的形态和作用逐渐发生了分化，一支保留实用功能在民间流传；另一支强调吉祥含义，向纯粹珍玩演化而发展成工艺品，成为王公贵族们的专享礼品，以至于后来荣升为国礼。这里有一些从网上搜集到的关于如意发展历史及相关知识的资料，这些资料总结的更好，咱们一起来了解一下吧。

如意的渊源始于秦汉时期已有的一种挠痒工具，俗称"爪杖"。因人手不能到之处以其代劳挠痒，可尽如人意，故得"如意"之雅号。如意因其造型扁平，携带方便，常被古人用做指指画画的器物。

六朝时期，贵族知识阶层盛行清谈之风，在宣讲演说之时为烘托声势，常借用此物比画指点，以作谈兴之具，别有一种风格和韵致。由此，借用如意助谈兴致的做法很快盛行到各种场所。尤其是传到佛家僧侣当中，更是灵活使用，平添了实用价值，在宣讲佛经时手持如意，将经文写在如意上面，以备遗忘，对讲经传道起到了重大的宣传作用。自古以来，如意一直为贵族人士所青睐，又依赖佛教僧侣所推动，大大提升了如意的地位。以至于在魏晋、隋唐时期，所塑造的文殊菩萨的造像也发生了改变，代表智慧与义理的菩萨自然而然地成为手执如意的形象了。由此，如意便成为象征吉祥美好及思辨睿智的符号。

魏晋南北朝时期，如意得到了普遍的使用，非常走红，成为了帝王及达官贵人的手中之物。它与民间的一种"不求人"挠痒痒用的东西，在器型上相结合，实用性上除用它搔痒，还用它显示权杖的作用。最初原型结合如意的头部呈弯曲回头之状，被人赋予了"回头即如意"的吉祥寓意。"君子比德如玉"，玉如意的出现，将玉坚润不渝的美德与如意的吉祥寓意结合，成就了具有中国特色吉祥文化的如意器物。

如意象征吉祥的观念逐步深入人心，使用如意的帝王贵族、高僧名士、才子佳人等上流阶层不断将这些深厚意蕴附加到如意之上，并日见系统化与固定化，使如意的精神性越来越强，实用性越发可有可无。

到了唐代，如意的发展到了转折点，"如意"与"爪杖"开始初步分离。"爪杖"专指那些用于搔痒的工具，后来又别称"痒盒子""孝顺""不求人"等，不再称"如意"，而此时的"如意"特指造型美观却没有使用价值的一类。二者并行不悖，但后者不断演变，含义愈见丰富，制作日益精良，材料质地愈选愈贵，久而久之成为引人瞩目的内涵丰富的高档工艺摆设品至今。

到了清代，"如意"已在宫廷广泛应用，被视为宫廷贵重礼品，其工艺水平达到了顶峰，为清宫珍宝之一。如皇帝登基大典上，臣下必敬献一柄"如意"，以祝新政顺利，尤其是帝后大婚乃至宫中万寿、千秋元旦时节，都需臣下进贡数量可观的"如意"，以寓意帝后福星高照，平安大吉。据说皇帝的寿辰可以收到近一千柄材质各异的如意。在清宫，每逢新年或重大喜庆佳节，皇帝后妃大臣之间都要互相赠送如意。清代的皇帝、皇后用如意作为赏赐王公大臣之物；在皇帝选妃时，也常以如意来定义其地位，若将如意交入一人手中，那就意味着她将成为皇后。在皇帝会见外国使节时，也要馈赠"如意"，表示缔结两国友好。平时在帝后、妃嫔的寝室中均有"如意"，以颐神养性。可见，这小小的"如意"已是集清宫礼仪、陈设赏玩于一体的珍奇用物。

康熙年间，如意成为皇宫里皇上、后妃之玩物，宝座旁、寝殿中均摆有如意，以示吉祥、顺心。如意按材质分有珐琅如意、木嵌镶如意、天然木如意、金如意、玉如意、沉香如意，等等。

民国时代，如意成为贵重礼品，富有之家相互馈赠，祝愿称心如意。

如意之构造及工艺　　如意的形状像长柄钩，钩头扁如贝叶，也有柄端作"心"形的，如意头部呈弯曲回头之状基本不变，而柄端由直状变为小灵芝形、云朵形等多种形状。头尾两相呼应，主体呈流线型，柄微曲，造型美观华丽。

如意的取材，广泛多样，早期有白玉、水晶、琥珀、骨、犀、漆、木、竹、牙、铁等，后来又出现了金、银、玉、翡翠、宝石、珍珠、珐琅、瓷、戗金、错金银、沉香、玛瑙、珊瑚、紫檀、绿檀、黑檀等材料。有的使用一种纯材料制作，有的选用几种材料相互搭配成型。不管选用何种材质，都要出于三个因素的考虑：第一，必须十分贵重和稀有；第二，根据承受对象的喜庆内容；第三，根据承受对象的喜好。不管选用何种材质，在制作技术上都运用平雕、浮雕、镂空、单镶、多镶等高难度的工艺，且镶嵌金银丝、红绿宝石等，组成各种寓意深刻的图案，制作工匠都选用顶尖高手，无论是凹下去的阴线，还是凸起的阳线，都能做到精雕细琢不差毫发。

如意之寓意　如意之所以能够长久不衰，被历代的皇帝大臣所器重，除了它的材质贵重，造型新颖，制作精良，美观漂亮之外，更重要的是如意所蕴含的寓意非常深刻，深得人心，素有"凡如意必有寓意，凡寓意必有吉祥"之说。

首先如意本身的芳名就是一个重要的原因，如意的名字和表示称心的"如意"，在语音、字体上完全相同，听起来好听，再加上封建帝王大都特别迷信，总想凭借好听的名字来象征吉祥。不仅如此，还要将"如意"二字借题发挥，雕琢成各种吉祥图案。例如，有的如意头上镶嵌两个柿子模型，这是因为"柿"与"事"同音，这样就可以称"事事如意"了；有的雕琢成灵芝状的如意头，这是因为灵芝一向被认为是长生不老的药，这样就可以称"长寿如意"了；有的雕琢成五个蝙蝠围绕着一个寿字的图案，这是因为"蝠"和"福"相谐，这样，就可以称为"五福捧寿如意"了。五福指：长寿、富贵、康健、德行、善终，真是样样如意了。这样在如意之上，再堆砌近似的装饰题材，使如意本身的蕴含进一步扩充，使之对吉祥寓意的强调简直到了无以复加的程度。百事如意、万事如意、事事如意、吉祥长寿、一统万年、太平有象、年年有余等，正是因为如意所具有的这些吉祥寓意，所以每逢喜庆之时，均可以物代言，顺祝吉祥如意。这样非常符合我国人民传统的不事张扬、暗含寓意的送礼习俗而代代相送。

如意之地位　如意发展到清代，已成顶峰，并与珍宝无异，俨然是

第三部分　灯火阑珊处

一种吉祥、财富与权势的象征。漫步故宫，你就可以看到所经各馆各屋，必有一宝座，宝座之旁，必有一如意。在乾隆皇帝看来，如意不仅是吉祥之物，还可挂墙壁、佐文房、置座旁，更是一种"代语不需言"的代言之物。在临朝或与诸臣谈话时，有如意在手，便可心情舒畅、镇定自若、妙语迭出。

因为如意既是高档的工艺礼品，又暗含美好的寓意，深得皇帝的欢喜，所以，成为各地总督官员向历代皇帝、皇后、皇太后进贡的首选礼品。每逢帝王登基、喜庆佳节、帝后寿辰、迎送嫁娶，王公大臣们都要向皇帝、皇后及嫔妃们敬献如意。为讨得帝王的欢心，好邀宠取信、步步高升。皇帝也用别人赠送的如意赏赐臣下，用以笼络忠臣，收买人心。由此可见，作为礼品的如意可谓神通广大，使送、收双方心知肚明，皆可称心如意。当年乾隆60大寿时，皇宫大臣们自筹经费，专门制作了60柄金丝编织的如意。慈禧60岁生日时，大臣们进献了九九八十一柄如意。纵观历史，凡国家昌盛、经济发达之时，也是如意这种高档工艺礼品发展的鼎盛之时。自晚清以至民国，国不昌，民不富。如意与其他传统工艺品命运相似，逐渐衰落，具有数千年传统的如意手工制作技术也逐渐失落民间。

如意之礼品　如意虽小，但它所折射出的人文历史背景和传统文化却极为深远。在我国具有五千年文明历史的文化长河中，如意也曾翻卷过令人注目的浪花，见证了我国历史的兴盛与衰落。

作为吉祥的象征，人人都渴望得到一柄称心的如意。但在封建帝王时期，一柄精美的如意不但造价昂贵，而且只能成为皇亲国戚、达官贵人家中的尤物，平民百姓可望而不可即。现在，我们赶上了好时光，欣逢盛世、国运昌盛、经济发达、物质丰富、生活悠闲。平民家中摆设一个既有工艺装饰功能，又具有中国几千年传统文化背景所孕育的吉祥物品的时刻已经到来，如意作为高档馈赠礼品又适逢佳期，愿礼品如意进入您家，愿吉祥如意给您好运。清代的皇帝、皇后经常用如意作为赏赐王公大臣之物；民国时代，如意成为贵重礼品，富有之家相互馈赠，祝愿称心如意。

如意，一个爽心的吉祥字眼，古人以一柄搔杖藉之，数千年间，儒、道、释三教皆奉为"执友"，帝王将相拜为"握君"。在我们的生命中，吉祥已成为一种永恒的祈祷，如意则是每天、每时、每事的愿望和期待。这就难怪今人对其也有几分偏爱，不惜重金藏于爱室的缘由了。

（以上资料根据下列网址有关介绍综合整理）

http://iask.sina.com.cn/b/8947946.html

http://www.cnyrhy.com/bycs/in/116.htm

http://wenwen.soso.com/z/q4625732.htm

你看，由此能够了解这小小如意的概貌了。从如意发展的历史来看，古代作为工艺美术品的如意，以清代为代表，数量最多，艺术价值最高，使用也最频繁。在材质方面，随着现代科技的发展，一些新兴材料也被用来制作作为工艺品的如意，比如核桃壳、紫砂、棉布、石膏，等等，基本上我们知道的可以做器物的材质都用尽了。从如意的造型来看，有一端是向反方向转过来的，这叫做"回头"（就像是一个人回头看一样），"回头"代表着人生回头，人如果能够常常反思过去，总结经验，以便更好地把握现在，人生才有可能如意。另外，如意的外轮廓都是曲线的，曲线代表着美，代表着和谐，所以当你想到中国如意的时候，除了美好的寓意之外，自然会联想到美与和谐。

史　提到清代的如意，突然想起一个人来——和珅。他的如意很多

第三部分　灯火阑珊处

呢！现在很多人年轻人知道如意是因为看了有关和珅的影视片开始的。和珅已离我们远去，他和他那些如意都已成为历史，而您现在正在创造历史，很想问一个问题，在收藏如意这件事上，能不能将自己与和珅做一个比较？希望这个问题没有冒犯到您。

刘　谈不上冒犯。到目前为止，在中国历史上，我知道的如意收藏者，除了和珅还没有别人，当然，现代又出了一位刘文明（笑……）。不过呢，和珅的如意是贪污或者别人进贡来的，刘文明的如意是靠劳动得来的；和珅收藏是为了敛财，刘文明收藏是为了弘扬中国传统文化；和珅的如意在抄家后被迫归还国家，我收藏的如意将来会无偿捐献给国家，性质完全不同。此外，我的藏品还有一点不同，他的如意都是国宝级的文物了，而我收藏的如意，有文物也有工艺品。就是这些。

史　很好奇您的第一件如意藏品是怎么找到的？您在收藏过程中有哪些难忘的趣闻轶事？

刘　第一件如意藏品是在北京的官园小古玩市场找到的，当时被供在佛事用品店里，是供在佛前的如意，铜质的，年代大概是在上世纪七八十年代做的，体积不大，挺好看，就买下了。后来得知它是台湾版的。

说到收藏中的轶闻趣事，那真是太多了，不知从哪里讲起。可以这么说，收藏的过程就是发生故事的过程，收藏的乐趣也在于经历故事，收藏的生活也因为这些藏品和与之相关的故事而丰富多彩。因发现而快乐，因拥有而自豪，因学习而充实，累并快乐着——这是我多年收藏如意的体会。一件藏品就是一个故事，到目前（2014年）为止，我的藏品已超过5000件，相关的故事几天几夜也讲不完，可以出如意故事大集了！今天跟你说几件印象特别深刻的吧。

收藏第一课

记得在刚刚开始搞收藏的时候，在浙江杭州的古玩城看上了一把如意。那如意是用珠子做的，非常漂亮，很喜欢，就顺手拿起来准备仔细观看，可万万没想到买方在这里暗藏玄机，故意摆了一把有残缺的如意放在那里让客人拿，只要你一动就会散。当时我不知道啊，只顾着高兴了，伸手过去一拿——坏了！哗啦一声珠子散了，如意坏了！这时，店主两口子便走上前来说：行了，你把我的如意弄坏了，你不买也得赔我们钱吧，一万八千块！

这时，我立刻明白是怎么回事了，然后不慌不忙地对他们说："第一，这把如意原来就是坏的；第二，如意坏了以后，对你不吉祥不如意了，你的生意不好了；第三，这样做生意不道德，你不会发家的。另外告诉你我的身份：我是如意专家。"说完便把名片递上去，正好那天带着照相机，就顺势把相机里的几百张照片展示给他们看，最后跟他们讲这个如意是什么时间的，是用什么做的，寓意是什么，大概多少钱，工艺是怎么回事，等等。那个男的一看碰到内行了，态度还不错，立刻道歉说：哎呀，可学到知识了，我们做得不对。那个女的仍然不依不饶，嘴里不停地叨叨，看到这种情况我就说：如果你是这样的话，那我就只好报警了，那个男的说：我送给你吧。然后我回答说：我不是为了要你的如意，只是来看一下。最后没买他的，也没有接受他的赠送，就离开了。

这件事给我上了一课，算是收藏生涯中的一次教训。如果那天碰到的不是我，如果我平时积累的不够，不了解那么多，那不就被人"宰"了吗？所以从那以后，无论看到多么喜欢的如意，都不会随便去碰，尤其在古玩店里的如意，更不能乱动，这是教训，也是经验。

第三部分　灯火阑珊处

"称心如意"的遗憾

有一次，在北京的潘家园古玩市场，我发现了一把名字叫"称心如意"的如意，它的外壳是一个秤（称重量的工具），用如意做的秤，寓意"称心如意"。这也是我一直想要的一个藏品，在市场看到后欢喜之情自然流露，便和主人讨价还价。卖主是个天津人，他要的价格简直高的离谱（也许是看我诚心想买吧），实在没法接受，就想：算了吧，先到别处转转，等一会儿回来再跟他继续讨价还价。没想到等我再返回时他说已经卖了。是真卖了还是假卖了，不得而知，当时我非常遗憾。回来后就到处去找这把称心如意，遗憾的是这么多年过去了，还是没找到，不过我发誓：一定要收到一把"称心如意"，无论是古玩还是工艺品，都可以。在我的收藏品中一定要有"称心如意"，因为这是如意寓意中非常重要的一个内涵，所以一定要有。

到今天想起来还感到遗憾——关于"称心如意"的遗憾。

"咔嚓"一声腰带断了

我收藏的如意有一件天然石的长白山如意，是在一个奇石馆里看到的。当时一眼就发现了，问那个老板，他说这叫"回峰"。他当时只把这个正面放在那里，我一看这是一块天然石头，就有些动心。当我说要买它的时候，老板问为什么你要买，我开店这么久还从来没有人问这个。我看了之后马上给他谈，开始报价，抱着石如意一转身，出问题了！第一个问题是把腰扭了，第二个问题是我的裤腰带"咔嚓"一声——断了！这个很重啊。我很激动啊，纯天然的如意，神造的，不是人造的，是松花石的。

只吃餐盒不吃饭

这是一个包装盒，盒子上面有一个如意，是南航飞机上的餐盒，是在从昆明飞往北京的飞机上发的，感觉这个盒子很好，餐没要，把盒子拿回来了。后来那个空姐一直看着我，觉得这个人好奇怪，不吃饭只吃盒子。这个盒子说明了什么？说明现在的人都很注重传统文化，在包装上都印有如意，说明如意文化很博大，很广泛。

如意问如意

有一个小姑娘，父母给她起名叫"如意"。这小姑娘经常听别人说：你叫如意，就是金刚葫芦娃的如意。小姑娘不明白是什么意思，就回家问她妈妈：到底什么叫如意？她妈妈也不知道。后来听说我是如意收藏第一人，便带着如意小姑娘来找我，我给她们娘俩解释了，并拍照合影。突然觉得这事有意思，叫如意的小姑娘来询问什么是如意，那不就是"如意问如意"嘛，有趣。

史 能展示一下您的主要藏品吗？

刘 可以啊。

这是一件最主要的收藏品，也是最高档、最贵重的一件，叫"福禄寿"，来自河北的满族自治县，是过去从宫廷里流出去的。我通过很多人找到的。掐丝、滚丝、还有翠鸟毛，经专家鉴定是从前清宫廷里流到市场的。

曲阜三宝

山东曲阜是孔子的故乡，是圣人的出生地。这里展示的是"曲阜三宝"，分别是：如意、砚台、碑帖。这柄如意，是用楷木制成的，称作"楷雕如意"。我们经常讲"楷模"，有些人做得很好，但不知道它的来历。去过山东曲阜的人都知道，孔子有一个弟子，叫子贡，在孔子去世的时候，他没在孔子身边，为了表达对恩师的怀念和感激之情，就在孔子的墓冢旁边盖了一个小草屋，守孝三年。当年他还在坟墓旁边种下了一棵树，叫楷树。楷树是曲阜孔林的知名树种。因其木质坚实而柔韧，有直性无横丝，不暴折，木纹直，色呈黄金色，用它雕刻如意，玲珑剔透，花纹如丝而不断，因此后人称其为"楷木"，用楷木制作的雕件称作"楷雕"。光绪十七年，当"老佛爷"大寿的时候，山东巡抚张曜送给"老佛爷"的寿礼一根寿杖和二柄如意，就是用孔子的学生子贡栽种的楷木制作的。如意刻有八仙庆寿，群仙神态各异，栩栩如生，被西太后称为"绝技"。"木"字的谐音为"模"，此后，当地便称这种楷雕为"楷模"。

如意算盘

这把藏品一看就会联想到"如意算盘"四个字，的确，它的名字就叫做"如意算盘"，是清代的。算盘的框架结构是木质的，珠子是骨头做的，造型轻巧，配色协调，做工精细。这把藏品纯粹是被强烈的愿望吸引来的，真真切切地应验了吸引力法则，真可谓：心想事成！为什么这样说呢？因为别的藏品是先看到实物，再决定是否收藏，而这个刚好相反，是先产生想法，再去找实物来收藏的。

从小就听到民间有这么一句话：天天在家自己打如意算盘，所以我想：应该有一把算盘如意吧，既然和如意有关的词语基本上都有与之对应的如意物件，那这个也应该有，冥冥中觉得一定有，去找！于是就到处打听，到处寻找，包括去问过很多收藏算盘的大家：有没有一把如意算盘？回答都是没有，从来没见过。

我不死心，天天念叨如意算盘，每到一个地方就留心去看有没有如意算盘，就这样到处找，到处找。真是功夫不负有心人，经过几年的寻找，最后终于在西安古玩市场上找到了这把如意算盘！得到它的时候乐坏了，非常激动，非常喜欢，心里充满了成就感。你看，我这如意算盘还真的就"算计"成了！因为它的寓意美好而诙谐，又是自己煞费工夫找来的，所以就把它放在办公桌上。这是自己非常心爱的一把藏品，看到它就提示自己：只有敢于梦想，勇于行动，乐于付出，才有可能如我之意！收藏是这样的，干事业也是这样的。这把藏品以它的形象和精致吸引了很多前来参观的朋友，看了以后都觉得非常新奇，有意思，有幽默感，印象很深。

佛 如 意

这把如意是前清的，上面印了一个佛字，紫黄铜的，佛字和花是鎏金的。这把如意很多佛教界的大师和朋友都觉得好，与它照相，比如南京的传真和尚啊，湖北的净元法师啊，雍和宫的方丈啊，等等，都来过。

青金石的如意

这把如意来自台湾，是台湾一位经营古董的施先生卖给我的。当时他在上海的一个展会上卖工艺品，我上海的一位朋友问他：你知道有一位收藏如意的大师吗？他说不知道，那位朋友就说你去北京吧，他可能要。然后那位朋友给了他我的地址和电话，他就带着16把如意来了。说实在的，那16把都是我非常喜欢的，也愿意收藏，但价格谈不拢，最后只好忍痛割爱，收藏了两把，这就是其中的一把。它是福寿康宁，有好多图案。施先生不太清楚其中的寓意，我就详细地向他介绍了为什么是福寿康宁。这个藏品非常好，价值不菲。

以上给你介绍的是过去流传下来的如意，属于古玩类的了，我的藏品中还有大量的工艺品类的，下面介绍几个给你看看。

奥运如意

这把"奥运如意"是我收藏的比较珍贵的如意之一，当时没有在市场公开发售，一共只有2008把。底座是铜质的鎏金，上面写着"同一个世界同一个梦想"的字样，是用中文写的，另外还有用英文写的，为了用英语说这句话，我背了好几天英文，现在只记得一个"One"字，第一次在公开场合给别人介绍如意时，觉得应该用英文说一下这句话，台下练了很长时间，结果一上台还是忘了！中国人就应该讲中国话——我中国话还没有讲好呢（俺讲的是山东话）。这把如意上面刻的是五福娃，金质的，另外还镶了56个红宝珠，代表中国56个民族的和谐团结、吉祥如意。这批如意是作为礼品赠给参加奥运会的各国政要的，一共是2008把。赠品不卖，我想尽了各种办法，终于拿到了这个如意。

我的如意藏品装有十几柜子，很多人到北京来观赏这些如意。这一把从来没有拿出来过，因为它来之不易！这不是一般的如意，它具有政治意义，具有中国历史意义。中国当时申办第29届奥运会的时候有多少个国家不同意，办了奥运会之后让世界了解了中国，了解了北京，也证明了中国的强大与昌盛。所以说这把如意非常珍贵！不是流通的，是特定的纪念品，看到它就看到了中国申办奥运的艰辛以及成功举办奥运的自豪，我很珍惜。

天宝九如

《诗经·天宝》里有这样九句：如山如阜，如冈如陵，如川之方至，以莫不增；如月之恒，如日之升，如南山之寿，不骞不崩；如松柏之茂，无不尔或承……这柄如意用了九个"如"字，有祝贺延绵不绝之意。

金 如 意

这柄如意由福、禄、寿、喜、财、元、亨、利、旺九个字组成，汇集了中国传统吉祥的文字，这九个字代表了咱们中国人传统所追求的九种美好事物吧。

总之，每一把如意都是中国文化符号的缩写，拿到每一把如意都能感受到中国文化，比如在中国文化中有三个吉祥元素叫做"福、禄、寿"，国宝如意也有松、竹、梅、福、禄、寿、喜、财，还有很多。这把如意是清代的，有代表性的如意藏件，龙头梅花，非常美丽，非常柔和，把中国元素全都包含在里面了。

史 听了您的这番介绍，又欣赏了这么多宝贝，真是大开眼界！原来小小的如意物件，有这么丰富的学问。那么，概括地讲，您十几年的收藏生涯中有哪些收获与感悟？

刘 概括地说，感悟就是，"坚持""学习""财力"才能把收藏进行下去。

收藏是需要坚持的 收藏是一个漫长的过程，需要时间，需要毅力。对我来说，收藏如意就是满怀爱的马拉松长跑，小则对如意本身的热爱，大则对中国文化的热爱，都包含在收藏过程中了。只要待在北京便经常在早上四五点钟就到潘家园古玩市场，一转就转到下午两三点钟，不吃不喝也不觉得累。尤其是每得到一件称心如意的藏品时，心情格外好。到外地出差，不惦记吃喝，不惦记游玩，就惦记着怎么能抽出时间逛逛古玩市场，除了正常的业务外，一定会想方设法到古玩市场淘如意。就这样，十几年里共收藏如意五千多件，在一件件藏品的背后，是日复一日的坚持。

收藏是不断学习、钻研和成长的过程 当时对如意文化丝毫不了解，为了收藏如意看了很多书，这些书籍种类繁多，有历史类的、有收藏类的、有艺术类的，等等。通过持续的学习和实践，逐渐熟悉并成为内行。每一件藏品都有可能引发对未知知识的学习，涉及范围广泛。举例来说，我曾看到有一个如意的造型是圣人孔子怀抱着如意，想知道这是什么来历，通过查资料得知，是编造的，因为在孔子生活的年代还没有如意，孔子怀抱的是竹简（那个年代的书）。而根据历史记载，孔子第76代孙子（就是跑到台湾去的那位），给"老佛爷"慈禧太后祝寿的时候拿了一把"福禄寿"如意，是用孔林里的楷木做的，来源于孔子的学生子贡。到现在，"如意""砚台"和"寿字"被称为曲阜三宝，这说明随着中国历史文化的发展，如意也加了新的寓意。比如现在很多门头、书法作品都加了如意，目前正在发掘这方面的东西。

如意是佛家和道家的法器，为了研究这个，我向佛教界的高僧大德讨教，他们告诉我，在32尊菩萨中每位菩萨都有一个法器，但唯有普贤菩萨抱着如意；在道家中，拿如意的是元始天尊。为了弄明白道家谁手执如意，如意有什么用途，我把《封神演义》、《封神榜》和那个年代的历史查了很多，了解相关知识。有人到我办公室参观如意时问：有一个小孩抱着如意,这个小孩是谁啊?我回答说是杨简,在座看书的人都知道杨简是谁。杨简第一次出征的时候被打败了,回来之后师傅给他做了一件法器,这件法器是一尊雕像,手里拿的是师傅到元始天尊处借来的如意,他得到这件法器后就打胜仗了。现在的年轻人也有很多知道这个,是从哪里知道的呢?动画片!在动画片里是金刚葫芦娃拿的如意。平时在与别人交流的时候特别留心,只要听到与如意有关的信息和知识,立刻记下来,一一查证,想方设法弄明白,以掌握最准确的知识。为了解读"吉祥如意",我也经常向少数民族的人请教,了解到很多民俗里也讲吉祥如意。

因为和珅收藏如意,我把他本人的历史、他家的历史都查到,以便了解准确的信息。为了解读如意文化,我阅读了相关朝代宫廷历史的书籍,通过这些学习和钻研,搜集信息,做笔记,归纳整理资料,同时丰富了自己的知识。今后,这些方面还要加强,希望通过收藏,挖掘如意背后的文化,以填补中国如意知识和文化的空白。

除了以上谈到的在造型、寓意、历史方面钻研外,涉及工艺和材质方面的知识也相当多,经常有人拿着如意来让我鉴定,现在基本做到能够很快看出物件是哪个年代的,相关故事和寓意是什么,随着这些知识和经验的积累,自己也从一个收藏者成长为鉴定者了。

收藏如意是需要财力的　　因为如意是始于皇宫贵族的吉祥物品,取材多为自然界珍宝,价格昂贵,要想收藏必须有一个坚实的经济后盾。我收藏如意的经济后盾就是新时代。通常人们用以藏养藏的方式解决收藏本身的经济问题,我呢,依托从事新时代健康事业的基础,只收不卖!——属貔貅的,只进不出(笑⋯⋯)。从走进新时代的时候就开始收藏,用经营健康产品所得从事如意收藏,这样做一方面使劳动所得有效保值,另一方面为收藏提供了坚实的经济基础,使我可以很从容地进行收藏，不用担心经济问题，更不用为了生计进行藏品交易。到我办公室来办事的人，他们通常先欣赏如意，然后到柜台购买国珍产品，不亦乐乎。对我来说，新时代如意我就如意；对别人来说，走进新时代，你也如意他也如意，大家都如意！因此特别感谢新时代，让我有一个坚强的经济后盾，让我一个普通百姓借助这后盾成为中国如意收藏第一人！

初步发现如意分布的基本规律 十几年来，无论走到哪里，都要去逛古玩市场，为的就是寻找如意。包括到俄罗斯、韩国、蒙古人民共和国等，还有我国的香港、台湾等，都去看。通过去这些国家和地区淘宝后发现：如意的确是中国的宝贝，外国没有，在国外古玩商店都没有见到过。

此外还有一个发现，因为如意是达官贵人身份的象征，不是随便哪个地区都有的，其中有一个规律：凡在历史上曾经是中国古都的地方都有如意，而且是古玩级的，其他地方都是工艺品（当然工艺品时间长了就是古玩）。比如说，西安是著名古都，那里的如意就比较多，我的很多藏品都是从那里淘到的，而银川是西夏文化，到那里去淘宝后发现，品种比较多，但确确实实找不到如意，换句话说，如果哪个地区有如意，就意味着这个地区曾经是古都或重要城市，有达官贵人。另一个规律是：在注重传统文化的地方（或者说传统文化保留比较好的地方）都有如意，比如台湾，如意很多，主要是后来，特别是"文化大革命期间"被带过去的。

收藏如意是要完成一个使命 先看一下，这是我的名片，以前一直非常低调，不敢打出来，现在敢了，"如意收藏第一人"的提法是从数量上来讲的。我现在的藏品超过5000件。中国过去仅有的一位如意收藏者是和珅，他当时的藏品有3800把，都是非常精致的国礼、国宝，当他被赐死之后，他的那些如意都被收藏在北京故宫的博物馆里。故宫的那些如意我也有，都是仿制品。

史　吉祥如意！您说收藏如意是要完成一个使命，那这个使命是什么呢？您今后有什么打算？

刘　这个使命就是通过收藏、展示"如意"这一中国文化的载体，让更多人了解并热爱中国文化，做一个富有中国文化内涵的人。

至于今后的打算，当然有啊，我在很多公开的场合都表示过：建一个如意博物馆，把它无偿地捐献给国家！小小如意体现的是博大精深的中国文化。从材质上来讲，几乎可以做物件的材质在如意中都能找到，材质本身就说明了中国地大物博、资源丰富；从造型上讲，所有如意物件在保留最基本造型元素的基础上，形态各异，变化多端，凝聚着劳动人民的智慧和心血，具有很高的艺术价值；从内涵上来讲，几乎中国传统文化中最吉利的象征、最祥和的寓意都被赋予其中，如意本身就是最美好的祝福！如意是心意之礼，心意之花，它表达的是心意之美。

此外，如意收藏在收藏界中目前基本属于空白，我的藏品按照数量来讲已经有5000多把，已具备一定规模。一直有一个心愿——这个心愿曾不止一次在公开场合宣布过，今天当着你的面再重复一遍：我们经常说"万事如意"，当我的藏品达到10000件的时候，就建一个如意博物馆，然后把它无偿捐献给国家，填补一项空白，为弘扬中国文化尽微薄之力！

没想到的事情　随着收藏的深入，知名度的提高，很多朋友也热心地帮我搜集如意，先拍照片发来让我确认，然后帮着购买；还有些朋友亲自动手制作，让我很感动。买如意、做如意、收如意，如意之事，事事如意，总之都是如意！

除了收藏活动外，我开始尝试挖掘围绕如意收藏的文化潜力。

比如，给相关机构做如意专题报告（首先在孔子的故乡——山东曲阜给大家讲如意文化）；在每次举办"118国际系统《绿色健康财富论坛》"的时候，给大家讲解如意文化。通过这些活动，使很多人通过了解如意而了解中国文化的内涵，经常得到这样的反馈信息：原来以为你们就是做直销，就是卖产品、挣钱，没想到你们还有这么丰富的文化、有这么高的品位……是否有品位不知道，有文化是肯定的。每当听到这样的反馈，心里由衷地感到高兴。

四、军人情怀

史 曾经听过这样一种说法：一个男人最理想的成功道路就是先从军，再经商，最后从政。如果是这样的话，您就是走了一条理想的成功之路（前面您已提过不从政）。接下来想听您谈一下关于部队和从军生涯的话题。首先想到的问题是：您是怎么看待部队这个组织的？

刘 嗯……提到部队心里就感觉乐滋滋的，关于部队生活，敞开来说三天三夜也讲不完。从小的时候就向往部队，每当别人问起长大想干什么的时候，都会毫不犹豫地回答：当解放军！觉得穿上一身军装，既神气又帅气，扛着枪，打坏蛋，保卫祖国，当个英雄，多光荣！参军是最好的事。一提到部队，提到在部队的生活，内心就会涌起按捺不住的喜悦；退役多年，一想起在部队的日子，一幕幕往事像过电影一样，仿佛就发生在昨天。对于部队更是怀有很深的感情，有一种情结在里面。每年的八一建军节都会召集过去的战友聚会，在紧张、忙碌的生活中重温过去那种豪迈、快乐、充满激情的军旅生涯，激动的心情久久不能平静，为什么会这样呢？就是因为部队这个组织留给我们太多太多美好的回忆，太多宝贵的财富。

中国人民解放军是一个伟大的组织，从建军到现在，历经近80年，从最初几个人发展到现在230多万人，在每一个重要的历史关头，都涌现出了可歌可泣的英雄人物；人员构成从最初大部分是没有什么文化的穷苦孩子发展到现在具有现代知识技能、与世界接轨的高素质军人队伍，从一个侧面反映组织的成长与成熟；从最初使用落后的武器作战到现在应用高科技手段从事军事活动，标志着军队战斗力的提高；尤其是，到目前为止，部队、人民解放军还是我们社会中最富有效率的组织。这一点从近几年的新闻报道中都能看出来，在国内，每当有天灾人祸发生时，解放军和武警部队都冲在灾难的最前沿，直接、快速、有效地履行保家卫国的职责。和平时期平时似乎感受不到部队的存在，甚至都忘记了部队这个组织，但遇到关键时刻，就能立刻看出部队的重要、部队的高效。另外，部队还是一个培养人的大熔炉，它能让人练就一身铮铮铁骨、陶冶情操、培养意志，提高文化水平……总之，在青春年少时有过部队生活的历练是我一生中最难忘、最美好的经历。这段经历已经融入我的骨髓里，铭心刻骨，终生难忘。

所以，作为一名军人，我感到骄傲！感到庆幸！骄傲的是自己能够成为这个伟大组织的一员，与优秀的组织成员一起成长，继承了它给予的精神财富；庆幸的是在自己人生最宝贵的青春年华，接受了最好的组

第三部分　灯火阑珊处

织训练，把自己从一个懵懂无知的傻小子锻造成铁骨铮铮的男子汉，为后来个人创业奠定了坚实的基础。

史　那么，作为军人出身的营销精英、收藏家，部队生涯对您本人的工作产生了哪些影响？

刘　那影响可就大了。具体来讲主要有以下几个方面：

第一，爱国情怀

提到爱国，对很多人来说并不陌生，你也能看到很多人是爱国的，因为中国有悠久的历史，灿烂的文化，青山绿水，人杰地灵，现在发展快速，国民的生活品质不断提高，等等，这些都是爱祖国的理由。但对军人来说，爱国的内涵不仅这些，军人爱国，有时意味着要牺牲天伦之乐，牺牲物质享受，牺牲个人利益，甚至牺牲生命！从进入部队的那天起，我们就被告知：保家卫国是我们的神圣使命，为了这个使命，在必要的时候，一切其他的都要放弃甚至牺牲！围绕这个训示，部队经常组织我们观看各类爱国主题的电影，讲述爱国英雄的故事，举办诸如演讲赛、故事会、红歌会、表彰会等丰富多彩的爱国教育文娱活动，将"天下兴亡，匹夫有责"作为自己的座右铭，时时激励我们做一个爱国的军人、一个合格的军人、一个对国家有所贡献的军人。在这样的文化熏陶中逐渐激发出对祖国的热爱之情，培养了保家卫国的使命感和责任感，深入骨髓终身不变！说真的，可不是唱高调啊，即便在今天自己已经到了知天命的年龄，但假如有战争爆发国家需要我戎装上阵时，我会毫不犹豫地换装冲向前线！为什么呢？为国，为家，没有国哪有家！这种价值观就是源自部队的教育，改变不了。

在部队培养起来的爱国情怀，对后来的工作产生了深远的影响，无论是当年创业之初，还是现在正走在创业的路上，无论从事健康事业还是收藏如意，常常思考该如何把爱国情怀落实在行动上，践行一个中国人对祖国的责任。经常在夜深人静的时候扪心自问：现在所做的这一切对国家有什么意义？怎样才能让自己的行为对国家产生一些积极的作用？哪怕是微不足道的积极作用都行。所以，在健康事业方面，当国内市场走上稳定发展轨道时，我就开始积极行动进军海外市场。这不仅仅出于商业考虑，而是因为国珍产品源自中国，这么优秀，能够造福全人类，走出国门可以把中国的好东西介绍给外国人，让更多人受益，既弘扬了中华养生文化，又能为国家创外汇。

在收藏如意的过程中，随着对中国文化的逐步了解，越发敬佩古人的智慧和德行，作为炎黄子孙，更有责任传播这种文化，所以立志在如意藏品达到10 000件的时候，把它们捐给国家，算是为中国文化传播做一件有意义的事，也是践行传统文化的一个证明，绵薄之力表寸心。如果没有在部队接受的爱国教育，是不会有这么深厚的爱国之情的。

第二，忠诚

忠诚是一种崇高的道德品质，在今天的社会这种品质越来越稀有，因而越来越可贵。忠诚可以创造奇迹，忠诚可以改变历史。那么究竟忠于什么呢？在部队，我们接受的教育就是，军人要永远忠于国家。国家给我们提供锻炼的机会，国家给我们受教育的机会，国家给我们提供给养，目的就是要在祖国最需要的时候忠于职守，为国效力，正所谓"养兵千日，用兵一时"，反过来我们当以绝对的忠诚和实际行动报效祖国，军人的职责就是保卫国家。对于军人来说，忠诚往往意味着牺牲小家而顾全大家，意味着放弃常人的很多享乐而恪尽职守。衡量一个军人是否合格是否优秀，除了他的军事技能以外，最重要的就是忠诚，我们

第三部分　灯火阑珊处

常听说军人以服从命令为天职，而忠诚是服从的前提，服从是忠诚的外在表现，服从的内在原动力之一是忠诚，忠诚加铁的纪律就做到了无条件地服从。

回到地方后，工作性质发生改变，由从军改成从商，环境大改变，生活方式改变，报效祖国的方式也发生了改变。进入健康领域，以直销这种方式从事经营活动，是对一个人忠诚度的大考验。为什么呢？直销这种营销方式进入门槛很低，对经营者几乎没有什么特别的要求，只要年满18岁，不属于国家规定的职业范围内的人都可以从事，这样一来，在客观上就形成了人员参差不齐的现状。来自不同地区、不同年龄、不同性别、不同教育水平的人们组成了一个群体，而且是松散型的集体，没有刚性的纪律要求，没有特别的约束限制，外面的诱惑又那么多，因此在这个圈子里很容易心猿意马，改变初衷。所以你看到那么多的人不停地选择，不停地退出，年复一年地恶性循环。而在我看来，这些现象从表面上看只是一个商业行为，选择一家公司，或是放弃一家公司都是个人的自由，似乎天经地义，事实上也是人家的自由，而在深层的意识层面，是缺乏忠诚的表现。

为什么这么说呢？在直销中，经销商与公司的关系类似于个人与祖国的关系，经销商与合作伙伴的关系类似于婚姻关系，二者因利益、因情感、因命运走到一起，是利益共同体、情感共同体和命运共同体，是唇齿相依荣辱与共的长久关系。这种关系意味着需要我们在漫长的岁月中同甘共苦、携手并进，互相忠于对方，不离不弃，当一方有难或遇到坎坷的时候，另一方应从长远的角度看待暂时的逆境，互相帮衬继续前行，而不是见风使舵，见利忘义，立即选择放弃离开。

正因为看到这一点，受部队多年忠诚教育的影响，进入直销二十年，从事新时代十几年，从没有因为自己的原因而放弃选择（第一次放弃是被迫之举）。而这么多年，创业的道路并不是一帆风顺的，其间遇到过各种挑战和困境,有来自市场的,有来自公司的,有来自团队内部的,还有来自自身成长的……多了,无论遇到什么情况,从没有想过"放弃"二字,根本就不用这种方式解决问题。因为总是觉得,要想在任何一个领域取得成绩,不经历这些是不可能的,所谓大成功者就是大磨难者。最主要的是公司给我们提供了这么好的创业平台,这么好的产品,这么好的企业文化;合作伙伴跟随自己多年,兢兢业业,勤勉奋斗,如果自己成功了,挣到钱了,梦想实现了,而他们还在奋斗的路上,怎么能忍心放弃离开呢?做人不能这样,那叫忘恩负义!背信弃义!咱不能做那样的人,那样做人做事有辱军人的身份,有辱人格,有辱别人叫你一声"老师",真是"无颜见江东父老",不能那样。

其实,能这样想、这样做,并不是我刘文明有多么崇高伟大,而是源于多年在部队接受的忠诚教育,这种教育已根植在血液中,形成了自己的潜意识。在部队讲忠诚国家,到了地方忠于公司,忠于合作伙伴,忠于自己的选择,仅此而已。每当想到这些都庆幸自己曾经是军人,都感恩部队给予自己的教育,受益于这种教育,在事业方面少走很多弯路。

第三,方向感、目标感

对于军人来说方向和目标既包含技术上的,也包含政治思想意义上的。行军作战需要制订明确的作战计划,知道对方在哪里,自己在哪里,在面对诱惑和挑战的时候需要清晰地知道组织的立场,组织的方向,这二者缺一不可。在和平年代的军人不必和敌方对峙,似乎没有敌方。但事实上,敌方始终是存在的,这个敌方不是要和我方决一死战的真实敌人,而是我们自己,是来自我们自身的思想、意识、行为、言语,这个时候就要和自己作战了,能否战胜自己,往往在部队里更容易做到。

因为部队本身有严明的纪律和高效运转的管理体系,一个人进入这个体系后就会被教育训练得按照体系的标准言行。军旅生涯中，每年、每季度、每月、每天甚至每个小时都有明确的任务，也就是有明确的目标，做每件事情都有明确的标准，可以说，我们生活在目标中，目标就是命令，目标就是行动，目标就是追求，没有目标就不是部队，没有目标就没有动力。

因此在部队养成了注重目标的习惯，不管是生活中还是工作上，始终以目标为导向，直到今天。这个习惯让我受益匪浅，比如现在，我等于在从事着两个领域的事情，一个是健康产业，一个是如意收藏。做营销带团队、建系统，有很多事情要思考要亲自去做，即便是把基础打好了，也还需要经常到市场所在的全国各地去；而收藏本身就是一件需要时间、精力和耐心的事情，搜寻如意藏品，查阅相关资料，跟有关专业人员探讨学习，等等，都需要时间，而一天只有24小时，怎么办呢？——做时间管理，定目标。

通常情况下我是这样做的，在头一年的下半年就开始思考、商讨第二年的年度计划，基本到了10月份的时候，就把第二年的全年计划定好了，这计划包括来年的总体目标、季度目标以及月度目标。然后平时都是在第一个月刚开始的时候就把第二个月的目标及行程安排确定了，这一周定下一周的，每天晚上把第二天的全天计划也都安排得很具体。这样一来，就很清晰地确定了每一天的行动，不浪费一点儿时间。

因为目标明确，使得所有的行为都围绕目标而进行，凡是与目标无关的事不做，无关的人不见，遇到计划外的人、事，也时常按照与目标的关联程度而决定投入多少时间或精力。长期下来，就做出了平时做不到的事情，重要的不在能力而在于围绕目标的时间管理。这种目标感让每一天都过得很有意义，很充实，价值最大化。多年来，我就是用这种方法在两个领域跨越，偶尔会有压力，但很快就过去了。

第四，雷厉风行的做事方式

咱们都知道，部队是一个效率极高的组织，"兵贵神速"嘛。在部队，无论吃饭、睡觉、学习、开会，还是别的什么活动，都对时间要求很严格，比如早晨起床，当起床的号角一吹响，就必须在五分钟之内完成一系列动作，否则就会挨批评甚至遭惩罚。在战场上，速度就是胜负，速度就是生命，速度就是战斗力。并且所有的事情都是明确的、清晰的，没有也许、大概、可能、等一下这类概念，执行任务时更是军令如山倒，必须严格按照指挥要求达成预期结果。所以，这样的训练让我养成了做事情雷厉风行的习惯，逼着自己无论在任何情况下，快速、准确地做决策，平时处理事情时也是干脆利落，不拖泥带水，没有含糊不清的答复或者态度，是就是，不是就不是，可以就是可以，不可以就是不可以，不耽误别人也不为难自己，因为太直率，有时也会得罪一些人，以前也曾尝试着改变一下，后来发现，改变反而更糟，自己找不到北，别人也不大适应，最主要的是，带来一些不必要的拖延和纷扰，还不如从前，于是想，算了吧，就这样。

这种雷厉风行的做事方式，节省了时间，节省了精力，提高了办事效率。客观地说，这么多年的营销实践让我深深体会到，从客观上讲，雷厉风行的做事方式恰恰是直销这种松散型团队缺乏的特点，由于来源的多样性，很难用一个统一的标准要求他们，也很难让每个人都理解这一点，更难完全按照部队的管理方式对待合作伙伴。所以我一直希望能够把这种作风带给团队，通过自己的行为影响他们，让他们慢慢改变。但愿在不久的将来，整个118系统能够展现出这种特点，很期待。

第五，毅力

在十几年的军旅生涯中，部队各级组织会安排很多锻炼毅力的训练，比如拉练啊、野外生存训练啊、军事演习啊，等等，通过这种持续不断的、有规律的训练，我们的毅力得到锻炼。

无论做直销还是搞收藏，要想有所建树，是需要十年、二十年甚至一辈子的努力才有可能完成的。在这个漫长的过程中，会遇到各种各样的困难、挫折、挑战或困惑，这个时候，如果没有一种坚强的毅力，遇到问题就逃避或放弃的话，成就大业是不可能的。看看那些成功的人，都是在困难面前不低头，经过了不懈的努力之后才梦想成真的。这些道理其实在成功学里面是很基本的了，我们从小就知道，要坚持，不要轻言放弃。我想说的是，知道和做到有太大的距离。当毅力发生作用时，这个过程是比较痛苦的，甚至是残酷的，挺过去了，柳暗花明又一村；挺不过去，功亏一篑，抓住了机会却留不住机会，所谓与成功擦肩而过，有缘无分。

多年与人打交道，看到过太多这样的例子，替他们惋惜，但爱莫能助，所谓成功失败，所谓命运往往就是自己行为的结果。其实生活在今天的社会，我们很多时候遇到的困境并不是物质上的，而是来自精神、心灵和个人习惯方面的。比如一个人因为抽烟喝酒等不良的生活习惯而导致得病，如果你告诉他，戒烟戒酒健康状况会很快好转，实际情况是，太多的人做不到，做不到的原因是坚持不了，坚持不下去的原因是缺乏毅力，缺乏痛改前非的决心，刚刚下了决心，不一会儿工夫，别说看到，就是想到烟酒，就很快把决心忘掉了，控制不住自己，又开始重复过去的习惯动作。诸如此类的事情比比皆是。

第六，不断学习

之所以对部队有这么深厚的感情，还有一个原因就是：我们在那里学到很多文化知识，得到许多锻炼和成长。部队在我心目中，既是训练军人的地方，又是培养人才的地方。我们在那里学会做人做事应该遵守的规范，在那里提高思想觉悟，在那里获得各种技能，也在那里把自己从一个懵懂无知的傻小子变成合格的军人，这一切都得益于不断地充电学习。

我的学习习惯尤其是读书习惯是在部队养成的。在刚开始访谈的时候曾对你说过，90年代初期，自己就是因为看书获得了一些关于营销方面的知识和信息。那个时候，没有像现在资讯这么发达，但部队还是给我们提供了比地方好很多的学习条件，比如，我们有图书馆，可以随时借阅你想看的书，平时也常到书店里去看书。在没有开始如意收藏的时候，我"收藏"书籍，在训练结束后，只要有时间就看书，部队也给我们推荐一些书看，内容丰富，涉及很多领域，因为那时没有进大学读书，我就把部队当做自己的大学，如饥似渴地阅读，逐渐养成了爱看书的习惯。直到现在，不管平时在办公室，还是在家里，或在出差的途中，只要有时间，总是在看书。"书籍是人类进步的阶梯"，这句话我体会太深了。在每一个重要的选择关头，在每一个关键的事情上，总是能借助于对当时处境有指导意义的书籍带来的智慧而渡过难关，自我感觉素质也在不断的阅读中提升，好的书籍能够让人直接感受到正能量。当然，除了读书这种学习方式外，还有别的，比如参加各类培训，与高人交往，还有旅游观光等等都是学习的好途径。总之，只要自己留心，怀有谦虚的心态，什么时候都能学到东西，日积月累，人就在不知不觉中发生了变化。

不敢想象，这么多年，如果自己不学习会成什么样，带团队也好，收藏也好，日子每天都是鲜活的，永远是今天不知明天会发生什么，这一点在营销领域尤为突出，不知会遇到什么样的人、什么样的事。而收藏这个行当包罗万象，知识领域跨度极大，如果不学习，很难做到。而这一切都要感谢在部队的那些年，是部队给了我养成这种习惯的环境和条件，受益一生，仅就这一点，我都永远感恩！

综上所述，爱国是一种美好的情怀，意味着神圣的责任和使命；忠诚是一种崇高的品质，意味着紧紧跟随，不离不弃；方向感、目标感是

第三部分　灯火阑珊处

良好的思维方式，意味着聚焦时间、精力和智慧，在正确的时间正确的地点做正确的事；雷厉风行的做事方式意味着果敢的行动、有效的过程和预期的结果；毅力是成就大业的必要条件，意味着从量变到质变的积累、从平凡到卓越的飞跃；而不断学习是基业长青的隐形动力，意味着永不枯竭的创新、持续的竞争力和健康稳定的发展。这些都是成就大业的重要素质，而这些素质的培养源自部队。部队给了我太多受益一生的美好品质，这些品质也成为自己做人做事的成功基础。每当想起这些，感恩之情油然而生，不能平静。

最后还想分享一点我最珍惜的——战友情！

从军20年，对部队感情很深，这深厚的感情中，除了以上提到的事情外，最重要的是那份战友情！有一次，为配合中央电视台拍摄我的纪录短片，特意把过去部队的老照片找出来看了一下，望着那一张张熟悉而亲切面孔，部队生活的点点滴滴又浮现出来，立刻感受到那份战友情、部队情，很深很深……此时此刻提起这些还是感到很激动，因为在这一生中，自己把最宝贵的青春、最美好的年华都留在了部队，难忘部队从某种意义上来讲也是难忘自己生命中的一段美好时光，所以对部队充满感情。这感情中最不舍的是战友们的情分。

和战友们朝夕相处，一起吃住，一起学习，一起训练，一起执行任务，一起烦恼，一起欢笑，摸爬滚打，集体行动。有时候也打也闹，一点小摩擦很快就过去了。男人们在一起，又是血气方刚的年龄，火药味十足，有时免不了出现矛盾纠纷，再遇上几个脾气暴躁的，那就热闹了，内部战争时常发生，因为这些，挨领导批评、写检查、罚站、面壁、被叫去做思想工作都有过，当时愤愤不平，很不服气，现在回想起来连这些都是美好的回忆，忍不住想笑。

细想一下，从军20年，和战友们在一起的时间超过了和家里的任何一个人，跟家里人也没有这么长时间紧密的联系啊！能不留恋吗？所以离开部队这么多年，仍然和当年的战友们保持着密切的联系，每逢过年过节，或是遇到战友生日啊、孩子喜事啊这样的日子，我们都要聚一聚，如果时间长了没有聚会就觉得少了点儿什么。大家在一起谈论最多的还是当年的部队生活，不光是我一个人，其他战友也是非常怀念在部队的生活，一聊起来就没完没了，有取之不尽的话题和素材。没有想到啊，部队对我们的影响这么大，离开这么多年了还念念不忘，差不多成了一种情结。

为了更好地和老战友们联谊，也为了让更多的战友们能够健健康康快快乐乐地生活，在2005年8月1日，就是中国人民解放军建军78周年的那一天，我成立了老兵俱乐部，把现在北京的老战友们召集在一起，定期举办活动，叙叙旧、聊聊天、交流思想、联络感情。

我还组建成立了委员会，设主任、副主任、宣传委员等。在俱乐部正式成立那天，举办了联谊活动，成员们个个身穿迷彩服、戴大红花、唱军歌、做分享，回忆在部队的美好时光，十分开心。战友相聚，情谊浓浓，看着大家激情高涨的样子，仿佛时光倒流回到了年轻时代，心里由衷的高兴。从那年开始，老兵俱乐部每年都定期举办联谊活动。我带着老兵俱乐部的成员，去北京儿童福利院看望那些孤儿们，给他们送去一些必备的生活用品和零食、玩具；还去北京昌平的国珍希望小学慰问，捐款捐物，鼓励孩子们好好学习，准备将来学好了为改变家乡面貌尽力。此外还举办歌咏比赛，组织大家观看部队题材的电影……期间，有一部分战友因认识到健康的重要，认同健康事业走进了新时代做保健品直销；一部分战友因认可国珍产品而成为忠诚的消费者；还有一些战友通过这些丰富多彩的活动，觉得生活多了一些内容和乐趣，精神也更好了，每次活动都很积极。几年下来，他们都不同程度地受益了。

就是用这种方式带动了很多志同道合的人，他们有的是我的战友，

第三部分 灯火阑珊处

有的曾在一个部队不在一个班组，有的在别的部队，听说了我们这个俱乐部也来了。除北京外，一些来自外地的退伍军人们也被这个俱乐部所吸引，加入到我们这个行列中来。就这样，老兵俱乐部不断壮大，活动内容不断增加，战友们的感情也日益加深，大家在都市生活的空当找到了部队生活的感觉，开心极了。看到他们那么开心，我感到无比欣慰，自己的军人情、部队情也找到了比较理想的释放口，觉得做了一件很有意义的事。

说到老战友，不得不谈及另一个沉重的话题。我的战友们，现在差不多跟我一样都过了知天命的年龄，按照联合国的规定这个年龄刚刚进入中年，还不老，正是人生最成熟的年龄，无论对家庭、对社会都到了可以担当重任的年龄，眼看着再过几年，孩子们都成家立业了，自己可以卸下重担迎接下一个人生历程了，不幸的是有一些人却被疾病无情地夺去了生命，数一数，到现在，我已经参加过好几个战友的追悼会了！

还记得第一次听说一个老战友去世的消息时的情景，一辈子都不会忘记。起初是大脑一片空白，傻了，时间停止了，思维停止了，什么都停止了！等慢慢回过神来后，是不相信，根本就不相信，不愿意承认这是真的，怎么可能呢？怎么可能呢？战友这么年轻，前几天还见过面（通过话，或听说他还怎么怎么样），怎么可能就没了呢？这不可能！不可能！接着便是回忆，和他相关的所有画面，真像过电影一样一幕幕地过，过着过着，忍不住眼泪就掉下来了。人常说男儿有泪不轻弹，那一次，流泪了……心里的滋味没法用语言描述，不是单纯的难过，不是单纯的伤心，也不是单纯的留恋，都是，都不是，好像是对人生的一种无奈和悲哀！以前也曾听说认识的人去世的消息，但这种体验之前从未有过。在我的记忆里，只要一提到战友，那永远是年轻时候活蹦乱跳的形象，即便现在见到他们，心里的感觉更多的还是在部队时青春活力的样子，从来没想过自己的战友有一天会离开人世，觉得死亡这件事跟战友无关。可是眼下这个现实清清楚楚地告诉我：战友没了！这打击太大了！一种人生无常的感悟清晰地掠过心头，这个时候才知道什么叫做生命无常！什么叫做人生无常！

这件事以后，我更加珍惜战友们在一起的日子，不得不面对一个现实：我们的生命正在走向秋天，这是谁也逃不过的宿命。谁也不知道明天会怎样。面对这个现实，唯一能做的就是积极地面对未来，把握好今天，认认真真、开开心心地过好今天，有价值、不虚度地过好今天，不给以后留遗憾！不给别人留遗憾！

这件事也让我更深地认识到从事健康事业的价值和意义，认识到在给别人送健康的同时也要更加关注自己的健康。是啊，毕竟不是在部队时的小伙子了，这个机器上的零件需要好好保养一下了，越往后越要注意保养，防患于未然啊。真是庆幸自己是从事健康工作的，因为工作的关系还是比较注意身体的，如果不是这样，这副身子骨不知被自己糟践成什么样子呢。战友去世后也让我反思自己，意识到自己以前对战友关心不够，这一群人当中只有我一个是从事健康行业的，我应该多向他们介绍关于健康方面的知识和信息，应该时不时地提醒他们注意身体啊！

五、为人子　为人父　为人师

史　刘总，咱们这一部分的访谈快要接近尾声了，通过这几次的谈话，使我有机会这么深入地了解了您的过去和现在，也看到了一个为事

第三部分　灯火阑珊处

业而努力奋斗的人，受益匪浅。熟悉您的人都知道，您是一个很注重践行传统文化的人，而在我们的传统文化中，一贯提倡孝敬父母，尊师重教。接下来的问题是：作为儿子，作为父亲，作为实际的老师，您是怎么看待自己这三个角色的？

刘　这个问题问到我的痛处了！这样跟你说吧，凭良心讲，只有面对那些把自己称作老师的人时，我心里可以稍稍感到一点安慰。作为儿子，作为父亲，做得都不好。

我的父母生活在老家，现在都已经是八十多岁的高龄了，兄弟四个，我排行老大。受家庭的影响，男儿老大在家里就像是半个家长，这半个家长可不是让你行使家长权利的，而是替家长分担重担的。小时候，和中国千千万万个普通百姓家里的孩子一样，有勤劳的父亲、善良的母亲，在他们的关爱下，过着简朴的生活。物质生活不富裕，但父母管教比较严格，把他们那个年代从他们父母那里继承的优良传统和优秀品质都继承下来了，所以教育我们也是按照传统的观念教育的，比如说节俭啊，人穷志不短啊，善待别人啊，好好念书将来有出息啊，等等，最朴素的道理！受家庭教育的影响，比较注重在为人处世方面保持正直、善良和礼貌。过去年轻涉世不深，没觉得这些遗传有多么可贵，也不觉得父母有多不容易。随着年岁的增长，自己也成家立业为人父母，才深深体会到父母给了自己多么宝贵的精神财富，也才体会到父母望子成龙的殷切心情。当自己有了孩子后，切身体会到一个孩子从出生到长大成人耗费了父母多少心血，真所谓"不养儿不知父母恩"啊！所以对父母的养育之恩打心眼里充满感激，但嘴上从来不说，说不出口。

平时工作忙，很少有时间回去看望父母，以前专门在北京给他们买了房子，用最好的装修、最好的家具，好吃好喝都给他们准备齐全，把他们接到北京来住，没住多久老两口就嚷嚷着要回去，为什么呢？他们不习惯大都市被关在楼房里的感觉，想念老家的街坊邻居，喜欢大伙儿在一起热热闹闹的日子，更愿意在有自然风景的地方待着，这是很多老人的心愿。怎么办呢，只好把他们送回去。他们不习惯来，我又没时间回，只好时常打个电话回去问候一下，常督促孩子给爷爷奶奶打电话。干我们这一行有很多机会外出旅游，看着别人带着父母出去游玩，也很愿意带着自己的父母出去转转，可惜他们年岁已高，不方便长途远行，只能在家附近到处看看。平时保健品大量地供给他们，希望他们身体好，长命百岁，活得开心就行，其他的好像也没什么了。

我之所以认为自己做得不好是因为，对老人来说，最希望孩子常回家看看，能够看得见、摸得着你这个实实在在的人在身边，但我做不到，大量的时间给团队、给市场了，对父母做得很不够，很不好。每当这个时候，就用自古"忠孝不能两全"那句话来安慰自己，心里能稍稍好过一点。

这两年我尽可能地多抽出时间回去看望二老，比如每年除了春节外，像中秋节啊、国庆节啊这些大节日，哪怕是只在家里住一个晚上也回去看看，有时出差时也抽空回去一趟，对老人来说，过一天少一天，过一年少一年，想到这些心里很不是滋味……

如果说对父母做得不够还有一些借口的话，那为人父做得更不好了，没有任何可辩解的理由，对孩子根本没有尽到做父亲的责任！

当孩子很小的时候，正赶上我自己开始创业，整天白天晚上不在家，不是听课就是送货，要么和客户沟通，满脑子里装的都是工作的事，整天想的都是客户、合作伙伴。那时候还好，小孩子更需要妈妈的陪伴，有他妈管着呢，也没有发现有什么特别的不对。随着自己的不断努力，事业一天天好起来，原本可以稍事休息，但停不下来，又给自己树立了更高的目标，加上收藏，不比以前闲。孩子一天天长大，尤其是男孩子逐渐长大的时候，实际上是需要父亲更多的陪伴的。遗憾的是我

第三部分　灯火阑珊处

这个父亲继续忽略了这个问题，和孩子交流很少，现在觉得很对不起孩子，在这一点上，我不想期望孩子理解多少，自己没有做好就是没有做好，他们能理解更好，不能理解我也能理解。

今天我也想借此机会跟孩子们说一声：爸爸做得不好，陪伴太少，没有给到你们想要的理解和陪伴，对不住了，我的孩子！但爸爸是爱你们的，爱的方式就是在物质上为家庭、为你们创造更好的学习条件，在精神上让你们始终看到一个积极向上的、为理想和责任不断追求的父亲。

对孩子关照不够、陪伴太少让我深感内疚。说句实话，反思自己，对待孩子真的不如对待团队那么周到。可以这么说，如果有团队成员在自己面前，我对他们比对自己孩子还要亲，对他们比对自己的家人父母还要好，还更关怀。只要知道我团队里的任何成员家里有事，问候短信、慰问品、慰问金，立刻就过去了，从不怠慢。为什么呢？总觉得人和人相处讲的是一个"情"字，团队是一点点建立起来的，大家在一起不仅仅是生意，还有更多的情分在里面，很多人因为相信我才走进来，我应该善待他们。很多人称我为老师，我为人师要做表率，这是我的责任。做儿子不到位是忠孝不能两全的问题；为人父不到位，是对儿子要求过高，给予的太少，让孩子感受到的父爱太少，父爱的缺失是对孩子最大的伤害，对此自己也很内疚。在孩子需要有父亲陪伴的最佳时期我没能够做到，也许这将成为我此生的遗憾！但时间是有限的，不可能全都照顾到，有那么多的人等着你呢。对此，我很无奈！

为人子为人父都做得不好，都有遗憾和内疚，唯独对为人师这一点，让我有一点点的安慰。每当听到别人称呼自己老师的时候，心里就升起一种责任感和使命感。咱一个普普通通的人，凭什么让那么多年龄不同、高学历的人称自己老师？既然被尊为老师，就要配得上这个称呼。确确实实感到对每一个叫我老师的人都有一份责任，特别是现在有很多人管我叫恩师，感触很深。举个简单的例子，有一天在公司大楼门前，店长委员会的全体成员开完大会出来，当时好几个资深的领导人都在场，这时，北京的一位店长从前面过来，走到我面前后恭恭敬敬地鞠了一个90度的躬，同时非常真诚地问候一声："恩师好！"这个时候我的心情难以平静，那么多人都在，唯独给我鞠躬（当然我曾经带过她，指导过她，给过一些业务上的帮助），这说明人家懂得感恩，虽然是一种形式，但也让我更深地认识到自己的责任和义务：应该把直销的理念、知识、方法奉献给更多人，让更多的人学到这些东西，帮助更多人走向成功，让更多人不枉叫我一声老师。虽然直销以老师相称呼的居多，但这其间有仅仅作为一种称呼而叫的，也有真诚地尊对方为老师而叫的。更为重要的是我真诚地去教，把自己就定位成一个老师，一个在直销方面可以给他们一些有价值的指导的老师。

　　因为他们的真诚，促使我在日常工作和生活中谨慎行事，严于律己，努力起表率作用，在学习的时候即便他们有一个错别字我都去纠正。有一次，我带他们学《弟子规》期间，我们开了一个联欢会，当时有两个学员坐在我后面，他们已是讲师了，因为开联欢会都发苹果，他们两个在后面多要了一个苹果，我立即严厉地批评了他们，我说：今天你俩不能吃了，全部退回去！——之所以这么严格地要求他们，是从学《弟子规》，更重要的是从一个老师的角度不允许他们犯错误。当时他们吓坏了，没想到这个老师这么严厉、这么不给面子，从那以后就害怕我，甚至是恐惧。直到现在他们提起这件事还感到汗颜！尽管这样，每当他们提到老师（我），提到刘文明的时候还是感到很自豪，他们认为这个老师很正直、不虚伪。为人做表率，我是说到做到，绝不含糊。

　　还有一个例子，每次举办学习班的时候都采用淘汰制，总是要设计一些规则淘汰人。为什么呢？我的学生不能高于圣人教的学生数。圣人孔子的学生有3 000人，弟子72个，这意味着孔子的承认率为2.4%，我带了83个，最后剩下6个——还多，还要往下淘汰。当然这种想法可能不太切合实际，但作为一个学习传统文化的人应该尊重圣人，圣人的成功率才2.4%，我怎么就能6%、10%呢？何德何能呢？当然这是一个插曲，也说明了我在教学生时要求严格。为人师表不仅仅是传道授业解惑，也不光是这些，最重要的还是做人，我们做的是人的工作，干直销这么多年的经验总结是：做直销做的不是销售，而做的是人！最后教的不是学生，而教的是人！是教人与动物的区别，教人与人的区别，最后达到这样一个结果。

　　以上就是我对这个问题的基本看法。曾经有段时间也为这些事情纠结过，其实我是一个很简单的人，很少有什么事情让我感到纠结或困惑，关于忠诚与孝顺、家庭与事业、孩子与团队这些问题的确让我纠结过。人非草木孰能无情？谁不希望自己能在各方面都做得很好啊？但后来想明白了，人生原本就是不完美的，接受遗憾和残缺也许更明智，更从容。而往深处想，常常觉得自己是有使命的人，或者在营销领域，或者在收藏领域，或者别的，但肯定不是单纯为家庭或某几个人而生的，性格和命运都注定是为多数人生的，为事业生的。假如牺牲了自己的小家而能换来更多人的福祉，何乐而不为呢？这样讲绝不是唱高调，而是在长期与团队打交道的过程中逐渐升起的使命感。多年前，自己出来做事的动机很简单，希望通过努力能改善家庭的经济状况。当这个愿望实现之后，看到还有那么多跟随自己一起创业的人还没有实现改善家庭状况的愿望时，觉得良心上过意不去，应该帮助他们达成愿望。当陆陆续续帮助部分人达成愿望后又发现，还有很多人走在同样的路上，他们需要自己！就是因为意识到太多人需要自己，意识到自己能够为很多人做一些事情后，便自然而然地又给自己树立了更远大的目标。一个目标达成后，新的目标又应运而生。就这样一直走到今天。

　　包括对于之前提到过的如意收藏也是这样，一开始并没有想到将来要捐给国家,更没有想到要建立诸如博物馆之类的事。随着藏品的增多和对中国文化了解的加深,深感祖国传统文化博大精深,觉得应该把这么好的文化传播出去,而如意也是一个实实在在的载体,物件虽小,内涵很丰富,于是就有了更大胆的设想:为国家而收藏,为弘扬传统文化而收藏!

这就是一个不合格的儿子和父亲的真实想法。

六、财富观

史 在搜集有关您的资料时了解到,您曾在不同时期做过大量公益活动。比如,为"国珍爱心基金会"捐款191万,在汶川地震时个人捐款十几万,分别在陕西、云南个人捐资兴建希望小学。此外还长期资助2名贫困学生,这一切都直接需要金钱做支撑。在直销业,我们经常会提到财富这个词,人们也看到,这个行业的很多人是很富有的,他们的富有首先表现在物质方面,其次是精神方面。您作为这个行业的成功者,请谈一下您对财富的看法好吗?

刘 好的。直销是一个能够让普通人创造财富奇迹的行业,因为这种营销方式能够强有力地挖掘从业人员的潜力,加上一系列市场需求的产品,那就是最好的致富商机了,这也是很多人在这个行业变得富有的

第三部分　灯火阑珊处

原因。而提到财富这个概念，我和大家一样丝毫也不陌生。但对于财富的认识却是随着时间和阅历的改变而逐步深化的。最早的时候，简单地把财富和金钱画等号，认为金钱就是财富，钱越多就意味着自己拥有的财富越多。可是当拥有的金钱数字逐渐增加后发现，它并不像最初认为的那样魅力无穷，反而越来越觉得还有很多比金钱更重要的东西，更值钱的东西。一个人的健康、家庭的和谐、价值观、能力和人品甚至美貌都可能是财富。金钱不一定能买来那些东西，但那些东西却能换来金钱。概括地讲，本人对财富有以下几方面的心得。

1. 金钱是最基本的财富，怀着敬畏之心对待金钱

毫无疑问，生活在今天这个商品社会，金钱以及用金钱可以换来的一切物质资料当然是财富了，这部分也是我们衣食住行必要的保障。当一个人没有了这种保障，或这种基本保障匮乏时，就会感到焦虑、担心、恐惧，从而产生巨大的压力，所以，为了生存，为了过得更好而追求金钱是一个人的本分，无可非议。只是呢，这种财富是随着时间推移、年龄增长和各种需求的变化而不断转换的，当拥有足够的基本财富之后，就有了强有力的支撑或者叫工具。同时，拥有金钱的多少，在客观上也是衡量一个人在商业社会创造价值多少的重要标准之一。多年前，在自己还处在创业之初，我常常拿每个月的收入来检查自己、激励自己，并将很多愿望量化成一个个的收入数字达成目标，用最明确的金钱数字面对实实在在的生活和工作，在理想与现实之间架起了一道坚实的桥梁，最终梦想成真。今天回过头来看，对金钱的客观认识和追求，为日后的财富积累打下了良好基础。所以说，金钱是最基本的财富，不容忽视。

然而，正因为金钱（物质财富）是最基本的、可以转换的，更要认真对待，谨慎从事。金钱好像有心：你爱它，它接近你；你珍惜它，它呵护你；你漠视它，它不理你；你挥霍它，它远离你。金钱本身并没有善恶之分，使用金钱的目的和方式使它具有了善恶结果。金钱是一种能量：当你通过正当的渠道得到它并使用它的时候，它产生正能量，带来正结果；而当你用非正当的手段得到它并使用它的时候，往往产生的是负面结果——这就是人与钱的因果，同样是种豆得豆，种瓜得瓜。

多年来的感悟：对于金钱，勤奋地获得，智慧地付出；珍惜但不执著，节俭但不吝啬，该出手时就出手，因为它既不唯一也不万能。金钱就像是把双刃剑，可以带给人快乐、满足、荣耀和尊严，同样也能带给人痛苦、烦恼、屈辱甚至灾难。因此，对于金钱，应该有所敬畏，敬畏它的力量，敬畏它的规律，敬畏使用不当可能带来的恶果。

2. 健康是最昂贵的财富，怀着关爱之心对待健康

多年来，接触了成千上万的亚健康和疾病人群，耳闻目睹了许许多多的案例，上至八九十岁的老人，下至一两岁的孩子，无论出身如何，相貌如何，贫富悬殊如何，都会面临健康问题，因为各种原因失去健康甚至生命的人到处都是。看看今天的现实：

一个人还没有出生就面临健康问题：父母双方的健康状况首先直接影响着胎儿的身体状况，母亲吃的食物、喝的水、呼吸的空气会直接影响到胎儿的身体健康；母亲的情绪、情致、心情、心愿会直接影响到胎儿的心理健康，外界环境又会从多方面影响到胎儿的综合健康情况；从婴幼儿开始长大成人，在这个身体发育成长的过程中，除了饮食、自然因素的影响外，家庭教育、学校教育、社会环境、生活条件又直接或间接地影响着一个人的健康状况，尤其是青少年肥胖症，成了严重的健康隐患。到了中年，生活上，家里上有老下有小，身挑重担；工作上，年富力强，思想成熟，经验丰富，往往是单位的中坚力量，责任重大；然而此时生命也走到了健康问题的多发期，是疾病的多发人群。根据资料

第三部分　灯火阑珊处

显示，一个人这辈子要得的大病基本上都在中年时期爆发。而晚年呢，看看我们的父辈们就知道了，多数人是带着疾病度过晚年的，直到离开人世。

纵观这个生命历程，可以很明显地看出，无论处在哪个阶段，只要生病，第一个解决的办法就是去医院。过去一提到去医院，脑子里首先反应的是治病，病去医院治就会好了；而在今天，去医院对于很多人来说，更多地意味着一笔医疗费、一个长长的挂号队列、一张难以腾出来的空床位、外加一个有名望的专家！至于能不能治好，谁也难打保票，很多病一经宣布便终生拥有。有了病，舒适快乐打了折扣，良好的身心感觉打了折扣，甚至生活水平也大打折扣……尤其是当我自己病了之后，切身体验到失去健康的痛苦和无奈，才真正深刻认识到健康有多重要！自从离开部队走进直销开始，脚踏实地努力拼搏，从没有懈怠过，作为这种努力的回报，收获了很多，各项有形的财富指标都是以加法的方式往上升。然而，一旦生病，加法变成了减法并且成倍成倍地减，除了经济损失外，最难受的是自己受罪不算，还连累家人一起跟着受累，生命质量直线下降。

躺在病床上看问题和健康时看问题完全不一样，健康的时候意识不到健康的重要，更多关注的是功名利禄、老婆孩子、柴米油盐，生病躺下来的时候，吃不好，睡不香，动不得，这儿疼那儿痒的，才开始关注身体。看着别人活蹦乱跳地跑来跑去，"牙好，胃口就好，吃嘛嘛香"，"想去哪里就去哪里，想干啥就干啥"，那个羡慕啊，这个时候，纵有万千家产，自己无法消受，再多的钱又有什么用呢！健康可以换来金钱，天道酬勤嘛！但金钱真的不一定能换来健康，只有曾经失去健康的人才能深刻体会到这一点。

所以我个人认为，健康是赚钱的资本，是对财富的投资，是比金钱还要贵的财富。应该怀着比重视金钱还要珍惜的心情对待健康，加强保健养生意识，关注身体变化，关心自己和家人的健康。

3. 家庭和谐是最宝贵的财富，以感恩之心维护家庭的和谐

俗话说，夫妻一条心，黄土变成金。可见家庭和谐与财富的关系早就被人们认识到了。我们追求成功也好，创造价值也好，挣很多钱也好，最主要的目的就是让自己和家人过得更好。对于一个男人来说，为家庭的富足而拼搏是义不容辞的责任。振兴中华首先体现在振兴家族，每一个家庭都富足了，国家就富足了。

要实现家庭和谐，仅靠一个人的努力是不够的，需要家里的每一个成员都尽心尽力，互相理解，互相包容，互相关爱，共同营造一个和谐温馨的家庭环境，这个美好的环境既是家人的避风港，又是家人的加油站，有了这个环境，当你在外面苦了、累了、困了的时候，这里可以让你恢复；当你在外面受了委屈之后，这里可以给你安慰；当你在外面失意的时候，这里可以让你重拾信心；而当你在外面获得成功后，这里是最好的庆祝地和激励场。这份温馨美好是家庭之外的其他人难以做到的。人生路漫漫，家人就是最好的伙伴，风雨同舟，唇齿相依，共同经历风雨，又共同欣赏彩虹，这个过程的伴随弥足珍贵，是用金钱买不来的，比物质的财富更珍贵，每个人都应当怀着感恩之心维护这种和谐。

和谐带来财富，和谐保有财富，和谐也能增值财富，家和万事兴啊！

4. 观念是最难得的财富，以加速度的方式更新观念

回首这二十年来走过的路，从现象上看，可以量化的改变就是市场扩大，服务的客户增多，收入增高，物质生活条件越来越好；而从本质上来看，所有这些表面的变化都是因为内在的改变而改变的，比如专业知识技能提升、视野更加开阔、眼光看得更远，等等。而在所有内在因

素中，体会最深的是观念的改变。其实你看，人和人的区别并不是很大，大家生活在同一个地区，接收到的是大致相同的信息，同行们每天干着几乎相同的事情。但为什么有的人成功了，有的人不成功，有的人甚至被淘汰？主要区别在于观念的改变和速度的更新。进步就是有不同于过去的正向改变，无论社会还是个人的进步都首先表现在观念的进步，当一个人改变了观念，行为就跟着改变，改变了行为就带来结果的改变。直销是一条循序渐进的进步之路，在路途上，不同阶段有不同的特点和要求，而观念的改变是伴随着这种变化持续进行的，过去的观念不一定适合今天的情况，今天的现实明天也会改变，所谓日新月异就是这样。如果一个人无视眼前现实情况的变化而永远抱着过去的老观念、老思想行事，必然会招致失败。

这么多年来切身体会到，在这个行业里，观念就是健康，观念就是生产力，观念就是财富。在适当时候的正确观念可以带来丰厚的回报，甚至创造奇迹！比如我们最常遇到的一种情况就是，当某人健康出了问题，你很真诚地告诉他什么产品什么方法可以对他有帮助，但对方却因为坚守过去的种种旧观念老方法止步不前，这时候，就是再好的保健品也救不了他，遗憾！遗憾！这样的例子比比皆是，太多了。所以我们常说，很多人不是死于疾病而是死于无知，对新知识的无知，对新观念的无知！

在今天，市场飞速发展，文化欣欣向荣，整个社会呈现出多元化发展变化的趋势，置身于这样的时代，需要时时更新自己的观念，以适应快速变化的环境。从某种意义上来说，谁的观念更新得快，财富积累的速度就越快，这一现象不仅仅在直销业体现出来，在其他行业也多有体现。你看，凡是那些在商战中获胜的企业或团队，往往都具有超前的意识、先进的观念，这些先进的思想观念带领他们做出符合行业规律或社会发展趋势的选择，然后顺势而为获得巨大成功。这就说明，要想取得更大的成功，就要以敏锐的眼光及时捕捉新知识新资讯，接受新观念，不断地更新那些陈腐的、过了时的，与社会发展不相符的旧观念，以顺应变化。

5. 无形财富大于有形财富，追求财富，磨砺财商，提高财富品质

关于财富啊，内涵很多，概念很多，无非就是有形财富与无形财富两大类。我个人认为，在追求财富的初期，我们更注重有形财富的积累，到了后期，无形财富更加重要，而从根本上讲，一个人对无形财富的追求应走在有形财富之前或者同步。越往后走，越发体会到无形财富更重要。中国自古以来就不反对人们追求富贵，我们的国花牡丹就是以其雍容华贵而被赞美。现代人也常常说什么什么很富贵，那么到底什么是富贵呢？我理解的是，"富"指外在的有形财富，"贵"指的是内在的无形财富，具体到一个人就是他的物质财产是"富"，而精神内涵和技能才华是"贵"，只有当一个人同时拥有这两者的时候，才称得上是"富贵之人"。有形的东西总是更容易得到，更容易消失，而无形的东西更永恒。追求财富的过程背后，实际上就是在磨砺财商，不断追求附加值。

这么多年来我一直在思考这个问题，一个人能够得到多少财富，实际享有多少财富，付出（贡献）多少财富是不同的概念，他们之间有着本质和境界的不同，而这种不同体现出了人的不同，这就是人们所说的财富品质吧。得到多少是自己的付出，享有多少是分配财富的观念和生活方式，而贡献多少则是思想境界。因为"得到""享有"和"付出"的不同，使得贫穷与富有、穷人与富人的内涵和外延发生着改变。在众多的观念中，有人更加推崇那些以付出（贡献）作为权衡标准的贫富差别；倡导另一种不以得到而以付出为标准的财富观。这是人们对提高财富品质的呼唤。

七、关于养生

史 刘总，在当今环境污染严重、食品安全隐患剧增、竞争异常激烈的年代，养生已成为关爱生命的人新的需求了。在这种需求的驱使下，养生方法层出不穷，养生设施种类繁多，养生场馆如雨后春笋般出现，这一切都表明：养生逐渐成为一种潮流，一种新的时尚。那么，作为在保健领域从业多年的人来说，您在养生方面有哪些心得体会？您本人是怎么做的？

刘 是的，体会很多，也有一些日常的养生方法，归纳起来就从以下几个方面回答你吧：

1. 养生的过程就是积累知识、更新观念的过程

从字面上理解，养生就是滋养生命，这种滋养是柔和且漫长的，有着循序渐进的节奏、润物细无声的方式、春风化雨般的感觉。要做到滋养生命，首先就要了解生命。生命包括身、心、灵三方面，它们有着各自的特点和规律，既有有形的物质存在，还有无形的意识存在，更有超然的永恒存在，这三者相辅相成，共同构成一个人的生命。要做好滋养生命，首先就要了解生命存在的规律：发生、发展、衰老及死亡的规

律；其次是了解生命存在与生存环境的关系，这个生存环境大的方面是我们的大自然，小的方面是居住环境，此外还包括社会环境、人际环境，等等，最本质的是自身内在的环境。这一切都是与生命有着直接或间接关系的。了解了生命的规律，理清了生命存在与相关环境的关系，就能从思想上重视起来，然后落实到行动中，尤其是持续地、长期地坚持，方能看出效果。

中华民族是一个非常重视养生的民族，古圣先贤留下了很多关于养生的观点和方法，是祖先留给我们的宝贵财富，只要把其中的极小部分应用到自己的生活中就可以解决大问题了。可惜这么多年，由于自己的无知，忽略了这些，直到自己健康出了问题才开始关注这些。通过学习和实践，逐渐认识到：养生是从综合方面提高生命质量，是生命存在的较高境界，而保健是从身体层面提高生命质量，是对生命物质存在和心灵成长的基础保养，而治病则是身体或心灵出现问题后的补救措施，即：养生高于保健，而保健高于治病。通常我们是等有了病以后才意识到健康的重要，才想到身体需要保养，心灵需要关照，有时候虽然没有什么疾病，但身体已发出警告，出现亚健康的症状，也容易被忽视，导致疾病发生。这两种情况都不是我们想要的，最好的办法就是，像珍惜一件自己非常喜爱的物品一样关爱身体，关爱心灵，即：爱惜地用，细心地养，用心地护。只有这样，才能为拥有高质量的生命打下基础，"提高生命质量，提高生活品质"才不至于是一个口号或奢望。要做到这些，就需要在观念上改变对健康、养生、疾病的看法，提升对心灵的认识，只有观念改变了，才能从内心深处认识到养生的重要性，才知道为什么要养生，最后才能将养生变成实实在在的行为，实实在在的生活方式。

2. 养生需要融入日常生活的方方面面，是一种生活方式

人身难得，生命可贵，唯有珍惜才对得起父母，对得起天地造化。

怎么珍惜？遵循智者教导，尊重生命规律，遵守自然法则。从理论上讲养生有很多原理，但在行为上，养生的方法很多，通常都是简单易行的，做起来并不难。关键是要从日常饮食起居和生活中的点点滴滴做起，让养生理念和方法融入生活的方方面面，变成一种规范行为，持续不断地做下去，养成习惯。很多人问到我的养生方法，说起来很惭愧，自己以前并不懂得养生，直到现在也谈不上会养生，只是因为工作的关系，经常能接触到这方面的资讯，边学习边实践，在力所能及的地方尽可能完善，具体来讲有这样一些做法：

不抽烟 从小在家，父母告诫自己，不能抽烟，长大后也就不抽了，在少年青春期，看到别的男孩子抽烟，自己也曾经怀着好奇心偷偷抽过，一口下去呛得喘不过气来，直咳嗽，除了难受以外没觉得有什么好，以后就再不抽了。现在想来真庆幸没有养成抽烟的习惯。

不喝酒 以前喝酒很厉害，平时酒量也大。做了健康事业以后，很快认识到喝酒对身体的伤害，也耳闻目睹了大量喝酒损害身体甚至夺取生命的案例，对喝酒的恶果心生恐惧，为了健康，决定戒酒，大概是在2003年吧，彻底戒掉了！

喝白水 也是做了健康事业以后了解到的，人体70%都是水，所以平时身体需要大量的水，自然就要喝大量的水了。简单地理解，白水是水，平时的饮料相当于吃饭时的汤，属于流食，当身体缺水时，如果补充的不是白水，而是流动的食品，实际上就不能满足对水的需求了。为了避免这种情况，直接喝白水最好。因此，平时我就喝白水，热白开、温白开、凉白开、矿泉水，只要是白水都可以。也正因为这个原因，为了自己的健康，我长期不喝茶，不喝咖啡——办公室里有烟、有酒、有茶、有咖啡，都是给客人准备的，自己从来不喝。

吃素食 以前也不太吃肉，但不是全素，大概是从2003年，也就是和戒酒同时开始的，就全素食了，一点儿肉都不吃。之所以这样，一是和养生有关，了解到长期吃素食好处多多；二是和那个时候的身体状况有关，到医院查出体内有结石。最重要的是，接触到佛教，看了净空法师的《和谐拯救危机》，内心被强烈震撼，从另一个层面懂得了因果轮回的原理，了解到为提供肉食给环境带来多大的破坏，惨不忍睹，触目惊心啊。

对于环境问题，凭个人一己之力做不了什么，那就从我做起，戒杀吃素，少杀生吧，一点点的善念，求得心安。后来，针对这些问题，自己专门改编助印了《为什么不能吃猪肉》一书，一个薄薄的32开小册子，共印了4万册，免费派发出去。算是为健康和谐做点力所能及的事吧。

至于素食会不会影响健康，自己以前也曾担心：长期吃素食会不会导致身体缺乏营养，使身体变虚弱？但阅读了大量关于素食方面的资料后才明白，认为"素食不如肉食营养好"是一种极大的误解！其实各类肉食中所含的营养在素食中都可以找到，甚至在素食中的含量比在肉食中的含量高出许多。并且，伴随着经济发展带来的各类食品安全问题层出不穷，肉食中含有的化学毒素远比素食高，长期吃大鱼大肉，严重危害健康。

我个人的切身体会是：吃素食后身体反而比以前更好了，每年体检，没有发现任何与营养缺乏有关的健康问题，平日里自己感到精力很充沛，没有什么不好的。另外，大量食肉也增加了环境负担，非常不利于生态平衡，还是不吃为好。

四点多起床 关于早上四点起床，大概是在2007～2008年的时候开始的，一方面是因为养生，通过对古人养生理论的学习了解到，人的日常活动应该顺应大自然的变化，日出而作日落而息，早睡早起，于是效法古人的做法。还有一个最重要的原因是学习。随着事业的发展，迫切感到自己需要学习充电，但平时工作繁忙，很难有时间学习，也静不下心来，于是决定早上早起，利用这段安静的时间充电。

四点多起床听起来有些吓人，好像很难做到，其实不然。人的睡眠分深度睡眠和浅度睡眠，良好的睡眠质量不仅在于睡的时间长短，更在于深度睡眠的时间是多少。通常情况下，深度睡眠如果能达到四五个小时就可以了，而早睡早起更容易进入深度睡眠状态。几年下来，已成了习惯，体会很深，睡眠质量直接影响第二天的状态和效率。早上提前一两个小时起来，大脑经过一夜的修整，神清气爽，正是做事的好时候，干嘛不善加利用呢。几年来，主要的学习是在早上完成的，每天两三个小时，收获很大，受益良多。现在也经常鼓励团队人员早起早睡，养成良好的习惯，不仅有利于健康，更有利于个人成长。

晚九点至十点睡觉 早睡与早起是连带的，晚睡就容易晚起。现代人的很多疾病都和长期熬夜缺乏睡眠有关。不过我也理解那些晚睡的人：或者有工作任务，或者给自己充电，或者和亲友欢聚，也许还有一个重要的原因，晚睡能让一个人真切地体会到独处的自由和快乐，有一种"我存在我自由"的感觉吧。那么，如果把晚上熬夜的时间减少一些，就容易做到早起，起床后的时间自然增多，在客观上增加了早上清醒着的独处时间，在这段时间里同样也能体会到熬夜的美妙，而且早上的效率更高。然而，就是早晚一两个小时的变化，却带来完全不同的两种结果。人体要想健康，一定要和大自然和谐共处，这和谐共处的自然法则正如刚才提到过的：日出而作日落而息。其实养生就是可操作可复制的方法，就是一种习惯。习惯是什么——同样的事情重复做，变成一种条件反射似的行为，就这么简单。

现在，有很多团队成员已经养成了早睡早起的好习惯，能够明显看到他们的变化，我打心里为他们高兴，也倍感欣慰。

3. 养生贵在养心

多年来，对于养生的认识是随着学习和实践的深入而逐渐加深的，基本经历了三个阶段：最初的时候，了解并全盘接受健康"四大基石"（营养、运动、睡眠和心态）的观点，平时尽可能地落实这几点。后来当自己的健康出了问题之后，才逐渐认识到：比四大基石更进一步的是养生，即身心和谐、与环境和谐、与大自然和谐。即在四大基石之上，从日常生活的衣食住行各个方面都顺应规律，给身体以合理的保养，这保养既包含各种锻炼运动，更包含落实在生活方式方面的细节上。而现在，逐渐认识到养生的关键在于"养心"，也就是说，在保养身体的同时，也给心灵一个合理的调养。

史 对不起，插一句，您个人的这些良好习惯，说起来简单而做起来实在太不容易。身处直销这样一个被梦想、荣誉、财富和人群包围的行业，置身于北京这样的大都市，却过着像修行者一样的生活，并乐在其中，使诸多好习惯集于一身，这是怎样的境界和定力！让人肃然起敬，值得学习和深思。现在，您从养生谈到了养心，这方面的认识与感悟值得关注，对于您是怎么养心的也很好奇，非常希望就这个主题多谈一些，可以吗？

刘 可以。养生的途径有很多种，就根本而言养心是基础。古人早就告诫我们：心无安宁，身必损之，百病从心起。这足以说明我们身体的状态只是内在外显而已。

"心"特指心念，心念的特点飘忽不定，异常多变，正可谓"身易养而心难调"，人的一切情绪、思想、行为都来源于它，心的多变又受制于七情——喜、怒、忧、思、悲、恐、惊的干扰，古老的中医指出：

"怒则气上，喜则气缓，悲则气消，恐则气下，惊则气乱，思则气结。"当生命之气运行不畅时，会导致脏腑功能失调，不利于健康，因此理智地控制好七情是保证身心健康的根本。

这些心理是情志过盛或偏倚的表现，而与之相反的最佳心理状态是平和，"平和"顾名思义即平静、和气、安宁，它意味着有"知足常乐"的淡泊明志，"得之我幸失之我命"的豁然放下，"望窗外云卷云舒，看庭前花开花落"的从容淡定，"任他波澜翻滚，唯我独守清净"的幡然顿悟。你看这些诗句，总结得又贴切又美妙。对于自己来说，关键是面对内外纷扰如何才能保持平和的心境。这一点是一直比较注意的地方，总体来说，重点从以下几方面调整自己：

调整心态

培养乐观豁达的性格 工作上，开拓市场、管理团队、个人成长、人际关系等方方面面总有不尽如人意的地方；生活中，家庭责任、亲戚朋友、衣食住行等等方面也难免烦扰，人生就是在这顺逆悲喜相伴中度过，谁也躲不过，而幸福与痛苦常常取决于心态和内心的包容力。所以面对困境，不断给自己积极的心理暗示：这只是暂时的，一切都会过去。关注积极因素，放大积极因素，面对不利因素，冷静分析，积极思考，通过有效的行动弥补或规避，常常可以转逆境为顺境。这样的训练经历多了，就会形成心理习惯，从而成为一种性格。当有了这种性格特点后，心理会变得年轻而充满活力，自行医治因不如意而带来的寂寞、失意、忧郁、痛苦、失望等，成为保持身心健康的养生秘诀。

保持稳定良好的情绪 情绪是一个人内心喜怒哀乐的储存库，当这些喜怒哀乐过多超出储存库的容量时，它就会以高兴、喜悦、快乐、兴奋、悲伤、痛苦、抑郁、愤怒、嫉妒等方式释放出来，然而任何一种情绪都有着特定的能量，这种能量潜移默化地全面影响着身体的机能，经年累月这股强大的力量就会慢慢侵蚀身体的机能，使人们亚健康、生病、甚至死亡！所以古代医学才有了怒伤肝、悲伤心、思伤脾、忧伤肺、恐伤肾的实践结论，这无疑在告诫我们，让心绪保持在平静的状态中是保证身体健康的法宝。因此保持情绪稳定就很重要了。

首先我们要做到清心寡欲。因为几乎所有的情绪与欲望都有直接或间接的关系。欲望炽盛使人心绪难安，欲求难耐，得之兴奋快乐，失之悲伤愤怒，郁郁寡欢，当这些有损健康的情绪反复产生，与这些情绪相对应的脏腑就会产生疾病。我们所欲求的事物情感无非都是身外之物，珍惜身体、珍爱生命吧！试着——欲求少一点，放下多一点，奢靡少一点，简朴多一点，伪饰少一点，真实多一点。无论外界如何腐化污浊，内心淡泊无染，无求则不予所得，在这种心境下，平和自然与之相伴，百病难侵，健康常驻！

培养谦逊的态度　谦逊是一切美德之首，对身心的成长充满益处。谦逊可以将自身保持在一个较低的姿态中，取人所长，补己所短，完善自我。放眼周围，因谦逊带来的好处比比皆是。一个谦逊的学生，更容易有突出的成绩；一个谦逊的部下，更容易获得上司的好感；而一个谦逊的领导人，更容易赢得众人的心。

通过以上几种方式将自身的心境保持在谦逊、豁达、开朗、包容的状态中，具有了这些良好品行，你会因常施予他人尊重、慷慨、谅解、快乐而得到更多的满足、平静，心情舒畅，快乐常伴，从而使气血顺畅，脏腑调和，身体各机能运行无碍，健康常在。

经常反省　接受教育是人类一生必做的功课，对成年人而言，更多的是需要提高自我教育的意识。自我教育意味着我们需要根据自身情况和爱好理智地选择一个学习对象，这个对象可以是——树立一个榜样，建立一种信念，崇尚一种信仰，等等，并且依据其内涵来修正自己，时时觉悟，不断完善自我，达到平和的状态，从而使自己趋于善良属性的层面，身心安泰。

要切实做到这一点，就需要养成自我反省的习惯。比如，每天晚上临睡前，花几分钟时间回忆一下白天的事情，检查一下一天的计划是否完成，重点关注自己一天的所作所为，所想所言，是不是到位，有没有出现消极的、负面的想法或情绪，遇到的问题是不是先从自身找原因，面对困难是不是先想到找方法……如果发现，立即提醒自己，纠正思维方式或关注点的偏差。长此以往，在日积月累的自我反省中，良好的心态就形成了。

陶冶情操

培养阅读的习惯 如果在所有的好习惯中只能选择一个的话，那我首先选择培养阅读的习惯。书籍是人类进步的阶梯，而阅读便是踏在这阶梯上的脚步，阅读能驱除一个人内心的黑暗和愚昧，将人引向光明、智慧，给人以力量和希望。所以，阅读应该是伴随一生的好习惯。生命短暂，时间有限，读书要读有利于培养性情的书，读对生命有价值的书。那些被称为"经典"的书，都是当之无愧的人类智慧结晶，这类书籍有助于我们洞察内心、探索自然、了解生命，通过持续的阅读开阔视野，使内心变得充实而坚韧，从而有勇气和力量直面人生。这么多年我注重阅读，受益于阅读，为此感恩那些提供了书籍的人们。

选择一种爱好 有爱好就会有行动，有行动就会有结果。什么样的行动带来什么样的结果，与其让我们的行为成为低级趣味的奴隶，不如让我们的行为成为高级品位的主人。自古以来，琴棋书画被公认为是修身养性的好方法，可以直接陶冶情致，安抚心灵！我从小没能培养这些高雅的爱好，成年后想培养又没时间没精力没心情，庆幸的是，自己选择了如意收藏，围绕这一爱好，倾注了大量时间、心智、情感并乐在其中。在紧张的工作之余，摆弄欣赏收藏品、查阅资料、阅读典籍、逛古玩市场成了最美妙的休闲方式。这一爱好使心灵得到持续的滋养，精神生活从此有了明确的方向，而且丰富多彩，感觉很好。

贴近大自然　这一点对生活在大都市的我们来说已经是比较奢侈的事了，尽管这样，还是尽可能地找机会接近自然，比如偶尔户外活动、出国旅游等。大自然是上天公平赐予每个人的无价之宝，大自然也是最好的老师和学校。造物主为我们呈现的花草树木、山川河流，处处彰显和谐美丽，违背自然规律引发自然灾害时，时时感受到人的渺小脆弱。贴近大自然，可使人逐渐感悟到生命的真谛，唤醒我们如自然界般纯真美好的品质，使内心趋于祥和平静，将我们对喧嚣都市的依恋转向对贴近大自然的喜好。随着年龄的增长，越来越向往到自然界而不是都市人群里去了，这也许就是生命的历程吧。

广交良师益友　古人告诫我们："近朱者赤近墨者黑"，直销里也曾流传着那句经典的台词："如果一个人是正确的，他的世界就是正确的"，这都说明良师益友的重要性。良师益友是人生的宝贵财富，得意时他们是祝贺者，失意时他们是鼓励者，孤独时他们是陪伴者，迷茫时他们是引领者。多年来，自己的成长和改变离不开良师益友的帮助、熏陶，他们在不同的时期来到我身边，借助他们的力量，充实了知识，丰富了精神世界，开阔了眼界，净化思想，升华心灵。从某种意义上说，如果没有他们就没有我的今天！

有感于朋友的可贵，也为表达对朋友的珍惜，我在QQ上签下自己的心声：朋友是财富但永远真诚！

第三部分　灯火阑珊处

饮　食

在这里重点说一下与养心有关的饮食。通常情况下，我们看待食物主要从两方面考虑：一是食物本身的营养价值，二是食物相互配伍后给人体带来的滋养。其实食物还有另一个特性常被忽略，那就是食物本身的属性对心理、生理乃至精神产生的影响。食物是大自然的产物，自然携带着大自然赋予它的某种能量及属性，食物从它的所属性质来讲，可分为悦性食物、变性食物及惰性食物三种。

悦性食物　含有自然界中较高的能量，是最优等且适合人类食用的食物。这类食物注重纯天然、无添加、烹饪方法简单，使用温和天然的香料，易消化，不会堆积毒素，也不会影响脏腑。悦性食物包括所有谷物、豆类及其制品、水果、大部分的蔬菜、牛奶、乳制品、各类坚果，概括来说就是素食、新鲜的水果蔬菜、五谷杂粮等。长期食用可以培养高贵的情操，使身心愉悦，欲望减少，纯洁自律，平和稳定，心灵宁静，从而使精力充沛，身心健康。

变性食物　属于中等性质的食物，包括咖啡、可可、巧克力、浓茶、浓烈的调味品、含碳酸的饮料等。食用这些食物后，会使心灵波动过大，产生激进、愤怒、烦躁等不良情绪。

惰性食物　这类食物可产生惰钝能量，是劣等食物，包括：肉、蛋、葱蒜类、麻醉品（烟酒）等各种陈腐食物。食用这类食物后使人产生懒散、愚昧、仇恨、粗鲁、欲望难耐、缺乏活力及创造力等不良后果，引发心理、生理方面的疾病，应避而远之。

总之，不好的食物对人体身心健康来说就是慢性毒品，养心不可忽视食物的能量对心灵的影响。明智的做法是：摈弃惰性食物，远离变性食物，多吃悦性食物，以求身体健康，心智清明。

从事保健品营销这么多年，对于饮食与养生的认识也是随着学习实践的深入而逐步加深的，最初在仙妮蕾德公司听健康讲座时，接受了健康饮食方面的科普教育，懂得了一些基本的健康饮食保健常识；进入新时代以后，这方面的积累更加深入和广泛。从118国际系统开始进行心灵成长培训之后，有意识地关注一些与身心灵成长有关的资讯，包括饮食方面，通过学习了解到更多与养心有关的知识。而现在，接触灵性经典之后得知：我们平时吃的食物都是有属性的，比如善良属性（清淡、新鲜、多汁等）、激情属性（过于酸、咸、辣、油腻等）和愚昧属性（肉类、放置时间过久的食物等），吃不同属性的食物会对一个人的身心健康和灵性进步产生精微的影响，久而久之会有大的影响。这一切都启发我们，要做到科学养生，饮食是不容忽视的。

有 效 运 动

把运动放在最后一点来谈，一是因为运动对身心健康很重要，另一个原因是自己在这方面做得很不好，是目前养生中的短板，正在考虑怎样改进。"身命在于运动，慧命在于静定"，这句话揭示了东方养生的真谛：动与静的结合、身与心的和谐。在名目繁多的运动方式中，我本人比较推崇太极拳和瑜伽，原因是这样的：

太极拳 是中国古老的养生方法，练习时要求意念、动作、呼吸三者密切结合，柔和、缓慢、轻灵，运动形式非常符合人体生理和心理的要求，太极拳使用的音乐也通常是中国传统民乐，平静祥和，是高层次的人体文化。太极拳刚柔相济、内外兼修，经常练习可使人情绪稳定、气血旺盛，精神爽朗，反应敏捷，免疫能力较强，达到颐养性情、强身健体的目的，比较喜欢。

瑜伽　瑜伽作为印度古老韦达文明的璀璨瑰宝，已由默默无闻的本土文化跃升至席卷全球的修习养生方法，无疑已成为现代追求精神喜乐、内心平静的人士的一剂良药。这种外动内静的运动方式能直接或间接地将我们内心平和快乐的本性唤醒，从而使我们内存静谧，外显和乐，体魄康健。瑜伽无疑是一种动静结合到极致的运动方式，也比较看好。

总之，运动可以产生快乐因子，有效的运动是保证身心健康的前提之一。如果我们想拥有良好的身体，必须从根本做起，身体需用心药调，从心开始，培养心态、培养心智、培养心性，这样内外兼修，必会获得身心康健！

4. 养生是一辈子的事

每个人出生后，凭着生命运行的规律，经历从婴幼儿到青少年再到中年老年直至死亡的全部过程，看起来似乎很平常：出生后，理所当然地长大，理所当然地吃喝拉撒，理所当然地运用这个身体从事各种活动。但认真思考一下，其实很不平常，在人生的各个阶段，这具身体是有它自身规律的，如果不遵循这些规律，他会抗议，会报复，还会遗弃。在充满压力和欲望的人生旅途中，我们忙于奔波，疲于奔命，乐于享受，往往忽视了我们的身体需要呵护，需要休养生息。

无论什么年龄的人，从养生的角度讲，都有一些通用的法则，这些法则就是围绕衣食住行设定的，只要遵循这些基本法则，创造良好的条件，养成良好的习惯，一辈子就可以免去很多身体或心理上的疾病。比如，尽可能在接近大自然、阳光充足、空气清新、水质良好的居住环境生活，就算没有这样的外界条件，也可以自己创造一个适宜的小环境：

家居用品尽可能是绿色环保没有污染的，屋里屋外干净、整洁、通风，日照充足，这是对住的要求；吃的方面，最理想的自然是绿色食品了，多吃五谷杂粮，多吃蔬菜水果，能生吃的尽量生吃，饮食尽量丰富而有限度，一日三餐按时吃饭，注重早餐，低糖、低盐、低油，少在外面吃饭，少吃肉最好不吃肉，谨慎对待吃入口中的任何食物，这是在"食"方面的基本准则，还有很多就不多说了。穿的方面呢，贴身的衣物用棉质的最好，经济、环保、健康，不盲目追求名牌，但注重品质。这个品质是指做工精细，面料天然，不杀生。其实我们在穿的方面是极其浪费和不健康的、甚至是不道德的。主要表现在两方面：

一是杀生　那些畅销世界的皮草服装是以大量屠杀动物换来的，也就是说，包裹在很多人身上的所谓"美丽""高贵""华丽""风度"……附满了动物的生命、鲜血、恐惧和怨恨，但商品经济让人们对这些已经麻木不仁了。不瞒你说，现在如果不是工作需要不得不去穿毛料西服的话，我打心眼里不愿意穿动物制品的服装，从生理到心理都不舒服，所以经常去"淘"棉布服装。有人看到我穿这种衣服理解为是弘扬中国文化，其实这里面的另一个原因就是这种中式服装基本上是用棉、麻等天然原料制成的，穿着舒服、环保、健康，保护动物。

二是资源浪费　我们都熟悉吃肉给环境带来的极大破坏，但很少有人去谴责在穿的方面人类因奢侈而做的恶！一个名牌的皮包，动辄上万元，从捕杀动物、剥皮（毛）到粗加工、精加工，再到营销的全过程，耗费了多少自然资源、人力物力！再看看买包的人：先是花一笔钱买下这些浪费和罪恶，接着装一些无非就是钱包啊、卫生纸啊、随身化妆品啊、钥匙串之类的东西，然后呢，把包背在身上，走出去告诉所有人：我背的是名牌！那潜台词是我有钱、我有品位、我高雅、我比别人牛

第三部分 灯火阑珊处

……有了这个包就很自信,很有感觉。不知那些早已习惯如此消费的人们有没有问过自己:自己挎在肩上、拎在手上的到底是什么?更有甚者,平时省吃俭用几个月、一年、两年,就是为了买一个某某牌子的包!现在的人们怎么了?

至于"行"呢,根据专家的建议当然步行最健康了。但对于生活在城市的人,尤其是生活在像北京这样大城市的人,步行有时候几乎是一种奢侈。看看大城市里多数人的生活写照吧:一大早起床,匆匆忙忙地吃点儿早餐(很多人还不吃早餐),匆匆忙忙地上班,有人乘公交,跑着走路,挤着上车,抢着占座位,站着乘车,在车里忍受着人挤人的拥堵;有人自驾车,慢着滑车,停着等车,急着超车,拥着开车,在路上上演着车挤车的无奈!下班后,重复同样的动作,回家、做饭、吃饭、看电视、睡觉。一年365天,周而复始,去而复来,每天如此;好容易盼来双休,一大堆的家务和应酬,忙得不亦乐乎,双休比不休更忙碌……没有时间步行,没有场所步行,加上久坐不动,白白荒废了老天给我们的天然运动工具,无生可养!怎么办呢?即便是这样,也需要挤出时间来让自己有时间步行。通常说的没有时间,那是因为没有足够的重视,如果认为事情很重要,一定能抽出时间。没有人说一日三餐没时间吃的。

有时想啊,我们现代人比起古人的生活质量差得太远了!古人呼吸的是天然的新鲜空气,喝的是天然的矿泉水,住的是最适合居住的房子,行用的是天然双脚。在这种环境下所见所闻充满大自然的正能量,处在天然的养生环境中,被动养生,无意识养生,因简单而快乐,因纯粹而健康。今天的人已经没有这个福报,只好尽可能地创造条件接近养生了。

至于养生在每个年龄段的不同之处也很多,养生实际上是一辈子的事情，应该从小的时候就开始了。可惜生命不能重来，在我们过去的很多年里，没有养生这个概念，我们的父母也不懂得，主要是没有这个条件，一家几个孩子，能吃饱穿暖就不错了，整个社会都处在贫困状态下，没有工夫谈养生，养生的兴起也是近十来年开始的事，是随着经济条件的好转而产生的。个人认为大致是这样的：

在婴幼儿时期，有各种各样的育儿书籍里介绍了，就不再赘述，这一时期主要取决于大人的观念和行为，小孩子没有任何主导能力。这个时候对于做父母的来说，自己的一言一行会对孩子的心理健康产生很大的影响，因此这个时候重要的是关注小孩的心理、情感和无意中对小孩在潜意识里的影响。从孩子进入幼儿园开始，养生的关键是培养孩子的好习惯，比如说，早睡早起。少年期间，主要是养，从小开始直到人生的各个阶段。每一阶段的养生目标和方法都是不同的。

年轻人说：养生是老年人的事；
穷　人　说：养生是富人的事；
没病人说：养生是病人的事；
忙　人　说：养生是闲人的事；
刘文明说：今日不养生，明日必养病；
　　　　　输了健康，赢了世界又能怎样！

第四部分

时代在召唤

展望未来　前途光明而任重道远
回归心灵　真诚面对内外

　　奋斗之路是由一个个目标指引的旅程，生命在这历程中要么完美，要么残缺，要么遗憾，要么……不停歇地活动。面对未来，被访者刘文明先生一方面信心坚定，满怀希望，以更加积极的态度和行动勇往直前；一方面缓慢而深沉地将视线收回，投向内心，以前所未有的视角重新审视自己，展开对自我的新一轮探寻。十几年前，在面对事业重大抉择之际，他将自己置身于时代的洪流中，审时度势，做出人生最明智的选择；而如今，生命又走到一个关键的结点：在达成一个又一个目标之后，人生将何去何从？生命的意义究竟是什么？当孩子长大成人，当合作伙伴已然成功，当一个个心愿逐步实现后，还有什么更值得追求？带着这些问题，访谈继续，思考继续，探索也继续……

一、国际市场

史 提到国际市场,您也曾几次随公司考察团接触过国际市场,您本人也曾带领118国际系统成员考察过一些市场,接下来能不能谈一谈对国际市场的看法?

刘 好的。国际市场是未来发展的必然,是公司一定要开拓的市场。你看从公司的目标来看,"发展民族产业,造福人类健康",在国内起步,做专做实国内市场是我们的立足点,而走向世界是咱们最终的目标,否则,"造福人类健康"无从谈起,就会成为一句口号。新时代不是只喊口号的公司,它提出这样的宏伟目标,一定要实现的。

从宏观形势看,全球经济一体化,中国的企业要走出国门,政府鼓励企业走出国门走向世界,这是必然趋势。新时代作为一个国有企业,也肩负着这样的使命,那就是:以产品为载体,弘扬中国五千年的养生文化,为世界各国渴望健康、追求成功的人们带去福音。

从公司的角度讲,发展才是硬道理,全世界的人都需要健康,全世界的人都希望过美好生活,市场有需求,公司要发展,走向世界也是必然。

从经销商的角度讲,好的产品就愿意跟亲友分享,好的机会也愿意

第四部分　时代在招换

和亲朋好友共享，在用产品和开拓市场的过程中，自然会延伸到国外，这是自然而然发生的事情，随着这样的事情多了，就会从无意识发展到有意识地开发，规模也会逐渐增大，这样一来，一不留神就把产品销到国外了。外国人也跟我们一样需要健康，需要机会啊，人同此心，心同此理，长此以往，国际市场不开也会开起来，市场呼唤它开，有需求嘛。

当然，现在国际市场还在探索和萌芽阶段，以后随着国内市场的深化发展，发展国际市场的内部需求会越来越强烈，到那个时候，国际市场发展的步伐就会加快。现在销量少份额小都不重要，重要的是有市场，有需求，有愿望，有空间，目前所做的一切说明这个公司已经在做当下应该做的事了。在今天，还不能说国际市场就起来了，甚至新时代在国内市场还不能说有多么强大，实力也没有足够的雄厚，那么未来呢？做直销就是做未来啊，未来公司发展的持续性、稳定性比较好，从营销团队来看，各地都涌现出很多优秀人才，也出现了第二代新时代人（跟随父母继续做新时代的年轻一代），这些孩子们普遍文化程度偏高，有活力，有闯劲，也有很多现代观念和方法，他们的介入为市场注入了新的血液，两代人能够很好地传承这份事业，公司领导也提到过"世交"的概念，这一切都是很好的信号和预兆啊。所以，国际市场大发展只是时间问题，一定会有全球开花的那一天，对这一点我本人也是深信不疑。

史　您刚才说公司领导提到过"世交"一词，请具体解释一下。

刘　就是在2011年5月12号，我们随黄永刚总经理去日本、韩国考察的时候，在船上，黄总提出我们不光现在是朋友，将来还是世交。这个世交指公司和我们是世交，不光是这一代人并肩战斗走过来，还包括

247

我们的下一代之间也是这样。虽然新时代不是个人的公司，但作为公司的总经理，能够提出这种概念，说明他有这种胸怀，有这种内在的愿望和诉求，肯定是很好的。这意味着我们的事业未来会有继承和发展，具有前瞻性的东西，而且大家也应该以这个为核心，这样的话不是就共同谋发展了吗？不就有合力了吗？经销商与公司是唇齿相依的关系，没有公司就没有这个平台，经销商就失去了发展的前提，如果没有经销商，公司就没有发展的基础，所以说，公司和经销商是一体的，谁离开谁都不行，我们的利益、事业甚至命运都联系在了一起，是命运的共同体。

还有，公司提出了"百年国珍，辉煌新时代"的口号，百年啊，这是三代人的黄金时间，从1995年公司起步到现在，这么多年过去了，再过十来年，我们这一辈基本该退休了，我们的孩子们即将成为生力军。要打造百年基业，仅靠我们这一代人是不行的，需要我们的下一代甚至下下一代的共同努力，这一代我们是战友，后代们也是战友，这就是世交吧。

二、直销发展趋势

史　您认为未来直销有哪些发展趋势？

刘　首先，在中国，未来直销的发展趋势必须是在国家监管下合法

运营、正规操作、永续经营。合法运营意味着在国家法制化大环境下依法运营；正规操作是遵循行业规律专业化操作；永续经营是在正确经营理念指导下长久发展。为什么这样讲呢，这是和中国的国情以及直销在中国走过的历程有关系的。当年，直销作为一个舶来品进入中国，在中国市场经济并不成熟的情况下，政府和从业人员都没有多少实践经验和理论指导，随着它的疯狂发展，在中国出现了那样的一种混乱局面（前面我们提过），政府在那种情况下取缔了这个行业。当时的取缔是政府在特殊市场环境下的一个决策，待到2006年国家正式颁布《直销管理条例》和《禁止传销条例》时，标志着中国直销进入法制化发展轨道。

从1998~2006的八年时间，政府是很审慎的，逐步开放。既然直销是一个舶来品，那我们必须看看在国外的发展情况，国外的发展经验告诉我们，未来直销会像任何一个行业一样，遵循国家的各项法律法规。咱们国家一直是注重宏观经济调控的国家，对各行各业都有明确的行业标准、法律规定等，那直销业也不例外。尤其是直销业人员参差不齐，经常举办各类聚会、活动，政府的监管是有必要的，政府也不可能放任自流地发展。自2006年以来，我们都看到了，也感受到了政府对这个行业的监管力度。

实际上，有了稳定的政策环境，行业反而好发展。对这一点我们在市场一线体会很深，过去跟人家一提直销，很多人听到这两个字感觉就像是碰到传染病似的，立刻逃之夭夭，生怕染上了，临走还给你扣一个骗人之类的帽子。现在呢，可不一样了，越来越多的人了解了直销是咱们政府允许的行业，尤其是一些有眼光、有能力的人，更是看好直销的潜力和前景，纷纷走进这个行业。现在再提起直销，如果有人还是持有过去的看法，那只能说明他对国家在这个领域的政策法规太不了解，过去的观点太过陈旧了。

其次，我个人认为，未来中国的直销应该是民营企业引领直销业的

发展。这一点主要是从直销文化和中国经济发展的总体趋势上看的。直销的发展离不开人缘、地缘、文化缘,而在这三缘当中,中国可以说是占尽了优势。

先看人缘,中国有13亿人口,密集度很高,中国人自古以来注重亲情、友情和爱情,提倡人与人之间和睦相处亲如一家,讲究人情。而直销这种销售方式在这样的人文环境中可以说是如鱼得水,口碑相传,靠的是人们之间的信任与感情,紧密的人缘无疑是一种绝对优势。再看地缘,31个省、市、自治区,几大自然片区,幅员辽阔,地广人多,政策灵活而政府监管有力,人口流动性强,交通便捷,通讯设施完善,为超越时空限制的直销提供了坚实的地理基础。最后就是文化缘,直销究其经营本质来讲,离不开文化的土壤,它首先通过改变人们的观念而改变人们的行为,长期伴随着对一个人意识形态的影响,比如价值观啊、心态理念教育啊,等等,而中国本是一个有着灿烂文明的国家,我们不乏文化底蕴,既有像儒、释、道这样具有广泛影响的中国文化主脉,又有传承于各民族内的少数民族文化、地域性的文化,所有这些文化的共同点就是追求真、善、美的一切。

进入直销业这么久,尤其是自己学习传统文化以后的这段时间发现,其实直销里倡导的很多理念在咱们老祖宗的教诲中早就提出了,只是我们现代人用白话文表达,古代人用文言文表达而已,或者说,直销这个行业用了更利于传播的方式传播开来,让人们以为就是直销业创造的呢,实际上,直销也是在吸取了前人的很多智慧与经验基础上不断完善的。比如说,直销里倡导的感恩、谦卑、和谐等,仅在《弟子规》里就能找到同类的思想,更不用说那些经典的理念了,比如"选择比努力更重要""边用、边做、边学、边教""胸怀有多大,事业就有多大"……在古圣先贤的典籍中都能找到思想的源头。

可以毫不夸张地说,中国文化本身就与直销文化相一致,做直销的

第四部分　时代在招换

人，只要认真学习中国文化，尤其是古人在做人做事方面的教诲，就能够唤醒某些智慧，落到实处，就可以产生无穷的力量了。中国文化也有足够大的包容性，与直销文化天然相融，在这种文化传承下的中国市场，有得天独厚的优势，必然会有一批民族直销企业成长起来，在发展壮大的过程中，讲直销文化与中国文化融合，依托强大的文化力量推动企业前行。在这方面，新时代可以说是走在了中国本土直销公司的前面，在未来，它很有可能成为引领民族直销行业前行的一面旗帜，一个标杆。

另一方面我们看看中国经济的发展趋势。改革开放三十几年来，中国本土的企业在一边学习外国公司的同时，一边探索适合中国国情的发展之路，经过几十年的历练，大浪淘沙，涌现出了一批优秀的企业，他们有的活跃在中国市场，有的走出国门，在世界经济舞台上大放异彩。在这些企业中，既有和新时代一样的国有企业，又有在中国市场成长起来的民营企业，无论是国企还是民企，这些优秀的公司都是从中国本土成长起来的，它们经受了市场发展过程中的种种挑战，与外资及合资企业共同参与市场竞争，共同发展，成功地跻身强企行列，完成了从幼稚到成熟的蜕变。

在这个进程中，直销业作为一个行业，业务横跨保健、化妆品、日用品、食品等领域，涉及交通运输、旅游、信息通讯等相关行业，与各行各业有着广泛的联系，尤其是未来跨行业的联动，更让直销业呈现出涉及面广、影响力大、灵活强劲的发展态势。它将与其他行业一道，构成中国市场经济的一个组成部分，在这个有机组成部分中，民族企业不容忽视，市场占有率不断攀升，竞争地位逐年提高。在这种情况下，直销业必然随着整个民族企业蓬勃发展的大势而发展。

本土的直销企业更了解中国国情，更了解中国市场，也更了解中国人，深谙中国经商之道，熟悉中国的人情世故，有着在文化、语言、人际关系方面的绝对优势。当然，咱不否认，外资的直销公司有着更悠久的发展历史和随之积累的经验，有着更先进的管理方法，但这些都是可以学来的。外资公司有经验，提供了可借鉴的东西，可以让我们少走弯路；他们有方法，可以让我们效率更高，这是好事。中国人是很智慧的，不但善于学习还善于创新，你看，从"社会主义市场经济"到"中国式直销"都体现了咱们中国人的智慧所在：善于学习，善于变通，因地制宜，因时而变，就是这样。

第三，直销从业人员趋向于文化程度偏高、综合素质较好的人，可望成为主流行业之一。这一点是可以肯定的。随着直销在中国20年的沉淀积累，从业者经受历练而不断进步，未来的直销人应该是非常优秀的人。越来越多有文化、有能力、有财力的人看懂之后踊跃加入，他们会带来新思想、新观点，为直销发展注入新鲜血液，更具活力和创新能力。过去那种有病用产品、病人带病人的业务拓展方式是特定历史时期的产物，它终将随着直销法制化的到来和行业日趋成熟而渐行渐远。高起点、高品位、创业型、管理型的人才将成为这个行业的主流人群。

乐观地说，也许将来这个行业还可望成为社会的主流行业之一，为什么这么说呢？随着社会的发展，营销领域也在变革。从最早的物物交换到货币交换，从柜台销售、专营专卖等有形实体店铺销售，到现在互联网上无形的虚拟店铺销售，清晰地看出营销领域的不断改革创新，谁能否定未来没有更先进的营销方式出现呢？所以再往后应该还有更贴近市场的销售方式出现，即营销模式的革命。

从营销模式来看，直销因其能有效杜绝三角债、有效防止假冒伪劣产品、有效激励经销商的潜能等诸多好处而逐渐受到推崇；从市场环境来看，直销因对经济危机有强大的抵御风险能力、抗干扰能力、抗震能力等，逐渐被认知为极具效力又极具挑战性的行业，从而正在吸引那些想在激烈市场竞争中脱颖而出的创业者们。所以说，直销有进入主流的趋势。这个主流并不是什么政治主流，而是指在经济领域里占据重要的地位。

以上三方面的趋势都直接和国家政策及国情有关，除了这三点外，直销当然还有着行业本身共同的一些趋势。个人认为未来的直销将呈现出生活化、专业化、娱乐化、信息化和多元化的发展趋势，接下来具体说说这方面的看法。

直销生活化 直销生活化从市场角度看体现在产品种类丰富、宣传方式灵活、销售方式多样、销售场所多变等方面。产品种类丰富，能够应用到日常生活的方方面面，这一点是实现直销生活化的前提条件。现在我们看到，大部分的直销公司都在丰富产品种类方面下着工夫，为什么呢？直销是建管道的生意，当管道建立起来后，就要有大量的产品流过。怎么样才能有大量的产品流过呢？那就是持续开发能满足人们日常生活所需的产品。对于公司来说，这样的产品意味着源源不断的流水；对于消费者来说，这样的产品意味着源源不断的需求；而对于经销商来说，这样的产品意味着源源不断的业绩。当推广这些产品的时候，由于它们涉及日常生活的方方面面，所以就体现出生活化的特点。

在广告宣传方面，未来的直销不仅仅采用传统的电视、报纸、杂志、户外媒体，还会利用多种其他方式渗透到人们生活工作的很多方面，比如，通过参与、举办跨行业的各类活动，通过大众传媒，通过人们喜闻乐见的娱乐节目，通过社区活动，通过某些特定人群宣传，等等。这些宣传活动的规模单个来看并不一定很大，但数量多、普及面广，以滴水穿石的力量扩大其影响力，就像是直销的一对一沟通一样，在看似不起眼、看似缓慢的运作模式背后，蕴含着巨大的潜力。总而言之，凡是那些可以将信息传递给受众的一切方式都会逐渐被采用，这些方式有的我们知道，有的不知道，未来还会有新的方式产生。而这些方式的最大特点就是更加贴近百姓的生活，未来越是贴近百姓生活的宣传方式越容易出效率，生活化尽在其中了。

对于销售方式的多样化，现在的从业人员应该是已经感受到了并受益其中。比如除了最基本的一对一销售外，我们还经常采用团购的方法卖产品，越是能满足多数人需求的大众化产品越容易成交，换句话说，越是生活化的产品团购的概率越大。而销售方式生活化更多地体现在销售的途径上，也就是销售载体正在发生着的变化。比如，过去较多的是一个个的买卖双方，而现在呢，还可通过宾馆、饭店、美容院、医院、学校、诊所、幼儿园等公共服务机构，甚至在网店、商场专柜进行销售。销售渠道涉及与人们日常生活密切相关的各个场所，会从多角度、多方面地进入千家万户。未来这一趋势会更加明显。

最后谈谈销售地点的多变性。直销业务实现买卖交易的最原始方式就是无店铺销售，直销产品广告宣传的最原始方式就是口耳相传。既然是无店铺销售，那就意味着在任何一个适合的场所都能进行，既然是口耳相传，就说明任何人都可以对交流的对象进行宣传，也就是说任何地点、任何人在合适的场合面对有需求的人都可以进行，这样一来范围就很广了。并且我们看到，随着时代的变迁，社会生活发生了很大的改变，消费者的需求变得多样化，人们在购买产品的时候，不仅仅关注产品本身的价值，还关注附着在产品上的附加值，比如品牌的内涵与个性，购物的环境，购买产品的便捷性，服务质量，等等，营销活动也因此变得越来越贴近大众的生活，产品销售也更加关注人们于产品之外的其他需求。这些需求的满足与否，往往要求从业人员能够深入消费者的生活，从消费者的角度领会他们的意图，使销售产品发生在任何一种轻松愉快的氛围中，在他们方便的地点进行销售活动。只要顾客需要，只要顾客不反感，销售可以发生在生活中的任何地点、任何场所。

直销专业化 刚刚谈完生活化，紧接着说说专业化。生活化是轻松的、灵活的、丰富的，而专业化呢？刚好相反。专业是什么？就是一个领域里最本质的规律、思路和方法。乍听起来专业化和生活化是冲突的，其实不然，生活化是一种形式和状态，而专业化是本质，任何事物，形式万变而本质不变。专业化是长期的追求，是一个进程，更是一个系统工程。这其中的道理大家都很清楚，行业在进步，直销在发展，从业人员正在走向成熟，在这个进程中，专业化也越来越高，相信专业、尊重专业、打造专业，是成长的必然，势不可挡。而未来要想在直销业获得成功，没有一支专业化的团队会很难。我们也看到一些靠运气一时成功的人，但要永续经营，谋求更大的发展，必须走专业化道路，这一点大家都有共识，不用多说了。

直销信息化 互联网的产生给人类社会带来了翻天覆地的变化，可以这样说，在今天，随着信息化的到来，你很难说互联网对哪些方面有影响，哪些方面没有影响，而是人类生活的各个领域都受到了互联网的巨大影响。因为互联网，世界被重新划分为现实世界和虚拟世界两大阵营，几乎现实生活中的一切都可以在虚拟世界里实现：你想去旅游？可以，上网走一遍，坐飞机？坐火车？还是步行？都可以，上网去吧，沿途的风景一个不少，一个不错；你想逛街购物？可以，网上的商店比实际的商店还多，足不出户，不用说话，连钞票都不用数，只需要动动鼠标，妥了，货就到你手里了；你想上名牌大学？没问题，不用考试，不用交学费，下载一个软件，就可以听到世界上最有名的大学最权威的老师讲课……你还想干什么？互联网都可以满足你，可以这样说，只有你想不到的，没有互联网做不到的。

在这种信息化浪潮中，人们的社交方式发生了很大的变化，其中一个明显的特征就是从过去单纯的"人际互动"变成了现在的"人际互动"与"人机互动"并存的方式。我经常开玩笑说，现在的年轻人，尤其是电脑一族，不是不会交流，是不会与人交流，只会和电脑交流，活在虚拟的世界中，不亦乐乎。

　　高度的信息化给直销业带来诸多好处：无纸化办公，大大降低了运营成本；快捷的信息沟通，极大地提高了工作效率；信息化平台的搭建，提高了管理水平，升级了客户服务。而从经销商的角度来看，信息化平台的搭建，为团队管理、业绩管理、售后服务、网上业务学习等提供了便利，如鱼得水。过去需要几天时间完成的业务现在在网上几分钟就搞定了；过去只能人工办理的业务现在通过机器轻松搞定，甚至直销业内传统的开发市场方式也在发生着改变。比如，过去我们要沟通一个客户，你或者打电话，或者面对面交谈，现在又多了一种方式：网上联系，能听到声音还能看到人；过去要开发陌生市场，只能到有陌生人的地方去寻找，范围较小，现在呢，你哪里也不用去，在网上就有机会和世界各地的人交朋友；过去我们开会，要约个时间、地点把人召集起来，缺席了就没办法了，现在呢，可以通过互联网跟世界上任何一个地方的人召开会议，缺席的人还可以事后补课；过去要给团队发一个通知，得一个一个打电话，现在不用了，群发一条短信就全部覆盖了……还有很多方面的例子，这些都是互联网带给我们的便捷，越来越多的人正投入其中运用着这些先进的手段，充分享受着信息化带来的便捷和其他好处。

　　未来，互联网会继续影响我们的生活，继续提供更多功能，直销业的信息化程度会越来越高，直销从业人员的信息化程度也会越来越高，普及面也会越来越广，这是必然趋势。所以说在今天，如果谁还不会用电脑，不善于借助互联网的力量开拓市场，那就太落伍了，太可惜了。

第四部分　时代在招换

直销娱乐化　说起直销娱乐化啊，还真是近几年才呈现的趋势。曾经听到有人说未来影响人们生活的两个关键字是"数字"和"娱乐"，真有道理啊。数字就是信息化嘛，而娱乐呢，是伴随着信息化的到来对人们生活的影响。你看，很早以前在我小的时候，娱乐的方式多是那种需要你运用身体各方面功能去完成的，比如看电影、看戏、唱歌、跳舞、打扑克、跳绳，等等，而现在呢，娱乐的方式发生了很大的变化，取而代之的是围绕互联网而进行的娱乐，网上游戏的盛行充分证明了这一点。那些纯传统的娱乐方式也在发生着改变，形式变化不大，附着在其中的内涵发生着改变。

做直销是需要依靠人际互动才能完成的事。今天的人们生活节奏加快，精神压力大，普遍缺乏耐性，普遍劳累，尤其是生活在城市里的人，在人与人的互动中，更愿意置身于能让其感到轻松、愉快和温馨和谐的氛围中，这样的话，在销售中加入娱乐，在娱乐中进行销售就成了一个新的课题，也是未来直销的一个新的趋势，这一趋势会随着娱乐对生活的影响和直销业的发展而突显。给你举个最典型的例子，如果你邀约一个人，告诉他去参加一场培训或者什么创业说明会之类，他可能会立即拒绝你，但如果你要请他参加一个生日聚会或去看场什么表演活动，那他来的可能性就很大了，即便不来，他的心理感受是愉悦的，不拒绝的。还有就是，我们经常在举办旅游活动的时候邀约一些人通过在旅游期间举办的各种宣传活动，让人们再吸引一些人。其实生活中还有很多类似的情况，有待我们去挖掘，去创新，寻找更符合现代人的互动方式。所以说娱乐化，会随着时代的发展而走进直销业。

直销多元化　从公司角度讲，经营多元化，产品多元化，服务多元化等，在这里不去详细评说，主要从市场的角度来谈。

拓展市场的方式多元化，销售方式多元化。除了传统的一对一和团购外，嫁接式销售、捆绑式销售逐渐被采用，战略联盟，资源共享。现在呢，随着直销的发展，我们看到另一个现象显现，那就是采用捆绑式的方式资源共享。

综上所述，其实任何一种趋势都不是孤立的，社会生活多姿多彩，行业发展日新月异，你很难说清楚在什么时间什么地点，哪一种趋势更明显，哪一种趋势会占主导地位，尤其是自己也是凡人一个，也没有搞过什么专门的研究，对未来的发展趋势很难捕捉得那么准确，今天谈的这些只是综合了在市场上的所做、所感，纯属个人见解，难免不妥之处，见笑了。

三、对公司未来的信心

史 您对新时代公司未来的发展有信心吗？有什么预期？

刘 说心里话啊，自从选择了新时代以后，就从来没有怀疑过公司，从来没有失去过对公司的信心，随着时间的推移，这信心更是与日俱增。为什么呢？归纳起来有这样几个原因：

一是公司的使命与责任

一个公司能够发展到什么程度，能够走得有多远，是跟它一开始的战略和宗旨（就是公司的使命）有很大关系的。你看新时代的宗旨是什么："发展民族产业，造福人类健康"，多么宏大的战略，这是它的夙愿，或者称作菩萨愿。这一宗旨非常明确地告诉我们它想要干什么，准备干多久，未来要往哪里去，是一种什么样的视角，什么样的胸怀，都在这句话里体现出来了。

作为一个国有企业，新时代是要立足于本土，立足于中国，承担自己作为企业公民的责任，为发展民族产业做出贡献，然后走向世界，为全世界的人民谋福利。作为经销商，这样的企业最值得选择，这样的企业可以信赖。直销提倡的是选择一个好公司，用几年的努力，厚积薄发，然后享受充分的自由人生（财务自由、时间自由、心灵自由），并且让这种美好的事业永续经营下去，让一批又一批人走上成功之路，拥有精彩的人生。

一个没有远大理想和宏伟战略的公司是很难支撑直销这种运作方式的，有战略就有方向，战略宏伟意味着方向远大，包容性强，在前行的路上不会轻易为一时一地的得失而迷失方向，这对于经销商而言是再好不过了，只有这样才能托起众人的梦想吧。

当公司把民族的责任、造福人类健康的责任视为己任时，就会吸引更多的有识之士，就具备了包容承载的能力，潜力无穷。我们中国人喜欢讲："人在做，天在看。"对于公司也是这样的，公司在做什么，天也在看，这个天不是别的，正是人间正道，是民心。回顾公司走过的历程，正是因为它顺应了民心，干的是造福他人的事，所以总能在一个又一个困难面前平安度过，可谓天佑新时代！从过去可以预知未来，相信在正确的经营理念的指导下，公司会走得很好，走得很久。

2010年7月18日（新时代公司一年一度周年庆典），公司在北京举办了两场大型活动，一场是上午在人民大会堂召开的企业社会责任报告会；来自全国各地几千名经销商代表出席会议，并聆听了黄永刚总经理关于社会责任的报告，深受鼓舞；另一场是下午在北京奥运会场馆——

鸟巢举办的"绿色环保 健康新时代"大型环保演唱会，近六万名新时代人欢聚一堂，表达新时代人对健康环保的追求。一个企业在同一天时间，在首都两个最高级别的会场举办庆祝活动，足以证明了新时代在今天的实力和影响力，这两场会议也最充分地体现了新时代公司的社会责任感。

史 是的，一个企业能在同一天举办两场如此高规格、大规模的庆典活动实属少见。记得那天一大早在出租车里就听到交通台播报关于鸟巢要举办大型演唱会的信息，感到很亲切。

刘 是啊。演唱会场面宏大，节目精彩纷呈自不必说，黄永刚总经理的报告给我留下深刻印象。他在报告中提到企业的六大责任，从这些责任的表述中可以看出，公司是把自己的命运和国家、社会、民族的命运紧紧联系在了一起。

经常在市场上听到人们形象地把新时代公司比喻为共和国的长子，如果这个比喻成立的话，那么这个社会责任报告就是一个长子的心声，长子对自己的勉励，对社会的宣言：勇敢地担当起长子应该有的担当！在庄严的人民大会堂聆听到这样内容的报告，仿佛在部队听到了战斗的号角，一股早已根植于骨髓的爱国情怀和使命感油然而生，很受鼓舞，也更觉得从事的事业有意义，值得追求。

公司自成立以来，在人民大会堂共举办过两次活动，一次是2005年的健康大课堂，一次是2010年的社会责任报告。两次活动，同一个会场，不同的主题，意义非凡。2005年的健康课堂，是我们第一次在国家最高会议中心举办专家健康讲座，当时《直销管理条例》还没有颁布，公司能在这个时间这个地点举办这样的活动，证明公司的健康课堂得到了社会尤其是政府的认可，从另一个侧面反映出公司的良好形象；而时隔五年，当公司又一次在这里举办活动的时候，却和当年的意义完全不同了，公司从健康课堂跃升为社会责任，它从一个侧面反映出公司发展了，超越了。

有使命感的公司有动力，有责任感的公司能够担当，新时代公司的使命和责任决定了它是一个有前景的公司，而"有前景"正是直销公司必备的特征之一。作为经销商我们很看重公司是否能够长久发展，因为只有公司发展了我们才有发展的前提，只有公司发展了，我们才能有更大的发展。基于这一点，我对公司充满信心。

二是公司的产品

咱们常说产品是企业的生命。这个生命太有生命力了。就拿我们的主打产品之一松花粉为例吧，全世界有一百多种松树，只有马尾松和油松的花粉最适合吃；而这两种树种中，中国的储量最多，占了全世界90%以上的资源，具有很大的资源优势。松花粉自古以来就是药食同源的食品，过去由于保鲜和运输的问题，很少有人能吃到松花粉，更谈不上长期吃了。新时代公司经过科研攻关，解决了一系列技术难题：保鲜储存问题的解决突破了季节的限制，彻底解决了原料问题；破壁技术的应用使花粉里的生物活性得以充分释放，更容易被人体吸收，增强了产品的功效。这两点实现了松花粉的规模化生产，并以此为原料开发出系列产品，为产品的可持续开发奠定了基础。

国珍产品自上市以来，受到广大消费者的一致好评，经过了十几年的市场验证，堪称保健品里的珍品，人类健康的福音，也因为这样，受到政府和专家的认可。以松花粉和竹康宁为代表的系列产品获得"中国航天专用保健产品"和"中国航天选用产品"的称号，还荣幸地入住上海世博会太空家园馆！以上都表明公司的产品是一流的。这么多年来，每当谈到新时代公司，底气最足的就是产品，国珍产品是好产品，没得说！

纵观公司的产品，从原料上来划分，我们以被称为"岁寒三友"的松、竹、梅为原料，制成三大系列产品，这种原料的选择就极具中国文化特色，而直销本身就是做文化的，这样划分也寄寓了中国传统文化的部分内涵，从一个侧面宣传了中华民族的精神气节；从产品结构上来分，我们又分为保健食品、营养食品、护肤品、个人护理用品等，这严格遵守了国家《直销管理条例》及相关法规的规定，使所有经营的产品获得法律保障。最令人振奋的是，公司关于做专体质养生的战略规划，无疑是给未来发展注入了新的活力。在这里不妨多说一点。

自进入直销业以来，就和传统文化，特别是中医养生文化结下了不解之缘。从最早的仙妮蕾德产品到新时代国珍产品，都是依据传统养生文化而开发的产品，在服用、销售产品的过程中，深为中国养生文化的非凡魅力所吸引，也为祖先能留给我们这么丰富的宝藏感到庆幸。然而长期以来，总是觉得中医博大精深，充满智慧，倾尽一生的精力都难以完全掌握，反而不知道该怎么做了。就拿新时代公司现在的产品来说吧，我们的市场宣传说是根据中医养生原理研发生产的产品，但中医有那么多的原理，比如"阴阳平衡理论"啊，"五行理论"啊，"整体观"啊，"不治已病治未病"啊，等等，到底依据的是什么原理？怎么起作用的？这些原理之间有什么内在联系？怎么能让那些没有中医理论基础的人能够明白？咱们直销不是讲简单、易学、易教、易复制吗？那这些又怎么做到这一点呢？这些问题一直困扰着我，也困扰着团队里的其他人。

没想到，在我们正为之困惑的时候，新时代公司提出的体质养生战略将解决这个问题。为什么呢？公司从浩瀚的养生文化中选取体质养生作为自己的发展方向，将注意力聚焦在人的体质上来，直接关注人本身。我觉得体质养生对于市场的意义在于以下几点：

第四部分　时代在招换

1. 根据一个人长期的、稳定的生理特征将人群划分为九种，使每一个人都能够科学地了解自己的身体特点，针对自己的特点采用不同的养生方法，达到身体健康的目的。

2. 经销商在销售产品的过程中可以根据对方的体质类型，推荐适合对方的产品和保健方法，真正做到有针对性的销售、有针对性的服务。这样一来，销售员有针对性地推荐，顾客有针对性地买，二者之间容易形成良性的互动关系。长此以往，紧密的客户关系就建立起来了。

3. 公司提供了一系列的实用工具，比如测试软件啦，扑克牌啊，等等，在销售员与顾客之间架起了一座沟通互动的桥梁，使口碑相传的销售方式变得更加灵活，更人性化，更生活化，甚至更娱乐化（符合直销发展趋势），更有利于销售。以上是从狭义的角度——主要是市场的角度来看体质养生，如果从更广义的角度来看的话意义更大了。

这几年陆续有几次出国考察的机会，不同程度地接触过国际市场，无论是面对外国的中国人，还是土生土长的外国人，都有一个共同的感觉：中医很深奥，中医让人摸不着头脑，想学无处下手。好像怎么解释都对，怎么说都有道理，但就是没有一个标准，没有数据，不能量化，不可复制，没法操作。因为这样，人们不相信，尤其是外国人不相信，认为没有标准，缺少依据。包括对我们产品的理解也是这样的，咱人跟外国人难说清楚，外国人更是听不明白。其实这种不理解就是文化的差异，是中西医的差异。应怎样在差异中架起一道理解的桥梁（就是实现可量化、可操作的问题），一直是个难题。当然，作为经营者，我们解决不了那么大的问题，只要把和公司相关的问题解决好就不错了。

新时代公司在体质养生方面所做的探索和成绩很好地解决了这个问题。它运用事先研发设计的软件系统，通过人机互动进行体质的划分和辨识，让每个人使用软件答题，对号入座，找到相关的答案，就可以了。这样一来，测试者不需要具备多少中医理论知识，就能对自己的身体情况有一个全面而准确的了解。这在客观上使中医文化的传播变得可复制，能操作了，在养生和疾病预防方面，彻底解决了中医理论的落地问题。至于那些原理，就留给研究者去做了。这是企业的创新，在实现中医养生理论大众化传播方面的创新。这一创举，为广大消费者提供了简单易行的测试工具，为市场带来极大便利，为中华养生文化的传播做出了贡献，这一贡献，为实现公司"造福人类健康"的宏愿打下了坚实的基础。

此外，在未来，公司还会根据九种体质的要求构建产品结构，依据九种体质的特点开发相应产品，形成以九种体质特点为基础的系列产品。这就意味着过去我们的产品研发是以原料为基础，而未来将以体质为目标，针对人的体质开发产品，让原料为不同体质服务。这是一个大的跨越，从更多关注产品到更多关注消费产品的人，是一个大的飞跃，让"以人为本"变成实实在在的现实。目前，公司已陆续开发上市了一部分体质养生的产品，有护肤品和保健品两大类，以后还会推出更多。

从市场竞争的角度看，目前还很少有公司是这样规划产品的，也没有哪一家公司将体质养生做到这种程度（公司已申请了十多个国家专利）。这表明，新时代在一贯坚持自主研发的道路上又迈出了坚实的一步，这一步是吸取传统文化精髓的一步，是企业创新的一步，也是为未来发展打下坚实基础的一步。作为和公司同呼吸共命运的系统领导人，我又一次为自己的选择和坚持庆幸，为团队成员感到庆幸，也正因为如此，对公司的信心更足。

以上体质养生战略的实施是一次探索，是因为中医理论博大精深，咱们可以发展的方面很多，也许这仅仅是一个开始，过去公司做过那么多的创新，相信这一次也不是最后一次。

三是有一支久经考验的忠诚的队伍

这个队伍既包括管理团队，也包括销售队伍。公司的稳定与发展，离不开管理团队的运筹帷幄。如果没有一个既高瞻远瞩又脚踏实地的专业化管理团队,永续发展是不可能的,新时代走过这么多年的成绩已经证明了这一点。

今天在这里我想重点谈的就是销售队伍。

产品销售、市场发展离不开一个顺畅的通路,在非直销领域叫渠道,而在直销里叫做管道。直销就是管道的生意,要想建立起自己的商业王国,就要潜心修管道,管道越深生意越好。那管道是什么?挖井又是干什么?管道就是由一个个活跃的经销商按照某种规则组织起来的通路,在这条通路上,好的产品流过带来利润,好的信息流过带来快乐,好的观念流过带来和谐,所有美好的东西流过之后带来更多的美好。

新时代事业走到今天,涌现了一批久经市场考验的精英,他们像所有成功者一样,经历过激情创业、踌躇满志的起步,经历过事业低谷、迷茫徘徊的煎熬,经历过众星捧月、万人瞩目的辉煌,也经历过自我反思、痛苦蜕变的突破。酸甜苦辣,人情练达,一路走来阅人无数,是懂专业、善沟通、有抱负、有德行的精英人士。他们和公司一起经受了来自政策、市场、个人成长等内外部的考验,是一批忠诚的将士。团队在这样一批精英的带领和影响下正茁壮成长,逐步走向成熟。正在成熟的队伍又吸引了更多志同道合的人走进来,加上随着健康产业的发展,越来越多圈外的有识之士看到直销业的发展前景加盟进来,也给这支队伍注入了新鲜血液。有这样一支骁勇善战、充满智慧的团队,就不愁没有未来。

四是"用文化力引领未来"的大智慧

关于这一点在之前已经谈过了,这里就不再重复。只是想补充一点:文化力是最长远的原动力,可信,可贺,庆幸!

综合以上几点,我相信新时代公司会有一个令人乐观的未来。

四、对团队和自己的预期

史　刘总，看得出您对公司未来的发展前景非常看好，信心满满啊。从事直销已经二十年了，二十年是一个人一生的黄金时间，这二十年中，您通过孜孜不倦的努力及所取得的成果验证了一个行业的理念，也见证了中国直销的发展历程，走到今天，可以说是功成名就了。那么现在，您对团队未来的发展有什么预期或计划？您个人会有哪些新的目标或计划？希望具体谈一下。

刘　好的，具体谈谈。

功成名就可不敢说，自己离这四个字还远得很。通常情况下，人们习惯性地认为，如果你在一个直销公司获得了最高奖励就算是成功了，的确，这是一个标志，一个证明。但我个人认为不完全是这样的，登上最高领奖台，只能证明咱们达到了公司设定的一个指标，它代表着过去的结果，而且这个指标是一个数字，更多地意味着经济上的达标，但自己是否能够拥有与这个指标相匹配的其他方面的修为还有待考证，成长的空间还很大。扪心自问，觉得自己愧对"成功"二字，成功的内涵和外延是多方面的，对不同人在不同时期也有不同的概念。回顾这么多年走过的历程，对照那些有成就的前辈们、老师们，觉得自己还有很多方面有待提高，还要继续修炼啊！这是真的，越往后走，越觉得欠缺的东西很多。

对于团队的未来，概括地说就是：打造一个学习型的团队，一个专业化的团队，一个践行传统文化的团队，以帮助更多人达成他们的愿望，实现在这个行业的共同理想：财务自由、时间自由、心灵自由。具体来讲是这样的：

首先说一下打造学习型的团队。

对于学习啊，我个人有着太深的体会了，咱们这段时间的谈话也多次提到学习。回首往事，在过去几十年的人生经历中，每一次重要的人生选择，每一次重大的自我突破，每一个关键的转折点，都跟学习有关。特别是进入直销业从事新时代事业以后，自己今天的变化就是学习的结果。

当初刚进部队的时候，一个傻小子，新兵蛋子，什么也不会，在部队这所大学校里，通过学习训练，成长为一名合格的军人；转业之前，在自己面临事业发展方向的选择时，因为看了一本书《大趋势改变了我们的生活》而确定了走营销之路；走进营销领域，从一个对商业一无所知的人，到开始了解商业规律，实实在在地经商，也得益于读了那么多营销领域的书；尤其是进入新时代以后，市场发展，团队成长，收入增加……更是得益于学习！

从最初开始观察行业，到后来开店前后，再往后许多里程碑式的事件，每当遇到瓶颈的时候，首先要做的事就是阅读，最常求助的老师就是书本。阅读是最便捷的学习方式，书本是性价比最高的老师！这期间，不包括围绕如意收藏和传统文化而阅读的书籍，单是与工作有关的书都不知看了多少，家里存得最多的就是书了，主要家具便是书柜。

做直销的人还有一些得天独厚的学习途径，比如培训，一场场的培训，主讲老师将自己看过的多少本书籍，经历的多少次事件，感悟到的多少东西浓缩成一两个小时的精华给到自己。即便每节课只有一句话受用，日积月累一二十年也是一笔不小的财富了，其价值不低于上大学。再如各种各样丰富多彩的文化活动，也是直销特有的学习方式。在活动中，无论是普通参与者还是组织者，都会在活动的组织策划、内容内涵上有所收获，都是人生的一次经历，经历了就和没有经历不一样。此外还有几乎每天都要进行的与人沟通，更是学习的好机会。每一次交流就像是走进了一个全新的世界，认识他人，聆听他人，理解他人，阅人无数，其乐无穷。个人就在这一次次的阅人过程中，增长了知识，开阔了眼界，感悟了人生。当然，最有效的学习是实践，直销本身就是一个实践性很强的行业，只有在实践中才能深深体会个中滋味。

因此可以这样说：没有学习，就没有我的今天，没有书本，就没有充实的刘文明，这些都是学习的结果。正是因为自己受益于学习，对学习有这么切身的体会，所以未来在团队发展的问题上，我把打造学习型团队放在第一位。

为什么放在第一位？从事直销的人都知道，直销公司设定的奖励制度其实就是一条通往财务自由的道路，在这条道路上，没有重复的路可走，那些表面看起来在重复走的路其实也不是和以前完全相同的路，外国有位哲学家不是说过一句话吗？"人不可能两次踏进同一条河流"，做直销也是这样的，每当达到公司设定的一个标准后，就意味着新的历程开始了，而前面的路是什么样的，没经历之前是不知道的，难以有什么真知灼见，对于未知的东西，要想规避风险和可能走的弯路，唯一的办法就是学习：向前辈学，向书本学，在实践中学。所以学习对每个人来说实在太重要了。

另外，我们知道，干直销，前景远大，门槛低矮——不需要多少资金投入就可以开创一番事业，还有相当一部分人原本就是一个普通的消费者，因为受益于产品建立起信心而开始创业。这一实际情况使直销在客观上对从业者没有选择，这样一来，自然就出现人员参差不齐的现象。而直销本身又是"营销领域的高科技"，专业化程度还是比较高的。在这种情况下，无论对个人还是对团队，学习都是必需的，不是愿不愿意、喜不喜欢、想不想的事，而是别无选择必须做的事。

我观察过很长时间，你也可以去调查一下，凡是不注重学习的个人或团队，发展一定受限。有人说了，我不学习、不开会不是照样做起来了吗？是的，是做起来了，那是过去在中国直销的特殊发展时期，如果重新来过一遍，试试看不学习会是什么结果！如果不信可以做个跟踪比较，两个旗鼓相当的个人或团队，一方注重学习，一方不注重学习，一年两年、三年五年后你再看吧，那差距不是一星半点儿。公司制度本身不会选择谁，是自己选择自己；公司也不会随便淘汰谁，是自己淘汰自己，淘汰的原因恰恰就是学习力不够，行动力不够，毅力不够，背后也许是原动力不够。正是因为这样，所以要打造学习型团队，至于怎么打造，在前面的很多话题中陆续涉及了很多，这里就不再一一赘述。

再说一下打造专业化的团队。

之前，我们谈到过未来直销发展的必然趋势之一就是专业化。提到专业化，勾起我心里的一丝隐痛：这么多年来，我个人一直在坚持不懈地学习、实践、总结，以努力提高个人的专业水平，但忽略了对团队的培养。曾经有很长一段时间，觉得团队的人和自己一样也在这样做，当很多事情发生后才终于明白：原来不是所有人都和自己一样！我以为他们和自己一样注重专业化的培养，以为他们和自己一样知道其中道理，以为他们和自己一样知道……其实不然，事实上根本不是我以为的那样！当感悟到这一点后内心很自责：应该早早就看到这一点啊！作为一个领导人，团队发展过程中的变化，都与自己有着直接或间接的关系，因为我们影响着团队，蝴蝶效应啊！内疚，觉得对不住大家。我们常说木桶原理：木桶能装多少水取决于最短的那块板，对团队来说也是这样，目前我的短板就是对团队的培养还不够，以后要加强。

118国际系统有明确的长远规划，为保证这些规划落地变成现实，起到实际的激励作用，我们制订了数字化的六大愿景，脚踏实地往前走。118国际系统也不缺乏有潜力有德行的人，怎样把潜力变成实力，把德行转换成生产力，如何搭建一个良性循环的平台让每个人健康成长，就看下一步怎么做了。这个问题，就是未来将付出大量时间和精力要做的事。

专业化的团队需要专业化的理论和专业化的行动，未来将通过118国际系统的组织运作，致力于人才培养和组织体系的建立。从自身做起，更严格地要求自己，更勤勉地修炼自己，不断提升领导力，不断加强思想文化素养，以此带动和影响系统核心小组的其他成员，以核心成员为基础，层层落实，切切实实地抓好基础工作，把118国际系统文化的每一个方面都落到实处，让团队成员有共同的价值观和行为模式。

这是一个系统工程，咱们在这里坐而论道的时候很简单，几句话就概括了，但要做起来变成现实，却是一件耗时耗力的工程。这里面涉及人的问题、时间的问题、组织制度的问题、地缘的问题等等一系列问题，有很多功课要做。这些功课的本身并不难，简单、易学、易教、易复制，但要达到预期目的并非易事。因为简单，常被忽略；因为容易，常被误解。其实简单的背后往往隐藏着不简单的深奥，古人讲"大道至简"，就像今天大家使用的电脑软件，每一次的系统升级都意味着更强大的功能和更简便的操作，对使用者来说更加简单了，而对开发者来说简单的背后包含着不简单的劳动和智慧，直销的简单之道也在于此。

专业化进程的困难在于思想的统一和持之以恒的行动，就像学习《弟子规》一样，写信息、发信息谁都会，但在90天的日子里，天天在同一时间做同样的动作并且不能中断，这就不容易了。建立系统，组织化运作，对新手来讲是行动力，对骨干来讲是执行力，而对于核心成员来说就是领导力了。

专业化是一个循序渐进的过程：学习的循序渐进，行动的循序渐进，观念更新的循序渐进，需要时间，需要耐心，更需要大量的行动。什么是专业？什么是成功？就是在确定了方向之后，将简单的事情做到极致，并长时间坚持后的收获。坚持，坚持，再坚持；行动，行动，再行动。坚持到最后，行动到最后，你就专业了！你就成功了！所以冯仑的那句话我很赞同：伟大是熬出来的。一点儿不假，专业也是熬出来的，成功同样是熬出来的：沿着一个方向去熬，用正确的方法去熬，用不断的行动去熬。

打造一支践行传统文化的团队。

团队是一个组织，组织的成长壮大除了要有制度做保障、有效益为目标外，还要有组织的灵魂，这个灵魂就是组织的文化，其中最核心的部分就是价值观了，而价值观最核心的就是价值取向了，价值取向不同，方向不同，凝聚的人不同。118国际系统的核心价值观就是尊奉新时代的核心价值观，即"自立立他，德行天下"，这八个字的价值取向就是：利他、重德，境界很高的大家风范。

在未来，我希望自己的团队是一个和谐发展的团队，希望每一个成员既有高远志向又能脚踏实地，既有专业技能更具道德修养，既有丰厚的经济收入又有丰富的精神财富，希望当118国际系统成员汇聚在一起的时候，能够让人们很快地感受到这一点。要做到这一点，就得从日常的点点滴滴做起，从他一开始走进新时代的时候就养成。除了遵循系统原则外，就是以《弟子规》《论语》《道德经》《十善业道经》《太上感应篇》为标准，努力践行，让道德修养的提升与业绩提升同步，让心灵的成长与收入的增加同步,让精神文明与物质文明和谐统一。倡导118国际系统的每一个成员做传统文化的优秀载体,让118国际系统成为弘扬传统文化的实验基地,让传统文化随着市场的发展而发扬光大。

打造一支学习型的团队,打造一支专业化的团队,打造一支践行传统文化的团队,最终的目的是帮助更多人实现直销行业里的最高追求:财务自由、时间自由、心灵自由。

这个目标是长期的,需要我和系统成员共同奋斗。作为目标实现的重要标志就是:让更多人能够走上星光大道,成为财务自由、时间自由、心灵自由的人,让更多人成为堪称行业第一的人,即前面我们提到过的118国际系统的目标:上星光大道,做行业第一。专业化是途径和手段,走上星光大道是标志,做行业第一是永远的修炼,帮助更多的人则是最终的目的。

对我个人而言,走过了星光大道,是对过去努力和付出的一个证明,它代表的仅仅是过去。而在未来,我的关注点将放在帮助更多的人走上星光大道,让更多人实现他们的梦想。只有这样,自己的内心才会感到踏实、安慰,也才有继续前行的动力。说实在的,如果只是为了我自己或者为了孩子,现在就可以退休了,一辈子能吃多少?能喝多少?又能穿多少?但是,看看团队,不能啊,咱不能自己好了就扔下弟兄们不管了。实际上,这不是我一个人的想法,是我们这个行业团队领军人的共同心声,在这里,我也借此机会对同行说一声:理解万岁!

下一步为118国际系统而努力,为了那些伴随我一直走到今天的合作伙伴们而努力,这是我的责任,毫不含糊。不仅如此,在未来,我还要带领和影响系统的每一个成员帮助更多的人,更多的人再去帮助更多的人,只有这样,系统才会有一个很好的传承,永续发展,我们才能紧跟公司的步伐,同创"百年国珍,辉煌新时代"。我坚信,通过大家不懈的努力，118国际系统会在新时代文化的引领下不断成长进步，走专业化、正规化道路，真正成为"直销行业的国家队，保健品行业的正规军"。

为了确保这一目标能够实现，我计划把自己多年来打造系统的心得体会总结出来，写成一本书分享给大家，这既是对自己多年从业经验的总结和思考，也可以为后来人提供一本实用的参考书，用这种方式为118国际系统的发展再做贡献。

以上谈的是与团队有关的未来设想。那我个人的发展呢，就一句话：做传统文化的践行者。

作为一个中国人，当我一次次走出国门的时候，在旅游观光、学习考察的过程中，自然而然地会拿中国和别的国家对比。对比的结果真是让人欢喜让人忧，欢喜的是我们中国文化的博大精深，中国今天的快速发展，未来可以预见的日渐强大；忧的是在很多方面我们切断了与祖先的某种纽带，正逐渐失去与传统的某些联系，丢失了太多传统的好东西，而这一切都源于传承的断层。

前面曾经表达过，作为一个军人，热爱祖国是根植于骨髓里的崇高信仰，深刻理解并体会"没有国哪有家，没有家哪有我"的含义，这可不是说大话啊，是发自内心希望祖国繁荣昌盛，希望自己家人有一个良好的大环境。良好环境除了硬件设施优良外，人们的思想、精神、道德水平的高低更为重要。社会普遍的道德水准来自于古老的传承，传承断了，培养人的系统被破坏了，系统坏了，没灵魂了，人就要出问题了！

多年来的实践证明：在这个行业里人们之所以不成功，并不是因为他的能力、学历、背景或经济实力，而是他的心态与毅力。心态来自于美好的心灵，美好的心灵来自于美好的教育，这教育的起点来自于家庭，而家庭的源头就是我们的祖先和他们的教诲。当人背离了优秀的传统，忘记了古圣先贤的教诲后，人就容易走弯路。纵观古今历史，朝代在变，时间在变，山河在变，但大自然的规律始终不变，为人处世的基本法则几乎从未改变，古人早已把这些不变的规律和法则总结了出来，我们只需要好好学习，努力践行就可以避免走很多弯路了。

所以说，在今天，提倡践行传统文化，既不是落伍也不是时髦，更不是什么附庸风雅，而是现代人明智的战略选择。那些古圣先贤的教诲经受了时空的考验，穿越历史走到今天，是解决今天很多社会问题的灵丹妙药，就像是服用保健品一样，能不能让它们成为我们的良药，关键在于我们是否按照它说的去行动。

仅仅一个《弟子规》的学习实践就让那么多人体会到了传统文化的魅力，更何况那么博大精深的宝藏。所以，对于传统文化，践行比单纯地学习更重要。因此在未来，我将践行传统文化作为自己修炼的一个目标。践行体现在两个方面：一方面是继续带领118国际系统全体成员，继续学习、落实古圣先贤的教诲，长期坚持，不断传播、复制，形成规律和习惯，采用其他人们喜闻乐见的方式践行传统文化，倡导大家将传统文化融入到日常生活中；另一方面主要针对我个人修炼而言，继续践行中国传统文化和古圣先贤的教诲，以圣人为师，以圣贤为友，从各方面提高自己，特别是对中国文化中的国礼——"如意"文化，更好地发扬光大。具体目标之前曾提到过，就是利用我个人和大家的能力，建成一个跟"如意"有关的实体：一种集展览、教学、体验、分享于一体的综合性实体，目的是彰显古老的如意文化，倡导和谐的人文环境，让后人学习古人的智慧，创造美好生活。

如意是中国的"国礼"，也是中国文化特有的现象，因而也是中国的"国宝"，我有幸结缘这些宝贝，做了收集的工作，并在收集的过程中体会到祖国文化的博大精深，中国人的伟大智慧，深感应该把它发扬光大，深感肩头责任之重大。个人认为这些国家级的礼物和宝贝不应该属于我自己，而应该属于国家，属于中华民族，所以这个实体建成之后，连同所有的收藏品将无偿地交给国家，以填补咱们国家在这方面的空白，算是一个传统文化的学习者与践行者对传统文化遗产的尊重和贡献吧。

建造有关"如意"的综合性实体是另一个庞大的系统工程，在这个工程中，需要做的功课更多，与外界的互动更多，需要借助的外界帮助也更多。首要的一点就是自己继续学习、钻研，弥补知识不足，积累深厚的传统文化学养，然后还要继续在如意物件的收藏与鉴别、如意文化的参观考察、如意文献资料的收集整理等方面下工夫，践行古人说的"读万卷书，行万里路，阅人无数"吧。这是埋藏在我心里很久的愿望了，今天把它说出来，也是想以此自我激励，在一个新的起点上继续奋斗吧。

五、展开心灵之旅

史 刘总，我们的访谈快要接近尾声了，在即将结束的时候，想跟您探讨最后一个话题——心灵成长。据我所知，118国际系统的培训体系到目前是比较完善的，从最基础的小型会议，到各类可复制的业务培训，再到大型财富论坛，已构建成专业化的培训体系，在各地都受到广泛好评，您的团队也受益匪浅。在此基础上，您又推出了心灵成长系列培训，请问，是什么原因促使您将心灵成长纳入系统的培训体系的？

刘 推出心灵成长培训已酝酿很长时间了。是内外因促使我这样做的。内因是在长期的直销生涯中，伴随着一个个梦想逐步实现、新的目标不断被树立，内心也在发生着变化。这变化既不是来自收入，也不是来自荣誉，而是来自内心深处的某种失落或不满足。开始的时候自己没有觉察到，只是觉得什么地方不对，业绩似乎不能让自己感到兴奋，收入似乎也已习惯了，只是在看到团队成员取得成绩时能为他们高兴一些，其他的时候虽然还是和以前一样忙忙碌碌的，但内心的感受并不如从前好，有某种懈怠，好像进入一个思想的真空地带。这种状态持续了一段时间，越想越觉得不对，那到底是什么地方出了问题呢？后来，渐渐明白，是心灵。也就是说，在长期的忙碌中，我把时间、精力和关注都给了市场、给了团队、给了客户，唯独没有给自己！尤其忽略了给自己留出心灵时空。

外因呢，在长期与人打交道的过程中，特别是带团队的过程中发现，团队矛盾、人际冲突的事情时有发生，一开始处理这些的时候主要是就事论事，后来发现事情的背后是心态出了问题，于是经常通过安排各类培训课程解决这些问题，这样做刚开始也收到一些效果，再往后走就发现，收效甚微，在经过更加细致的观察和了解之后，借助一些心灵成长方面的书籍，终于明白，其实这些问题的背后都是心灵出了问题！当一个人心灵出了问题时，尤其是心门紧锁时，你再好的培训、再先进的理念都难以进入，要解决这些问题，还要从心开始。

与此同时，在网上、书店里涌现了很多关于身、心、灵修炼的书籍，社会上也有很多关于身、心、灵修炼的培训，这些现象表明：关注心灵成长已逐渐提到日程上来了。认识到这一点，联想到自己的切身感受，再看看团队的困惑，于是决定在118国际系统的培训架构中引入心灵成长培训内容，希望给团队成员切实有效的帮助。

第四部分　时代在招换

史　这样直白地道出一段心路历程，实在难能可贵，感谢您的坦诚！熟悉您的人都知道，您是一个言行一致、真诚直率的人。做直销统领千军万马，您是如何在思想、行为、内心保持一致的？

刘　很简单，诚实地面对自己，真诚地面对别人。每当遇到棘手的问题时，会陷入深深的思索中，在心里与自己对话，一遍遍地问自己究竟想要什么，逐步理清自己真实的愿望，明确这个愿望背后的动机，并且设想这个愿望达成后的结果或状态会怎样。在这种深度的思索中，有时可以捕捉到心灵深处甚至不为自己所知的东西，有时是美好的、高尚的愿望，这时心中会对此报以赞许的窃喜；当然有时也会有不好的念头产生。当那些不好的念头产生时，便立即告诫自己：这样不好！通过这样的思索就会培养出一种内心冷静的特点吧。经常这样去做，心灵在这个过程中得到了一些净化，行动上自然减少了不恰当的做法。

当这样的内心活动形成习惯时，内心感到轻松而有力量。当内心发生这样的变化后，面对周围的人和事，一切就变得简单而轻松了。不用多想什么，只专注于锁定的目标并为之竭尽全力地行动就可以了！当全身心地投入行动后，内心会感到充实而有力，思想也会变得清明。

史　您的直率是大家都知道的。那您就不怕得罪人吗？

刘　很多人都问过这个问题，也担心这个问题。我的回答很简单：不怕。直率与委婉只是说话或处理问题的方式，不能掩盖事实，更不能改变问题的本质。我不怕有两个原因：第一，内心真诚，不骗人，不害人，不占小便宜，多为别人着想。就是我常说的那句话：帮不了别人什么忙，但不能给人家添乱。对人心存善意，对方是能够感应到的。第二，古人告诫我们"良药苦口利于病，忠言逆耳利于行"，在团队中，很多时候，面对很多人，没有时间拐弯抹角，也不适合拐弯抹角，理解的偏差反而产生了更大的误解，时间成本高，沟通成本也高，直接导致的结果就是效率低下。再说，即便我婉转含蓄，循循善诱，也不可能让每个人都满意，还是不完美，那何必浪费时间呢！事实证明：这种直率会带来一些人际上的负面效应，但它带来的积极影响更大！避免了不必要的误解和纷争，一是一，二是二，清清楚楚明明白白。多年来的感悟：在复杂的环境中，简单反而来的更纯粹，更真诚。时间能证明一切。

与这种直率相辅相成的另一面就是真诚地欣赏与赞美别人，并成为一种习惯。吝惜赞美他人实际上是一种不自信、骄傲、挑剔或嫉妒的不同程度的心理暗示，赞美他人可以祛除这些不利于心灵成长的毒素。赞美的对象未必就是一个完美的人，但是每个人都有优点，赞美别人的闪光点，正如江本胜博士的水实验一样，给他人身体70%的水分注入赞美的语言，这样他人因得到肯定而心里愉快，这是一种善意的祝福，直率地赞美别人，很好啊！

史 您是一位做事严谨、雷厉风行的团队领导人，在管理团队的时候，您一贯都是严格要求、奖罚分明、说一不二的，那么，面对合作伙伴不尽如人意的表现时，您在心里是怎么看待的？

刘 看别人不尽如人意其实就是自己不尽如人意，关注别人的缺点实际就是自己内心有缺失——我是在经历了很多事情之后切切实实地感悟到这一点的。因此，凡事首先从自己做起，力求将每一步做好，要求别人做到的，自己先做到，自己做不到的不去要求别人（发挥他人之长另当别论），用实际行动带动团队。如果自己做不到，而期望别人做到，当期望未能达成时会感到失望，容易将不良的结果归咎于他人，造成负面情绪的产生。同时也意味着我要对自己的行为负责，不是让别人负责，否则就会进入一种错误的意识中。

如果我的愿望、祈求，都是要求别人做出改变，而自己不改变，那是不切实际、也是不道德的。成事的原理是吸引力法则，是自己本身散发出的气场能否吸引人、事、物来到你的生命中。外在的世界是我们内在的投射，当下属出现错误或者不能将事情做得很好的时候，这也正是自己过往的真实写照，报以理解、谅解的态度，这样自己不必为对方的失误负责，对方也不会为此产生过分压力，谅解他人也是放过自己，或许他会因为自己的愧疚而自责，从而更好地发挥自身的潜力。再者，人无完人，每个人都走在自己的历程上，有时会拐弯，有时会掉进深坑；有时漫步，有时快跑，进展、节奏、感悟都不同，不能一概而论。在这种情况下，根据实际情况在内心调整自己，是比较可行的办法。

当然，作为带队之人，我必须履行自己的职责，那就是，面对合作伙伴的失误和不足，我有责任帮助他们改进提高，因此在行为上会严格要求，直到他们做到，个人认为这是负责人的最有效方法。刚开始的时候会出现不理解、不配合的情况，但时间久了，事实会证明一切，这就好比父母对待孩子一样，真正的爱，不是一味迁就而放任自流，而是要付诸行动的，往往让人感到不舒适的时候恰恰就是进步的时候。

史 经常听到业内成功人士说，做直销快乐，做直销好玩。而追求快乐是我们每个人的本能，但每个人由于出身、环境、教养、追求等不同，对于快乐的标准也不尽相同。能否谈谈您是怎么理解快乐的？

刘 首先，快乐与痛苦都是个人内心的感受，一个人的快乐有时可能就是另一个人的痛苦，因此快乐与不快乐只有自己心里最清楚。

正如你所说，追求快乐是每个人的本能，而怎么追求却有着极大的个体差异。通常情况下，人们容易将注意力集中在外界，向外寻找快乐，通过外界的人、事、物来获得，遗憾的是，外界的很多事物是我们自身无法控制和改变的，所以向外求的结果会因为得不到而增加烦恼，即使暂时得到了，很快又被痛苦和烦恼取代了，导致人人都希望快乐、追求快乐，但快乐那么难得，快乐的成本越来越高，往往我们的快乐正是我们痛苦的根源。

另一种情况是将注意力集中在自己的内心，向内寻求快乐，唤起内在喜乐，这才是真正快乐的源泉所在。比如很多禅师、瑜伽师等修行者，他们因由外向内转移了能给予快乐的真正目标，而获得了极大的内在喜乐；包括生活中一些有精神追求的人，因为内心充实而快乐（当然这种快乐与前两者的性质不同），这些向内求来的快乐更经得起时间的考验。不受外界干扰，来自内心的快乐才是真正意义的快乐。所以近几年全世界有大批瑜伽爱好者，已经品尝到了其中的快乐、安宁。因此我个人认为可以试着去改变关注的方向和对象，会更快乐！

史 在您谈到禅师、瑜伽师及追求快乐可以试着去改变关注方向和关注对象时，令我想起《薄伽梵歌（愿意）》这本书中的一些哲学观点，我知道您也接触到这部灵性经典以及与它相关的系列典籍《圣典博伽瓦谭》了，请问您是怎么看待这部经典的？

刘 第一次拿到《薄伽梵歌（愿意）》的时候，封面的宣传文字留给我很深的印象，上面写着："来自五千年前的智慧启迪 印度最古老的灵性经典""风行欧美的商业圣典 企业总裁及高管的必读典籍"，这么高的评价，还跟心灵有关，当然要看看了。

说实在的，刚开始接触，人名、地名和一些概念都是第一次看到，既新鲜又陌生；有的内容能理解，有的内容不能理解，但个人认为，它能流传五千年，一定具有很强的生命力，否则怎么会被称为是"灵性经典""商业圣典"呢？2014年4月，由宗教文化出版社出版的《薄伽梵歌（愿意）》，在附带宣传页中更是明确写道：

——瑜伽、佛学等人生探究哲学的终极结论
——全球500强公司总裁推荐最多的工作哲学经典

你看，这么正规的出版社，这么肯定地称它为"终极结论"，如果没有依据，谁敢这样评价呢？这种说法也是第一次看到，很震撼！

正如自己热爱并尊重中国传统文化一样，对于来自不同民族的经典同样尊重。经典之所以称为经典，是因为它们超越了时间和空间、超越了种族、语言、宗教和文化，是全人类的智慧，平心而论，我愿意学习这些智慧。个人水平有限，不能立刻理解，但至少应怀着谦卑和尊敬的心态去阅读吧。

总之，我不敢、也没有资格评价这部灵性经典，只是有两点可以肯定：当触及到身、心、灵的问题时，《薄伽梵歌（愿意）》能提供有价值的参考；当触及到诸如"我是谁？从哪里来？往哪里去？"这样的生命话题时，这部经典以及和它相关的系列典籍《圣典博伽瓦谭》，无疑会给予能够自圆其说的答案。

目前的认知就到这里了，很惭愧。

史　您总是在一个一个关键的历史时期做出正确的选择，那么，现在开始的这些灵性活动：团队进行心灵培训，个人开始接触灵性经典，会不会在以后又有什么重大决定或里程碑式的事件发生？

刘 时代在变，环境在变，在变化中求进取，在变化中求完善。未来会发生什么不知道，现在下结论还有些早，但有一点是肯定的：这些崇高的智慧一定会带给我某些启迪或影响。顺其自然，感恩一切吧！

史 ——顺其自然，感恩一切！
到此，要问的问题全部问完了，诸多感触浓缩为一句话：有您真好！最后，请跟未来的读者朋友们说一句最能表达心声的话吧？

刘 好。
诚实地面对自己，真诚地面对世界，珍惜时间，有效行动，感恩一切！

史 谢谢您！

附录

我心中的良师益友

> 在长期开拓、培育市场的过程中，刘文明先生与团队成员通力合作、真诚相待，建立了深厚的友谊，深得合作伙伴的尊敬和信任。他们心目中的刘文明是什么样的？他们是怎么看待这位领军人物的？为此，特在这里附上部分118国际系统成员的心声，以飨读者。

从小学到大学，从农村到机关，我的老师、朋友很多，然而，许多都逐渐淡忘而成为过去！不惑之年，在人生再次做出重要选择的关键时期，遇到了刘文明先生——我生命中的贵人，一个同年代的良师益友！如果用一些关键词来描述他的话，那就是：

作为领导人：军人、大气、霸气；

作为儒商：博学、严谨、负责；

作为演讲师：激情、幽默、细致；

而在生活中：真诚、俭朴、慷慨、守信。

他从全方位让我改变，并将影响我的后半生。

与刘老师结缘于新时代事业。2004年初，因为新时代健康产业的背景、产品、经营模式打动了我，使我这个一贯理性又不安于现状的中年汉子将此视为良机，信心百倍、豪气冲天地投入了战斗！这一年，我听说了刘文明老师，并且到他早期创业的118店旧址参观，没有见到他本人，了解到了关于他的一些信息，对他本人的初步印象是：转业军官，直销研究者，事业心强；转业后，选择新时代健康产业做直销，践行自己的研讨结论，优秀店长、成功人士、清高、不好接触……对过去专营店的印象是：管理有条理，接待、参观秩序良好，规模一般……同时参加了118店分享会，在会上慷慨激昂，大放厥词："我一定能赶超刘总"——真是湘西的初生牛犊。于是，凭着自己对新时代的了解，和自认为不错的能力打道回府，踏上创业之路。

然而，市场实战中，一年摸爬滚打下来，豪情变成了执著，激情变成了委屈、埋怨和愤愤不平！这一年，刘总多次电话邀约我面谈并参加他组织的培训班，我不以为然，用借口和谎言推辞了，总想着凭自己的能力干成后再"自豪"地去见刘总。这一年多，我卖了几十万产品，成为当时的七级经理。

2005年底，我终于接受了刘总的邀请，参加他组织的初级讲师培训班，真正的目的是带着自己一年多的委屈、埋怨和不平衡心理去当面"汇报"倒垃圾的！然而，专营店环境的改变（118店迁到了雍和大厦）让我惊讶万分，仅仅不到两年时间，就发生了那么大的变化，那规模，那气派，今非昔比，令人刮目相看！那几天，刘总一直忙于接待来自全国各地的客人，我始终没找到机会面谈"汇报"。只好按培训班要求报名参加培训，等待机会……

那是初级讲师培训第七期，在118誓词训练时我根本找不到感觉，不自在，不适应，直到刘总亲自做了一堂《团队建设与网络管理规律及其经验》讲解，并以我为例做演示，调整心态，遵循规律1、2、3……啊，原来直销是这样的！

下课了，大家都离开了培训室，而我就像斗败的公鸡、泄气的皮球，瘫软地呆坐在椅子上，开始回忆、反省、感悟，刘总用他的智慧、经验和感悟所进行的心灵沟通与讲解，让我开始明白这个行业的运作规

附录　我心中的良师益友

律。我憋在心里很久、准备倾倒的一大堆"垃圾"顷刻清理掉了，原来那一切都是自己道听途说、一知半解、自以为是造成的！真想大哭一场啊……我控制住自己，坐在那儿一动不动，猛然间感到有一只巨大、温暖的手在我背上抚拍了一下，一抬头，竟是刘总！

"现在明白了吗？"很小的声音，亲切、有力、智慧、自信、友好、关爱……温暖和敬意油然而生，后悔自己为什么不能放下自我，早日拜师？终于控制不住，泪水顺流而下！

经过三天的学习，过去那个自负的我被彻底改变了！多少人用智慧、时间、精力、成功和失败总结出来的规律，我只需要照着做就可以了！从那以后，刘总就成了我新时代事业的导师。在他的帮助下，市场业绩迅速提升，几个月后成功地走上了星光大道，并正式获得公司授权的633国珍专营店，鲜花、掌声、勋章、财富接踵而至……

今天，健康、财富、自由、快乐对于我的家庭来说已不陌生。饮水思源，忆苦思甜，感恩新时代大平台，感谢命运赐给我与刘总的缘分！相识多年，不仅得到恩师在事业方面的指导，其他方面，如社交、做人、生活（起居）、业余爱好等都受到点化和影响，受益匪浅。拙笔之下，短短数百字难以尽现对恩师的感谢与敬意！唯有几点体会代表我的心声：尊敬、珍惜、感恩、学习、改变、精进，以报师恩！

"天高任鸟飞，海阔凭鱼跃"，恩师常以此激励我们把生命潜能发挥到极致。我借花献佛，祝愿恩师刘文明在人生旅途上，在新时代大舞台上，飞得更高，跃得更远。

湖南怀化　马桂生

在新时代的大舞台上，有这样一颗璀璨的明星，他具有统帅的气魄，大成者的胸怀，是行业中不可多得的领军人物。

他明亮的前额闪耀着智慧的光芒，他严肃的面容让人心生敬畏，但当他微微一笑时立刻能感受到阳光般的温暖。平平凡凡的中等身材却让人感到那么高大，台下是平平淡淡的男中音，台上是铿锵有力的动人演讲。他有着军人的干练、将军的风采和导师的智慧，在率领千军万马开创健康事业的道路上，志存高远，以身作则，践行传统文化；他低调做人，高调做事，"自立立他，德行天下"用在他身上再恰当不过了！

您知道我说的是谁吗？如果您听到过118，如果您熟悉118，如果您关心118，如果您热爱118，那您就知道，他就是我们敬重的恩师——118国际系统创始人、中国如意收藏第一人——刘文明先生。

哈尔滨　安淑梅

人生道路上指路明灯数不胜数，不然怎会有"山重水复疑无路，柳暗花明又一村"。走进直销行业这几年，让我看到新时代企业的"四特精神"（特别能吃苦，特别能战斗，特别能忍耐，特别能奉献）在刘文明老师身上得以充分体现。低调做人、高调做事是刘老师一贯的原则。他长年不辞劳苦地奔波在祖国各地，帮助千万个想成功的人达成愿望。他用行动追求着自己所创建的118国际系统的宏伟远景，激励无数人前行。

我会全力追随这样一位有使命感和责任感的领航人，奋力前行！

西安　陈伟年

有幸与刘文明老师相识已有七个年头了，但第一次见面时的情景依然十分清晰。记得初见刘老师时，直觉和视觉都告诉我，这是一位儒雅的男士。虽然在事业上已经很成功了，但从他身上散发出的不是商人气息，而更多的是学者般的温文尔雅。一张严肃的面孔，不怒自威，军人的果断与坚毅藏于内，表于外。

之后几年的接触中，深深地感受到他的人格魅力远不止于此。生活中，在他严肃、冷静的外表下有一颗温暖慈爱的心，不仅全身心投入到爱心事业中，还用自身的言行时时刻刻影响着周围的人。曾记得在2010年底的星光酒会上，他一举牌为国珍爱心基金会捐赠了191万元；2011年上半年又为陕西渭南合阳县捐建了一所国珍希望小学；在汶川地震、南方雪灾发生后都及时奉献。他在关键时刻的慷慨行为让我钦佩不已！他还在百忙之中，带领我们研习中国传统文化的精髓——《弟子规》，使我学会谦逊做人，真诚处事。

在事业上，如果没有刘老师不离不弃的督导，就没有我今天的成绩。他不厌其烦地督促、鼓励我学习、讲课，让我能够一点点地成长，一步步地前行。每次请他来支持市场，他都坚持自己承担所有费用，不让我们多花一分钱，既感动又歉疚，只能用努力来回报他。每每想起刘老师总是感慨万千：他富有智慧，眼光敏锐独到，看问题快、准、狠，一眼看到问题的本质，寥寥数语一针见血，立刻在现场解决问题。他做事果断，雷厉风行，严格要求自己，并严格履行自己的每一个承诺。

刘老师在生活中是我的榜样，在事业上是我的领航人，对他的感激无法用语言来表达。今生遇此恩师是我莫大的荣幸和福气，我愿紧跟恩师的步伐，走向成功。

河南商丘　李慧

他中等个头，炯炯有神的大眼睛里透着军人的坚强和睿智，多年的军旅生涯使他养成了说话铿锵有力、办事雷厉风行、以身作则、自律自强的作风，给人一种沉着、敏锐、稳健的感觉。他眼光独到，在机遇与挑战并存的年代，能够把握时代脉搏，有所建树；他低调做人，高调做事，体现出大成者的风范；他创建了118国际系统，倡导团队精神，引领市场发展；他带领系统成员学习《弟子规》，教人明白"百善孝为先"的道理，为人子，尽孝道，用实际行动弘扬传统文化；他力行"四特精神"（特别能吃苦、特别能战斗、特别能忍耐、特别能奉献），帮助更多人走上了星光大道！

记得第一次见到刘文明老师是在2005年的7月份，听他分享，印象最深的是他那洪亮的声音和慷慨的激情；第二次见到他是2007年在西安的千人大会上，听他演讲，被他那报效祖国、回报社会的崇高境界、对新时代的忠诚之心和对团队的奉献精神所深深吸引。庆幸自己选择了新时代，遇到了118国际系统，能够跟随这样一位有责任心、有爱心、品德高尚的领导人！

这几年他为陕西市场付出了大量的心血，一次次来到这古老的都市，毫无保留地传授知识和经验：他带领我们学习《弟子规》，90天一个周期，使我们的心灵得到洗礼，受益匪浅；他开设"挑战自我、超越自我星级白金班"，在近60天的时间里，布置作业，传递信息，督促，指导，一天也不中断；他还发起"白金勋章班 挑战100天"活动，每天从早上5.30分到晚上9.30分，计划——行动——汇报，拉着、推着、鼓励着我们往前走。在他的帮助下，方向明确了、目标清晰了、意志坚定了，也体会到了坚持的重要性，使我挑战成功，成为网点负责人。

恩师的一言一行、一举一动如同一面旗帜引领着我，激励着我，使我对新时代的事业充满了信心！对118国际系统充满了希望！我一定以他为榜样，努力学习，不断进取，绝不辜负恩师对我的期望，全力以赴奔向目标！

延安　鲁向琴

附录　我心中的良师益友

初识刘文明老师，一脸严肃，做起事来雷厉风行，一派军人作风，总觉得有些惧怕。逐渐接触多了，对他的为人处世方式有了进一步的了解，才知道最初的印象有些片面。

他具有大地般宽厚的胸怀与大山般坚韧的毅力。事业上，他是我的领路人，多次来我们兴城指导工作，时时把握每个成员的发展动态。在我们经营出现瓶颈时，总是很有针对性地给予指点，鼓励我们继续向前；生活中，他又是一位真诚的朋友，118国际系统到韩国旅游时，大家都受到恩师无微不至的关照，使我们身在异乡却体会到回家般的温暖、踏实。参加培训从北京回到东北，无论多晚，他都打电话、发信息询问我们"是否平安到家"，无数次始终如一的关怀，令我感动不已。有时情不自禁地称他一声"刘妈"，因为他不仅是朋友，还像母亲一样关心惦记着出行的孩子——他团队中的每位成员。他更是一位真正的良师，是我们学习的榜样，更是我人生路上的导航灯。

黄金易得，良师难求！人生路上变化无穷、坎坎坷坷，有了指路明灯，才能有正确的方向。

恩师创立了118国际系统，为团队培养出许许多多优秀的讲师，为市场一线传经送宝，让我们少走弯路，不断走向成熟。他因为帮助我们坚定意志，增强信心而备受敬重和爱戴，是名副其实的良师益友。

感谢您，刘文明老师，请接受学生发自内心的敬意与谢意：深深鞠躬！

辽宁兴城　李桂贤

和刘总合作多年，他性格刚毅坚强，目光长远，时刻鼓励我奋发前进，这可能是由于他曾是军人的原因吧！

自己从事新时代曾一度很消沉，也很迷茫……刘总明察秋毫，创造各方面条件帮我渡过了难关。市场逐渐做大了，刘总不仅关怀我本人，也无微不至地关心团队中每一位成员。他为人一向很低调，公开场合总让别人展示风采，他永远在不显眼的地方注视着别人成长！

我今天的成绩和进步离不开刘总的谆谆教导，他是我一辈子的良师益友，是我一辈子要感激的恩人！我为有这样的领路人感到无上荣幸，坚信他会带领我们驶向更辉煌的人生之路！

武汉　孙好转

2009年，我与恩师刘文明先生有幸相识于哈尔滨，从此改变了我的人生。以前我是个无拘无束、生活在小我圈子里的人，与恩师相处的日子里，见证了恩师的高尚品德，在他的影响下，我懂得了感恩，懂得了付出，懂得了承担。特别是进入系统以来，恩师在繁忙的工作中，帮助我的团队在一年时间里培养出十多位讲师，使团队在激烈的竞争中奠定了坚实的基础。在恩师不断培养指导下，团队11月在辽阳成功地举办了系统初级培训班，至今已如期举办了四期，培养了100多位销售人才，我深知这一切与恩师的指导和付出是分不开的。今生有幸遇到这样一位良师益友，实在是我和家庭及团队的一大幸事！

未来的日子里，我将紧跟恩师，紧跟系统，迈向成功！借此机会，以一首小诗敬恩师：

系统育秀志名门，
学海甘为指路人，
伟业吉祥磐石挺，
如意艳丽雨泉淋，
求精岂怕登攀苦，
笑看桃李满园春！

辽宁辽阳　李玉国

附录　我心中的良师益友

他是业界的前辈，1992年开始研究直销，至今已过20年；

他是行业的领袖，1997年走进新时代，引领团队稳步发展；

他是名副其实的导师，言传身教，桃李满天下；

他博爱仁厚，带领团队为公益付出；

他是富有责任感的企业公民，追求天人合一，回馈社会，回馈自然；

他是中国传统文化的践行者和推广者，追求身心和谐的境界，自立立他，德行天下！

他是118国际系统的创始人，帮助无数渴望成功的人改变了命运！

他是中国如意收藏第一人，弘扬传统文化，带来吉祥如意！

有人说：导师不是那个纠正你的人，而是你希望得到他纠正的人！读万卷书不如行万里路，行万里路不如阅人无数，阅人无数不如名师点悟！如果遇到这样的导师，还有什么理由不追随他呢？

千金易得，良师难求　我来自革命根据地延安，2010年毕业于西安石油大学，放弃了去中石油或中石化等待遇优厚的单位工作，为了实现自己的人生价值，改变家族的命运，选择走进了新时代——自我创业！

在西安市场拼搏了一年时间，在各位老师的支持和帮助下一步步靠近目标。2011年9月来到北京成为国珍118店的一员，这是我一生最感幸运的事情，因为我找到了自己人生的导师——德才兼备的业界前辈刘文明先生！

他，以德服人　我母亲是个普通的农村妇女，为人正直善良，胸怀宽广，我曾在电话里向她介绍过导师，有一次她问我：像刘总那么富裕的人，吃饭是不是天天都要去大饭店啊？听到这样的发问，心里感觉母亲很可爱，我笑着回答说：不像你想象的那样，他不抽烟，不喝酒，不吃肉，和我们一样饮食普普通通，饮食方面甚至比我们更普通，但所有遇到他的人都发自内心的尊重他，爱戴他……听完后，母亲感到很欣慰，也很放心，她深知环境对一个人的重要。

有一次培训结束后，听到一位系统核心领导人对导师的解读，让我又一次感受到了导师的可贵。他问：你们知道为什么那么多年长刘总二三十岁的老人，见到刘总依然会恭恭敬敬地向他鞠一躬吗？我们沉默，不明白。他说，那是因为他的智慧，他的大爱，他的德行，他的责任感和使命感，更因为他对社会的贡献！我豁然开朗，也更加明确了自己努力的方向：原来成功跟年龄没有必然关系，是德行，是对社会的价值！而刘总很好地践行着新时代公司的核心价值观——自立立他，德行天下！

他，一言九鼎 记得有一次，他从外地演讲回来时声音已经沙哑了，之前已经答应为兰州市场付出，可在出发前他几乎失声了，我们都劝他取消这次演讲吧，团队一定可以理解。可他坦然地说：已经答应人家了！潜台词是：必须去！后来还是如期赶到了兰州。这使我想起《弟子规》里讲到的："凡出言，信为先"，原来伟大是这样炼成的，他说到做到，一言九鼎！

作为一家央企的市场代表——新时代健康产业集团店工委主任，他一边以极大的热情和行动投身市场，一边为公司尽心尽力，思考谋划。在一年时间，与仉昊和姜斌两位杰出五星级领导人一起，赴全国各地演讲四十多场！以年过半百之躯如此拼命奋力拼搏，为市场付出，感动了无数人，大家亲切地称他们为"吉祥三宝""拼命三郎"。而我们宁愿听到"吉祥三宝"的亲切称呼，也不愿听到"拼命三郎"，因为我们担心他们的身体！

他，追求卓越 导师早已解决了生存问题，但他依然早晨四点半起床带领大家学习，每天投入工作的时间长达十多个小时，心系团队和公司，奔波在全国一线市场，不停地付出！2011年，公司在印度尼西亚的巴厘岛举办星级表彰会，公司为他安排了头等商务舱，在来回的航程中，他没有激动地去拍照留念，而是利用这难得的空余时间阅读了三本书。"不学习不可怕，可怕的是优秀的人依然在学习"，这是他经常说的话，现在我真正理解它的含义了。同样，公司为他安排背靠大海，楼下就是高级游泳池的豪华套房，然而几天时间里，他从没有下去游过一次，因为他每天都忙于接待各地合作伙伴，沟通交流，解决问题，直到深夜两三点才休息……

为了团队能够迅速成长，他每隔一段时间就向团队推荐优秀读物。可谁能知道，他推荐的每一本书，都是自己先看了好多本才从中选出的，并且阅读不止一次。他真诚希望大家多读书，读好书，正所谓：非圣书，屏勿视……我每每读过恩师推荐的书，都受益匪浅，感激之情油然而生！

他，胸怀远大梦想 导师在部队时就勤奋好学，1992年开始涉足直销业，1997年走进新时代，至今已有20年市场一线经验，堪称业界前辈，行业领袖。为了让团队少走弯路，他在深入研究国内外直销业的基础上，创建了118国际系统，至今营业额高达几十亿，而且每年都在高速稳步上升。有了118国际系统这把利器，无数新加入的营销人员似乎找到了藏宝图，迅速获得了成功，改变了家庭和事业的命运！

他总结自己多年市场经验的著作《你可以做得更好》，激起了无数人奋斗的勇气和行动，书中很多短小精悍的故事，都给我以很大鼓励，我分享后也鼓励了别人更加积极上进，实实在在感受到了"成功没有你想象的那么难，成功需要时间更短，失败则需要一辈子时间"的真谛！导师另一本著作《冠军企业优秀员工标准》，我读后感受最深的一点是：这不仅仅是企业优秀员工的标准，更是立志成为百万团队领导人的基本标准！

如今他又提出并践行着118国际系统六个宏伟愿景：健康快乐活到118岁、打造118位五星级领导人、建立118所国珍旗舰店、捐赠118所国珍希望小学、培养118位演讲家、周游118个国家。激励着无数人前行。

他，心系天下　一次，有个朋友与导师开玩笑说：刘总，你换一个顶级跑车呗？导师语重心长地说了一句：还是多捐几个希望小学吧……他可以在星光酒会慈善拍卖上一次捐款191万，却不愿为自己花费太多去享受，这可能就是伟人的特征吧！仁慈、简朴、谦虚！

导师在陕西合阳县捐建了第一所国珍希望小学，给我们树立了榜样，道生一，一生二，二生三，三生万物……有了第一所，就会有第二所，第三所……118所希望小学里，也一定至少会有我一所吧……

最后，祝愿我的导师刘文明先生，健康快乐118！吉祥如意118！

北京　赵景泉

清晨80份作业的批改　《弟子规》在得到整个社会的关注和传扬时，可能没有一个会像我的恩师刘文明这样如此深入广泛地去引领大家学习的。带领80位学员，每天早上6：00~6：30坚持学习90天，并逐一针对性地进行回复，我想这对于我们不只是感动，还有很多启示和信念。在这90天的坚守中，老师是最棒的，他没有一日的差池，这一点再次震撼了我们。所以无论他多么苛刻地要求我们，批评我们，我们都从未心生怨言，唯有愧疚和自责，因为这样的学习也许此生太少，而且是我们卓越的老师一对一的指导，唯有感恩与庆幸。这90天中，有睡眼惺忪的争分夺秒，有火车上的借光笃笃拼写……那段90天的清晨，我们被《弟子规》包围了，也被《弟子规》熏陶了。来自80个不同地区的学习作业纷至沓来，想起来都觉得是个大挑战，也许只有恩师能做这样的

附录　我心中的良师益友

事，而他却乐此不疲地接连办了五期，这只是个开始。领导、企业家、团队领导人，大都不会如此劳神吧——那他是教育家？也曾有人惊讶如此的学习班却是免费的——那他是慈善家？不知是《弟子规》震撼了我们，还是恩师的义举震撼了我们，这次学习改变了我们的人生格局和做事风格。

不留情面的拒礼　正直的老师、卓越的老师往往是受人爱戴的，他也以自己的专业能力和对下属的全力以赴，让许多人感激不尽。因为感恩于老师的帮助和提携，于是有人便送上一点礼物表示心意，这时的老师总是断然拒绝，不留情面，他的拒绝也演绎了许多故事。营口的海产寄到了北京又被原封不动地寄了回去；西安提到北京的土特产也让人再提了回去；合阳人为了对老师捐助当地希望小学表示感谢，送了点礼，那些淳朴人们的殷殷之情，也没有拗得过他的婉拒。恩师就是这样的铁面无私，这时谁也没有办法左右他。他总是说：我刘文明收了就不是刘文明了！恩师总觉得应该多帮大家，多付出，不添负担。他定位的个人品质就是正直、无私、乐施、不求回报。

吝啬与大方　恩师的儿子买手机他只给了300元，然而在公司的慈善拍卖晚会上，他却以191万最高价拍下了公司的国珍大厦平面图。事后，孩子在光盘中看到现场捐赠一幕时，都不相信是真的。

在走访市场中，他看到一个经济并不发达县城的人们热情坚定地开展新时代事业，便不假思索地在当地捐助了一所希望小学。恩师就是这样，在大方与吝啬之间有他的原则，这原则应该是投注慈善，帮助别人，严于律己。有一次，恩师说因为出席的活动多，过去购置的衣服很多，最近要停停了，太糟蹋。秉承素食的观念，恩师的饮食也非常简约。有一次他为我们团队整整付出了一天，晚上我们一起吃饭，他终于同意让我付钱，因为我是一个对数字很不敏感的人，欣喜地去买单，没想到才花了20多元。我很愧疚地说，好容易请你吃了顿饭，结果才花了

295

这么一点钱。这也是我唯一有幸请他吃过的一次饭。这就是一个千万富翁的财富观念。

严谨的做事风格 恩师做事很认真，一丝不苟，就像电脑程序般严谨，且不会出现死机。他以非常专业的工作态度，带领着十万大军，何时指导谁？何时电话给谁？短信至谁？以至何时你的状态怎样？……他坐镇北京，没有不知晓的。最初感觉他真神，可后来体会是他严谨的工作所至。每一次会面，每一次谈话，每一个人的简历情况，发展情况，团队状况，等等，他都了如指掌，并对每个月的时间都早早做了日程安排。"凡出言，信为先"，这句他常常提醒我们的话，是他的座右铭，从未失言，永远都是兑现承诺。恩师对人的名字是过目不忘，曾经做过一次实验，现场20人，介绍一次，他马上报上来18人，其他两个人差一个字，其实都记住了。这点我们极为钦佩。

他是一个努力追求完美的人，平时对于工作的每一个细节，会议的每一个环节，都会一一督查，也要求做到切实落实，反复检查，力求将误差减少到最低。他的这种认真严谨的工作风范，也成为衡量我们团队每位成员职业素养和能力的标准之一。

守时的铁律 很多人在守时方面做得不是很好，大家在交往中也慢慢变得习以为常了。但在和恩师的相处中，也开始养成守时的习惯了。因恩师无论是会客、约见还是开会，都严格守时，毫不马虎。

无节日论

"不管是五一、十一，还是初一、十五、周六日，这只是为了给打工者的一点点平衡的安慰罢了！创业者、企业家不但不过节假日，反而要充分利用节假日，为了自己的事业早日成功，都在认真地抓紧学习，努力开拓，全力拼搏着！奋斗着！

附录　我心中的良师益友

我谨向节日里勤奋拼搏的新时代人致敬！"

"别人说工作是船，可我天天远航；别人说业绩是帆，可我月月扬帆；别人说家是港湾，可我劈波斩浪；别人说节日是岸，可我永不靠岸；别人说洗去征尘，可我时时都在享受着征尘沐浴；别人说绽开笑脸，可我只有见到团队才有笑容；别人说迎接开心每一天，可我只要拼命工作就最快乐！健康快乐118，如意吉祥118！"

上面这两段文字是恩师本人编辑发给我们的短信，表达了他对节日的看法。起初，我觉得恩师就是一个工作狂，不食人间烟火。而且这是让我们节都不过了，干事业啊！本来是想追求时间自由的，现在变得连节日都没了。做新时代三年了，慢慢也接受了这种观点和习惯，其实也是在今年才真正感悟到恩师这样倡导的真谛。我们直销行业，不像传统行业时间由公司和领导安排，完全是自我管理和安排，约好与客户见面的时间，服务团队的时间就是我们的工作时间，而往往节假日是邀约客户、开拓市场的最佳时间。当然，因为经常参加公司各种会议的缘故，我们也在工作之余，旅游了很多城市，此时的心情很闲逸，不必考虑时间的问题，而且很自然地避开了节假日，既能很好地观赏风景，又不必遭遇拥挤不堪的场面。所以我们现在也不再期盼什么放假的事，也开始主张无节日论，并且理解期盼节日的人们。

控制时间的演讲家　刚入团队时，参加老师组织的培训课程，总是让我们只讲40分钟，这让我们极不适应，这哪能讲明白？但在老师这样的要求下，我们慢慢悟出来，将一个主题控制在这个时间内，首先听众不疲惫，而且主讲者也会始终保有激情和简明扼要的演讲。恩师作为团队领导人，成功的营销大师，多年的市场经验，是很多人非常期盼聆听的，由于听众无论年龄、文化程度等方面跨度都很大，但老师的控场，情绪调动，深刻的道理总是解析的简单而形象，易于理解。

最无情的评委 恩师精心设计组织的新人基础培训，已超过80期，他亲自指导督战，这个培训非常棒，真的是从将军到士兵，从领导到大众，从芳龄18到古稀80，来自祖国各地，在每期的三天当中，学员大都经历了从找不到感觉到积极融入，最后树立坚定的信心和得到能力提升的过程。培训注重每位学员的现场锻炼和提升，在第三天有一个紧张而高潮迭起的口试环节，限时回答，每轮淘汰制，所有授课老师做评委，但大家都处于碍于学员的学习热情，不愿罚谁下场，这时老师就是最无情的，总做恶人，他总是坐在最后，却是最有分量的评委，不断地举牌，大喝时间到，这也成为培训中气氛最紧张的时段，也是花絮最多的时候，很多学员吓得直哆嗦，有的人甚至不敢看他的眼神，但在结尾时，大家都很感动和振奋，因为这样的培训，触动了他们的心灵，也让他们来了一场真正的较量，胜出的欣喜不已，败下阵的也心悦诚服，明白差距所在。

如今，这个培训桃李满天下，每一期都是报名超员，恩师很严谨，总是严控参会人数，因为要保证学习和练习的时间。至今，这个培训只收着低廉的成本费用，却为大家提供了最高品质的培训，讲师都是系统精英和成功人士，他们被老师的精神感染，都是积极热情地从全国各地而来，义务付出，而且如果你在现场，一定会感受到这些老师比付费的职业培训师讲得还好，因为每一个上场的人都是满含着感恩之情，他们来自心灵的声音是最能打动人的。

南北穿梭 十几年的直销生涯，恩师的团队遍布大江南北及海内外，如今站在成功的巅峰，却从未停止市场的基层辅导，这是极为难得的，也是我们应珍惜的。每年，老师都把大部分时间留给了全国市场，所以北京的团队，常常抱怨说，虽然他们位于大本营，但见到领导的机

附录　我心中的良师益友

会也是不多的。老师是超级敬业的人，每一次出行都为市场工作做了充足的准备。前几年很多市场团队还没有配置投影等会议设备，他就背着一个装满投影仪、电脑、资料等的沉重箱子转战南北，每一次送他离开西安时，看着他离开的背影，我都很愧疚和感动，总是默默想着，要努力做啊，不然怎么对得住他如此辛劳的付出！

　　恩师的声望和能力都是我们所期盼和学习的，所以每当他到达一个城市，求见与拜访的人们总是纷至沓来，络绎不绝，时间被排得满满的，常常是一整天几乎不差分秒地在接见大家、指导工作。一次，恩师来到我们这里，从早上八点下火车，被热情的大家接到酒店后就开始了工作。我去酒店时看到恩师还在沟通，当结束这次沟通谈话，几位访者准备离开，老师起身相送的那一刻，他扶了扶沙发一阵眩晕……看着他疲惫的眼神，我明白他很累了！可紧接着又有几位来访，老师依然坐下来和他们交流。这些人渴望老师的指点，所以没有注意到老师的状况，而我这时心里真的很难过，终于忍不住打断了他们的谈话，借故后面还有人要来，结束了他们的谈话，那已是下午近六点了。他们走后，老师还问我，你说的人什么时候到，我说没有人了，现在你必须吃饭休息了，老师才平静地说，今天是有点儿累了。我说您哪里是有点儿累，是很累，不能这样废寝忘食啦，您要注意身体！他却说，来市场就是帮助大家的，能多做就多做点儿。

　　恩师如今已是名利双收，成绩斐然，衣食无忧，子孙福兮。但他仍然每天分秒必争地工作，这已不是为了自己！今天他的每一分努力与付出，都是为了让更多的人在新时代取得成功，走上星光大道，这也是他常常挂在嘴边的一句话。这些都是他市场工作的一部分，还有很多不同市场所亲历的，我虽未在现场，完全可以想象得到。恩师真的把新时代这份事业视若生命，爱到极致，他仿若是为新时代而生的，每天晨起就是新时代狂想曲，没有人比他付出与做得更多了。我常常想：如果有一天我像刘老师这样成功了，决不像他这样，早就周游世界、闲逸度日了，正因为有这样的想法，自己才不能像他那样成功。有时也打趣地想，如果不让老师做新时代了，他会怎样？

四点起床 恩师是每天四点多就起床开始学习工作了——可望而不可即的工作热忱和旺盛的精力。他也曾要求我四点多起床，我当时就觉得这是天方夜谭！我的天，饶了我吧，绝对做不到。今年春节，无意间在网上看到一本日本人写的《四点起床》，真是绝了，他们像是约定而又默契啊，再也无法反驳老师的四点起床论了。服了，成功卓越到极致。

以上这些是我个人对老师的所见所感，反映的仅是一些小小的侧面，远不足以体现这位成功领导人和卓越老师的优秀品质，但很有幸把几年的感恩之情付诸于此，聊表寸心，也深感喜悦与荣幸。相信，随着恩师辉煌成功人生经历的流传，将会使更多的人在追逐人生梦想的道路上，坚定前行！

西安　李佩轩

他是一个严师，一个益友，一个团队领军人物，一个收藏家，是一个人生导师，更是一位大家长。他博古通今，他的培训幽默风趣，他传授的经验实战有效。在他心里每一位合作伙伴都有自己独特的个性，每个伙伴都同等重要。他就是新时代健康产业集团杰出五星级团队领导人，我心中的良师益友——刘文明。

说起刘文明老师，不得不提到他的做事和为人，这一点对于跟随刘文明老师的所有合作伙伴而言，应该是最有感触的。刘文明老师是完美力量型的性格，有着军人的严谨作风，对工作一丝不苟，成功打造了118国际系统。他有一个美好的愿望，就是希望所有跟随他的人都

附录 我心中的良师益友

能走上星光大道，实现梦想，实现各自的人生价值。他还组织学习研讨、开晨会，督促大家学习进步，他总是说学习是第一生产力，不管你多忙，参加各种学习的时间是必须要保证的。在刘老师的精心带领下，合作伙伴互帮互助，彼此信任，团队凝聚力越来越强，大家的业绩稳步提升。在刘老师的团队里，已培养了很多合作伙伴走上了星光大道！走向成功！

北京　仉昊

与刘文明老师相识在两年多以前，当时的我正处在事业发展的瓶颈期，非常渴望能有一位老师指点迷津，就在这时，非常幸运地结识了刘文明老师。他的认真与坚持不仅给我留下了深刻的印象，也给了我很大的信心。作为118国际系统的领军人，他总是身先士卒，每天四点钟起床，读书学习，然后通过微信给我们输送正能量，带给大家热情与信心。在他的带领下，我们在全国各地开办了无数期的"《弟子规》学习班""健康美丽快乐群"……像他这样一位已经获得财富自由、时间自由的优秀企业家，还有如此的学习力，让我们发自内心的敬佩和赞叹，更激发了我们努力学习的热情。他还坚持开办了八十多期的初级讲师培训班，每次都最早到会场，全天跟班，帮助全国市场培养了大量人才，他的这种精神，这种坚持，激励和鼓舞了无数人。

刘文明老师对工作认真严谨，对行业分析透彻，对事业执著追求，对伙伴热心激励，对自己严格要求，他用自己的行为践行着中国传统文化，用自己的行动影响着我们踏实向前。在他的鼓励支持和带领下，2013年度，我的团队有10人走上了标志成功的星光大道，就像他说的那样，自己成为五星并不重要，重要的是你能帮助多少人成为五星。感恩刘文明老师！

更让我感动的是，这样卓越的人却总是这样的谦逊，他总说："我没做什么事，只是带着大家坚持地走下去。"他捐助了国珍希望小学，每年六一儿童节都要去看孩子们，给他们买书、买桌椅、买书包文具等，但他却从不炫耀。

能遇到这样一位良师益友是我一生的荣幸，我会一直在新时代的道路上跟随他走下去。

吉林白城　付秀英

在2004年店长培训会上有幸结识了刘文明先生。当初对刘总的印象是：干练、严谨、执著、敏锐、智慧，尤其是他勇于担当、敢于负责、极具军人风范的形象，给我留下了深刻的印象。

在2012年12月26日~28日的118国际系统第60期初期讲师培训班上，我有幸与自己心中一直渴望结交的良师益友——刘文明先生有了近距离的接触。从报到至课程结束，三天的时间里，刘总始终和我们一起学习。他始终以严父慈母般的胸怀对待每一位参会学员，从"自报家门"的严谨规范、对事业的忠诚信念、知识点的讲解、业务的沟通交流方式、市场拓展的成果分享、学习目标的清晰度、学员的心态变化，乃至学习态度、着装、站姿、语言、语气及表达、目标的清晰坚定等等方面，刘总都非常严谨、认真、规范地一一点评。这次培训班对我们今后业务的拓展、人才的吸纳、团队的壮大、业务的提升和人才的培养等等方面，都起到了很大的提升和促进作用。在我10年的新时代直销生涯中，这次培训使我不能不如此感慨：终于找到了我心目中的良师益友——刘文明先生。

刘文明老师不仅是我事业上的良师，生活中的益友，也是我收获成功的恩人。刘总的人格魅力和对事业执著追求的精神激励着我；他对工

附录　我心中的良师益友

作严谨负责、精益求精、不断进取的学习态度吸引着我；他不计较、不抱怨、不指责的态度鼓励着我；他对团队无私付出、无怨无悔、吃苦耐劳、认真负责的敬业精神感染着我；他关注弱势群体，积极承担社会责任，捐资兴建希望小学的博爱精神教育着我……使我的团队整体上有了一个突飞猛进的发展，2013年，我们团队有17位合作伙伴走上了星光大道的颁奖台，受到公司表彰。

我非常感恩良师刘总的精心培育，感恩118国际系统讲师和店工委成员的付出，感恩团队伙伴们的信任，感恩我事业上的良师、生命中的益友——刘文明先生！

今后，我要坚定信念，努力进取，学习刘文明老师的优良作风，带领团队再创佳绩！

沈阳　姜乃荣

2010年，是我走进新时代的第七个年头。在这七年里，我实际上就是直销业的一个门外汉。自从有缘走进118国际系统，认识了118国际系统的创始人刘文明先生后，我才真正成了一名直销人。

刘文明老师是一个胸怀宽广、品德高尚的人。在他身上我看到了军人的正直，父亲般的严慈。他为团队付出了艰辛的努力，是我们的楷模。

他帮助很多人在心灵上得到了健康的成长，尤其是我们一家三口人，不但在事业上得到了他的支持和帮助，同时在做人方面，也受到他的品德影响。我的爱人李玉国，在刘总身上学到了很多做人的道理，使他从传统老板的一身匪气到现在有了脱胎换骨的改变，成为一名优秀的直销人。我的儿子李文斌，大学毕业后，通过刘总的影响也立志在新时代发展，向恩师学习，成为对家庭、对社会有用的人。

身为118国际系统的创始人，他每天清晨在书房、白天在课堂，用辛勤的汗水浇灌着新时代的种子。十多年的风雨兼程，他从无到有、从弱到强，始终如一，帮助了一批又一批的平凡人创业成功。没有他的引领，就没有我今天的成功；没有他的引领，就没有我团队的快速发展；没有他的引领，就没有我们家庭的和谐快乐。我相信，恩师会带领着更多志同道合的人从平凡走向辉煌。

这就是我心中的良师益友——刘文明。

辽宁辽阳　贾艳秋

第一次走进北京雍和大厦六楼的走廊，一抬头就看见大红色的条幅，上面写着"欢迎新时代人回家"，瞬间觉得一股暖流涌上心头。走近刘总的时候，他热情地迎上来点头微笑，还没来得及打招呼他已握住我的手并叫出我的名字，在震惊的同时，感觉到了他对团队了解与关心的程度。光亮的脑门不难看出他的勤奋与操劳；笔挺的西装衬着洁白的衬衫显示出他的整洁与优雅；一双炯炯有神的眼睛透出他的真诚与睿智；和蔼可亲，一身正气，透出军人的特有气质，让我看到了中国的脊梁和成功的希望。

我们一行十几个人还没坐稳，服务员已把热腾腾的饭菜送到我们面前。望着他那亲切而温暖的笑容，我已备受感动。吃过饭参观了他的办公室，看到那一把把的如意，我惊呆了！原来他不仅仅是新时代的成功经销商，还是如意收藏家！地震捐款、雪灾捐款、捐建希望小学、拟将全部如意藏品捐献给国家……爱国情怀，大格局啊！

在公司举办的2013年度表彰大会上，我团队有4人走上了星光大道，这与刘总的亲切关怀与指导密不可分。每当在前进路上遇到困难的时候，就想起刘总，他是我事业的指导者、做人的榜样、生命中的

附录 我心中的良师益友

良师益友！感谢新时代公司，让我在人生旅途中结识了这位德才兼备的耕耘者。

辽宁辽阳 王丽娟

在我的生命里，有着那么多的美好的人、事、物，使我倍感愉悦、欣慰和幸福。而遇到良师益友更是生命中的幸运，他伴我成长，助我成功，他就是可亲可敬的——刘文明导师。

谈起导师，他有着军人雷厉风行的作风，坚韧不拔的性格，严父慈母般的情怀。他待人真诚、做事严谨、谦虚仁义的风范，时刻影响着我，鞭策着我。在事业上，是他的引领和鼓励、不离不弃，让我在健康产业中前行，在困惑与艰难中取舍；是他无微不至的关怀与相伴，让我在事业的行进中更加坚定；是他的言传身教让我懂得感恩，懂得在包容中与人合作。

事业上有了良师的指导，让我明确了方向，有了目标，懂得了与上借力，与下助力，与旁合力，就像小草沐浴阳光雨露而茁壮成长，直到成功。生活中有了良师益友的相伴，我懂得了对上尽孝道，对下负责任，付出爱，收获爱；面对事业，懂得了引领，懂得了承担，与人相处多付出多奉献；面对社会，做一个正直、合格、有价值的健康中国人。这些都源于良师的指导和培养。

生命因有良师相助而美好绽放，生活因有良师相伴而吉祥如意。愿我们都能在良师益友的指导下昂首前行！

感谢您——刘文明恩师！

辽宁灯塔 张 清

有一位令我非常崇敬的人，他就是——刘文明老师，我们平常亲切地称呼他刘总。

初识刘老师是在十年前的一个周末，朋友介绍说他从北京来，在行业里很厉害，迫于面子就去西稍门见了他。听了他的一番话，只记住了这几句：十年打工还是工，十年经商债不轻，十年当官一场空，十年网络成富翁！因为自己虽然是高级工程师，但一直是打工的角色，所以他的这段话引起了我的思索。也许是他的这四句话的启示，也许是和新时代的缘分，更重要的是老师身上独特的气质吸引了我，一年后便辞职走进了新时代，在他的带领下转行从事了直销行业。

最初见到老师，我们共同的印象是严厉，他有一种霸气，那种让人敬畏的气质，有种不怒自威的感觉，大多数人见了他害怕。时间长了，相处的次数多了，现在觉得有这样的严师真好！有句话说"严师出高徒"——太对了，老师就是一位严师。

这些年来老师手把手地教会我们如何经营团队，让我这个从未经过商的人顺利转型并逐步成长，写这篇小小的文章时，往事历历在目，感动、感恩，终生难忘！

老师还是一个非常智慧而有远见的人，他敏锐的洞察力和渊博的学识让我敬佩。往往他的一些指导性话语，当时不能理解，事后证明都是正确的。这样的情况出现多次后，我便完全按照他的指示去行动了，由于对他的信任，在我指导团队工作没有主意时，最常说的一句话就是：刘老师怎么做，咱们就怎么做！我骄傲我有一位聪慧的导师！

刘文明先生也是行业里非常成功的领军人物，他的沟通能力和高效率一直是我学习的榜样。再难的事情，他总有办法，让我敬佩不已！此外他还带领我们一起去很多国家旅游，目标是游遍118个国家。我自豪我跟随了这样一位领军人。

老师还是一名慈善家，他多次给贫困山区和灾区捐款捐物；2009

年，他在我的家乡捐建了一所国珍希望小学，这一善举解决了200多名孩子的就学问题，使家乡人无比感动。每年的六一儿童节，我们都会随他一同去希望小学给孩子们送去礼品，共同欢度六一。每当这时，内心的喜悦与感动难以表述，好像回到了童年，比自己过六一还要激动。我也愿意以老师为榜样捐赠国珍希望小学，付出所得，收获喜悦，老师就是我做人的榜样。

　　说到老师，崇敬、感恩之情无法用语言表达。从他最初那四句话的激励，到今天成为一名新时代星级领导人和国珍专营店店长，我在行业的每一步成长都离不开他的关心和帮助，我想高声对刘老师说：我的白金勋章里有您大半的功劳，感恩您的指导，感恩生命中有您！

西安　雷社梅

后　记

初夏的某个午后，在暖暖的阳光中，随着电脑键盘上那个句号键被飞快按下，禁不住仰面朝天，长长地唏嘘一声：终于写完了！

然而，自己的心却不能如此利落地画一个句号。书稿写完了，由此引发的思考才刚刚开始……

如果说在最初访谈录音时，是借助于现代工具记录了被访者刘文明先生的故事和思想，那么在后期整理编写时，便是试图用第三只眼走进主角的内心世界：那里如黄河之水，时而波涛汹涌，时而风平浪静，在铿锵的主旋律中动静相宜、收放自如而奔腾不息，颇有"踏平坎坷成大道"的英雄气概；那里又如绵绵细雨，润物无声，柔和而坚韧地描绘山河，气势恢宏，静默中透着淡定的张力。这是一个为事业而活的男人，一个有使命感的领军人，一个渴望进步的灵魂！

整个写作过程仿佛是经历了一场心灵之旅，脑海中浮现的是被访者的音容笑貌，思考的是他谈及的话题，被深深触动的是他的境界，被震撼的是他的魄力和成就！

一个人倾其一生在某个领域有所建树已属不易，而同时在两个领域都出类拔萃实在令人叹服！这可望又可即的成功背后，包含了多少人生的真谛，相信读者朋友自有感悟。如果您能从中得到些许启发或力量，甚至是一点儿有用的资讯，那么写作本书也值得了。

附录　我心中的良师益友

　　作为系列丛书的开篇之作，选取刘文明先生作为被访对象，是希望在中国的土地上涌现出更多这样的时代儒商：他们既具有民族责任感，又能以超越国界、超越文化的眼光和胸怀看待世界；既精通专业又有文化素养，既有高收入又有高品格。直销需要他们，中国尊重他们，和谐社会呼唤他们，未来青睐他们。

　　怀着敬意，写作此书；怀着诚意，写此后记。

　　第一次写书，即将出书，即将实现儿时的梦想：写作——让自己的名字变成铅字，有点忐忑。

致 谢

感谢新时代公司，它提供了一方优良的土壤，使我得以成长，并在此滋生了以文字方式彰显直销精英的想法；

感谢刘文明先生，他给予了极大的信任，使我受到鼓励，能够有勇气触碰一个从未真正涉足过的写作领域；

感谢李宝生编审，他的认可与支持，使我更加确信：纯粹是力量，而真诚是最好的通行证；

感谢所有为此书的写作、出版付出哪怕一丁点时间、精力、智力、体力的人们，他们的言行，让我感受到力量、真诚和愉悦。

请接受这颗感恩的心……